AtV

CHRISTA LUFT, geb. 1938 in Krakow am See, Kreis Güstrow; verheiratet, zwei Söhne. 1961–1991 Lehr- und Forschungstätigkeit an der Hochschule für Ökonomie Berlin, 1971 Berufung zur ordentlichen Professorin. 1978-1981 Stellvertretende Direktorin am Internationalen Forschungsinstitut beim Rat für Gegenseitige Wirtschaftshilfe in Moskau, 1982–1987 Dekanin der Fakultät Außenwirtschaft, 1988/89 Rektorin der Hochschule für Ökonomie. 1991 Mitbegründerin des Instituts für Internationale Bildung Berlin e. V.

Mitglied der Leibniz-Sozietät e. V., der Deutschen Gesellschaft für Osteuropakunde, des Offenen Wirtschaftsverbandes von klein- und mittelständischen Unternehmern, Freiberuflern und Selbständigen in Berlin und Brandenburg e. V.; Vorsitzende des Kuratoriums der Rosa-Luxemburg-Stiftung.

November 1989 bis März 1990 Vize-Ministerpräsidentin für den Bereich Wirtschaft; 18. März bis 2. Oktober 1990 Mitglied der Volkskammer der DDR. 1994–2002 Mitglied des Deutschen Bundestages; stellvertretende Vorsitzende und haushaltspolitische Sprecherin der PDS-Fraktion.

Buchveröffentlichungen: Zwischen WEnde und Ende (AtV 1990), Treuhandreport (Aufbau 1992), Die nächste Wende kommt bestimmt (AtV 1994), Die Lust am Eigentum (Orell Füssli 1996), Abbruch oder Aufbruch (AtV 1999).

Differenziert und ohne Ressentiment stellt Christa Luft Ursachen und Folgen der strikten Verweigerung eines gemeinsamen Neuanfangs im Zuge der »deutschen Einheit« dar. An vielen Beispielen zeigt sie, daß Strukturprobleme, hohe Arbeitslosigkeit und ausgehöhlte Demokratie in den neuen Bundesländern keineswegs allein aus Gebrechen und Fehlern des realsozialistischen Systems resultieren, wie immer wieder behauptet wird.

Christa Luft prangert nie nur an, sondern verweist stets auf Alternativen. Dies gilt auch für die pointierte und faktenreiche Auseinandersetzung mit dem Euro-Stabilitätspakt, der EU-Osterweiterung und Reformen, die den »Niedergang Deutschlands« durch die Trennung von Arbeitsmarkt und Sozialstaat sowie die Privatisierung von Gesundheits- und Altersvorsorge aufhalten wollen.

Christa Luft

Wendeland

Fakten und Legenden

Aufbau Taschenbuch Verlag

ISBN 3-7466-7049-7

1. Auflage 2005

Umschlaggestaltung Preuße & Hülpüsch Grafik Design
unter Verwendung einer Grafik von Bert Hülpüsch
Druck Ebner & Spiegel, Ulm
Printed in Germany

www.aufbau-taschenbuch.de

Die Zukunft liegt nicht darin,
daß man an sie glaubt
oder nicht an sie glaubt,
sondern darin,
daß man sie vorbereitet.

Erich Fried

Inhalt

Vorwort

1989 – diese Jahreszahl ist zum Symbol für einen Epochenwechsel geworden: Politische »Wende« in der DDR, gesellschaftlicher Umbruch in Ost- und Mittelosteuropa, Implosion des sowjetisch dominierten sozialistischen Lagers, Auflösung der bipolaren Weltordnung. Die Ereignisse in Deutschland standen nicht am Anfang all dieser Wandlungen. Ihr Ausgangspunkt lag in Polen und Ungarn. Einen unerwarteten Impuls löste die Politik des Kreml-Chefs Michail Gorbatschow aus, die im eigenen Land auf »Glasnost« (Transparenz) und »Perestroika« (Umbau, Umgestaltung) und außenpolitisch auf ein »Gemeinsames Haus Europa« zielte. Den unmittelbaren Anstoß gab die spektakuläre Durchtrennung des Eisernen Vorhangs an der ungarisch-österreichischen Grenze im Sommer '89. Doch mit dem Fall der Mauer in Berlin erhielten diese Entwicklungen eine neue Dynamik und waren nicht mehr aufzuhalten. Sie veränderten den östlichen und zugleich den westlichen Teil Deutschlands, Europas und der Welt. Die Geschichte ist aber nicht an ihr Ende gekommen, wie Francis Fukuyama nach dem Fall der Berliner Mauer postulierte.[1] Die Ideologie der freien Marktwirtschaft und einer liberalen Gesellschaftsordnung hätten nun keinen Widerpart mehr, so seine These.

Eineinhalb Jahrzehnte sind seitdem vergangen, und es gibt keinen Zweifel: Mit dem Untergang des real existierenden

Sozialismus ist ein Denken in gesellschaftlichen Alternativen nicht abwegig geworden. Im Gegenteil! Die beendete Blockkonfrontation öffnet global das Fenster für vielfältigere, differenziertere Entwicklungswege. Die Systemdebatte kehrt in neuer Form zurück.

»Wann kommt denn nun die nächste Wende?« Das will man von mir bei Veranstaltungen wissen, und mitunter werde ich gar auf der Straße angesprochen. Die Frage spielt auf den Titel meines 1994 erschienenen Buches »Die nächste Wende kommt bestimmt«[2] an, das die Aufmerksamkeit ernüchterter Leser besonders im Osten, aber auch im Westen erregt hatte. Kein Zurück zum Realsozialismus schwebte mir bei dem Motto vor. Der hatte Hoffnungen von Millionen Menschen enttäuscht, ihre Überzeugungen erschüttert und die historische Chance zum Ausbrechen aus dem Teufelskreis eines Profitsystems verspielt. Aber auch ein »Weiter so« auf dem von den politischen Eliten der alten Bundesrepublik vorgegebenen Weg war keine ermutigende Perspektive. Dort waren lange vor der Einheit herangereifte Probleme verdrängt und überfällige Reformen verschleppt worden.

Der sozialstaatlich eingedämmte, auch »fordistisch« genannte Kapitalismus zeigte bereits seit Mitte der 70er Jahre Symptome, die auf gravierende Veränderungen gegenüber zurückliegenden Dekaden hindeuteten.[3] Das bis dahin stabil hohe Wirtschaftswachstum brach ein und verläuft seitdem sehr gedämpft. Es reicht nicht mehr aus, um die durch steigende Arbeitsproduktivität auftretenden Verluste an Arbeitsplätzen zu kompensieren. Die Jahrzehnte währende Parallelität von hohem Wachstum und tendenzieller Vollbeschäftigung löste sich auf. Die herkömmliche Erwerbsarbeit geriet in die Krise. Hochtechnologische Basisinnovationen, allen voran die Informationstechnologien, setzten Rationalisierungsprozesse in Gang, die wiederum Entlassungswellen nach sich zogen. Der in der Nachkriegszeit erstrittene Verteilungskompromiß zwischen Wachstum des Profits und Zuwachs der Masseneinkommen zerbrach. Das Kapital suchte nach wachstumsunabhängigen Quellen, um seinen Profithunger zu stillen. Es drängte auf Privatisierung öffentlichen Vermögens und zunehmende Kommerzialisierung von Bereichen der Daseinsvorsorge. Steigende Schuldenaufnahme von Bund, Ländern und Kommunen – der Sockel erhöhte sich von 126 Milliarden D-Mark im Jahre 1970 auf 929 Milliarden 1989 – war als Nachfragestimulus willkommen. Die Handlungsspielräume der öffentlichen Hände schrumpften. Die soziale Polarisierung verschärfte sich.

Bis zum Untergang seines Gegenpols hatte der Spätkapitalismus in den westeuropäischen Staaten diese Tendenzen verschleiert. Soziale Rechte wurden beschnitten, ohne bereits die herkömmlichen Netze zu zerstören. Konkurrenzlos geworden, gab es keinen Grund mehr, das Sozialstaatsprinzip zu garantieren. Bald würde sich herausstellen, daß ein profitorientiertes System existentielle Probleme breiter Bevölkerungskreise nicht lösen kann. Diese Annahme hat sich rasch bestätigt. Die Restauration des Kapitalismus im Osten geht damit einher, daß die soziale Marktwirtschaft als seine westliche Nachkriegsvariante zur Marktgesellschaft mutiert. »Der Kapitalismus in Reinform« hat seinen Siegeszug angetreten. Das ist nicht das Urteil frustrierter Kommunisten, sondern die Sicht eines prominenten Liberalen.[4] Eigentum entledigt sich der grundgesetzlich gebotenen Sozialpflicht. Der Aktienkurs wird zum Maß aller Dinge. Überarbeit der einen steht erzwungener Müßiggang der anderen gegenüber. Aus den privaten

Taschen einer kleinen Schicht quillt Reichtum, während ein wachsender Teil der Bevölkerung in die Armut abdriftet und die Schulden öffentlicher Kassen überborden. Güter der Daseinsvorsorge werden zur Privatisierung freigegeben. Die rot-grün-schwarz-gelbe »Agenda 2010« und die sogenannten »Hartz-Reformen« haben soziale Verunsicherung von Millionen zum Programm erhoben. Die Realität ist durch Gnadenlosigkeit am Arbeitsplatz, soziale Kälte, Brüchigkeit von Beziehungen und Orientierungslosigkeit gekennzeichnet. Kult verdrängt Kultur. Statt mobilisierender Visionen gibt es »Sachzwänge«. Tonangebende Vertreter von Regierung und Opposition demonstrieren die Unverbindlichkeit von Aus- und Zusagen. Immer mehr Menschen verfallen in Resignation und Depression. Abstinenz bei Wahlen ist ein auffälliges Symptom. Freiheit und Gleichheit befinden sich wie im verblichenen sozialistischen System im Dauerkonflikt.

»Die Zufriedenheit mit dem Leben in Deutschland sinkt, die Sorgen der Deutschen nehmen zu«, bilanzierte der frühere Bundespräsident Richard von Weizsäcker Ende April 2005 die Ergebnisse der Studie »Initiative Perspektive Deutschland«.[5] Sie beruht auf einer Umfrage, an der sich 511 000 Bundesbürger beteiligten. Nur ein gutes Viertel der Befragten meint, daß es sich in Deutschland auch in fünf bis zehn Jahren noch sehr gut leben läßt. 42 Prozent der Deutschen sorgen sich inzwischen um ihren Arbeitsplatz. Fast zwei Drittel befürchten, daß sich ihre finanzielle Lage verschlechtert. Die Menschen zwischen Elbe und Oder gewahren, daß die herrschende Politik sich vom Aufbau Ost als Aufhol- und Angleichungsprozeß an Westdeutschland verabschiedet und das Ost-West-Gefälle als normal hinnimmt.

Neoliberale Konzepte haben bei der demokratischen, gerechten und solidarischen Lösung gesellschaftlicher Probleme versagt. Dennoch hat die ihnen zugrunde liegende Ideologie in Politik, Wirtschaft, Wissenschaft und Medien Oberhand. Wider den neoliberalen Zeitgeist zu streiten, für mutmachende Alternativen zu werben ist keine einfache Aufgabe. Wer sich ihr verschreibt, muß damit rechnen, bestenfalls als Sozialromantiker oder Nörgler stigmatisiert zu werden. Meist fallen die Urteile überheblich, ja verächtlich aus. Das ist zwar wenig erbaulich, darf aber nicht demotivieren. Einzustimmen in das, was als veröffentlichte Mehrheitsmeinung gilt, ist bequem. Ob aber Postulate sich als realitätstauglich erweisen, hängt nicht automatisch von Rang und Zahl derer ab, die sie vertreten. Diese Erfahrung konnte man schon in der DDR und in anderen sozialistischen Ländern sammeln. Sich aus einer Minderheit heraus Gehör zu verschaffen, ist eine reizvolle Herausforderung. Mit diesem Buch will ich trotz allgegenwärtiger Sorgen und Widrigkeiten ermutigen – zum selbstbewußten Suchen nach Problemlösungen jenseits von Rezepten der Mainstream-Gilde, zum aktiven Einfordern von Schritten, die das Leben breiter Bevölkerungsschichten heute erleichtern und sich zugleich an der Vision einer gerechten Gesellschaft orientieren – gerecht gegenüber Mensch und Umwelt hierzulande und auf dem Erdball.

Die Geschehnisse seit dem Herbst '89 zeigen: Erschöpft sind die Entwicklungspotenzen des Kapitalismus keineswegs. Aber er produziert und reproduziert national und global fortwährend unlösbare Widersprüche. Man fühlt sich immer häufiger an die launig mahnende Sentenz aus der Wendezeit erinnert: »Der Sozialismus ist gescheitert, weil er keiner war. Der Kapitalismus wird scheitern, weil er einer ist.« Unerwartete, schier undenkbare Wendungen waren und sind möglich. Das nährt Hoffnungen auf eine Alternative.

Nach dem Fall der Mauer – Kapitalismus ohne Schamgrenze

Nach dem 9. November 1989, dem Tag des Mauerfalls in Berlin, fühlten sich die Missionare des Kapitalismus als »Sieger der Geschichte«. Sie beanspruchten die Deutungsmacht über das historische Datum, verkannten bzw. verdrängten herangereiften Reformbedarf im eigenen System. Der Westen übernahm sich mit den knebelnden Kriterien des Euro-Stabilitätspakts und erweiterte die Europäische Union großdimensional vor deren Vertiefung. Die USA, im Systemwettbewerb letzte verbliebene Supermacht, setzen alles daran, das Geschehen auf dem Globus zu dominieren. Das Jahr 1989 mit der eingeleiteten weltgeschichtlichen Zäsur steht nicht für gesellschaftlichen Fortschritt. Es steht für Restauration überwunden geglaubter Verhältnisse.

In diesem Kapitel soll zunächst untersucht werden, wie der Kapitalismus mit seinem »Sieg« umgeht und was dran sein kann an der schon vor 60 Jahren vom österreichischen Nationalökonomen Joseph Alois Schumpeter aufgeworfenen Frage, ob der Kapitalismus an seinem Sieg scheitert.[6]

Der Westen hat sich übernommen

Sieger neigen zu Übermut. Häufig erwachsen daraus Niederlagen. Das gilt bei Sport und Spiel, aber auch in der Politik.

Was als Aufbruch Hunderttausender für eine erneuerte DDR im Herbst 1989 begann, mündete nach sich rasch ausbreitender Übermacht des Westens übers Jahr in die Wiederherstellung eines profitorientierten Systems zwischen Elbe und Oder. Die politische Klasse der BRD witterte die Chance, das eigene Wirtschafts- und Gesellschaftsmodell auf den anderen Teil Deutschlands auszudehnen. Sie nutzte die Enttäuschung der DDR-Bevölkerung über den real existierenden Sozialismus und die breite politische Verunsicherung. Ein Winken mit der attraktiven D-Mark beendete zu Beginn des Jahres 1990 abrupt den Aufbruchprozeß und das unter der Modrow-Regierung sowie am Runden Tisch begonnene Suchen nach einer demokratischen Alternative zur gescheiterten Ordnung. Eine Wende in der »Wende« trat ein. Bundeskanzler Kohl versprach den Landsleuten im Osten das harte Geld zum Beginn der Sommerferien und warb für eine rasche Vereinigung. Er versicherte, niemandem solle es schlechter gehen, aber vielen besser. Die verantwortlichen Politiker der Bonner Republik machten glauben, die Integration der östlichen Bundesländer könne aus der Portokasse bezahlt werden. Wo sie nichts als graue Steinwüsten sahen, sollten sich kurzfristig blühende Landschaften auftun. Zur Finanzierung teilungsbedingter Sonderlasten einen Beitrag von Beziehern hoher Einkommen und Besitzern großer Vermögen – vergleichbar dem Lastenausgleich nach dem Zweiten Weltkrieg – zu erheben, wurde als absurdes Ansinnen abgewiesen. Ex-Bundesbankpräsident Karl-Otto Pöhl, der in der Wendezeit für eine schrittweise wirtschaftliche Annäherung beider deutscher Staaten warb und vor einer überhasteten Vereinigung mahnte,[7] erinnerte sich später: »Ich habe eine Steuererhöhung gefordert, aber Bundesfinanzminister Theo Waigel hat mich dafür beschimpft.«[8]

Die altbundesdeutsche Elite war von ihrem System so überzeugt, daß sie keinen Gedanken an Inventur und Selbstrevision verschwendete. Änderungsbedarf gab es für sie nicht. Beitritt statt Neukonstituierung, Verschuldung statt Steuererhöhung, Besitzstandswahrung statt Opfer, das war die Maxime. Man lebte schließlich in der besten aller Welten: Hohe Löhne, lange Ferien, soziale Sicherheit. Warum also etwas ändern? Wolfgang Schäuble, von der Bundesregierung beauftragt, die Vereinigungsverhandlungen mit der DDR-Seite zu führen, ließ seine Gesprächspartner darüber nicht im Unklaren. In seinen Memoiren erinnert er daran: »Meine stehende Rede war: Liebe Leute, es handelt sich um einen Beitritt der DDR zur Bundesrepublik, nicht um die umgekehrte Veranstaltung. ... Hier findet nicht die Vereinigung zweier gleicher Staaten statt. Wir fangen nicht ganz von vorn bei gleichberechtigten Ausgangspositionen an. Es gibt das Grundgesetz, und es gibt die Bundesrepublik Deutschland. Laßt uns von der Voraussetzung ausgehen, daß ihr vierzig Jahre davon ausgeschlossen wart.«[9]

Statt gemeinsam einen Neuanfang zu wagen, dabei Bewährtes aus der DDR für das entstehende Gemeinwesen zu nutzen, Verkrustetes, Überkommenes in der Alt-BRD auszumustern und auf herangereifte demographische Probleme sowie erkennbare Bildungsdefizite zu reagieren, wurde weitergemacht wie gehabt. Auch in der Beschäftigungspolitik wurden ausgetretene Pfade nicht verlassen. Es kam zur Ausweitung der bekannten Arbeitsbeschaffungsmaßnahmen, die aber wegen tatsächlicher oder vermeintlicher Wettbewerbsverzerrung bald in Verruf gerieten. Ein dauerhafter dritter oder

Non-Profit-Sektor hatte hingegen keine Chance. Geld verdrängte Geist. Mammon bestimmte die Richtung. In Victory-Pose wurde im ökonomisch unterlegenen Staat nach der deutschen Einheit nahezu alles abgewickelt. Historisch ohne Beispiel ist die Ausschaltung großer Teile der DDR-Intelligenz, insbesondere von Hochschullehrern. Es setzte nun aber keine »Durchmischung« mit Wissenschaftlern aus den alten Bundesländern ein, sondern eine »Verwestlichung«, wie Arno Hecht sorgfältig recherchierte.[10] Dabei kamen in zahlreichen Fällen Mittelmaß und Inkompetenz – verbeamtet – auf die Spitzenplätze der ostdeutschen Hohen Schulen. Erleichtert wurde dieses Vorgehen durch den beklagenswerten Tiefstand akademischer Solidarität. Ähnliches ließe sich aus den Bereichen Kunst, Kultur und Medien berichten. Die Resultate sind für den Osten verheerend und auch für den Westen nicht ohne Langzeitfolgen. Aufschluß über den Schaden, den die Einschnitte in den ostdeutschen Intelligenzkörper anrichteten und anrichten, gibt ein von Stefan Bollinger, Ulrich van der Heyden und Mario Keßler herausgegebener Band.[11]

Der eingeschliffene westliche Politikbetrieb änderte sich selbst unter dem Einfluß jener keinen Deut, die mit ostdeutscher Biographie und unterschiedlichen Parteifarben in hohe Staats- oder parlamentarische Ämter gelangten. Ob Angela Merkel, Matthias Platzeck, Manfred Stolpe, Wolfgang Thierse, Günther Nooke, Arnold Vaatz oder andere – sie erkauften ihre Karriere mit Anpassung. So urteilte Alexander Gauland, westdeutsch sozialisierter Herausgeber der »Märkischen Allgemeinen Zeitung« anläßlich des zehnten Jahrestages der deutschen Einheit. Und weiter: »Nur der Erfolg im westlichen Politikbetrieb legitimiert die östliche Biographie, einen Eigenwert haben ihre Erfahrungen nicht.«[12]

Der zeitliche Abstand zu den Vorgängen des Jahres 1990 bestärkt mich in meiner seit langem vertretenen Ansicht: Viele der heutigen Probleme wurden damals angelegt. Jedem Ökonomen war klar, was mit der DDR-Wirtschaft bei ungebremster Öffnung zum Weltmarkt passieren würde. Genau das aber bedeutete die Währungsumstellung von der »weichen« Mark der DDR auf die »harte« D-Mark in der Nacht vom 30. Juni zum 1. Juli 1990. Warnende Stimmen, für den Wirtschaftsverkehr einen anderen Umtauschkurs als den für privat Erspartes zu wählen, wurden in den Wind geschlagen. Ich hatte mich z. B. als stellvertretende Ministerpräsidentin der DDR am Rande der Leipziger Frühjahrsmesse Mitte März 1990 öffentlich für ein 1:1-Verhältnis beim Umwechseln von Sparguthaben der Bevölkerung ausgesprochen und angeregt, bei größeren Beträgen eine schrittweise Freigabe vorzusehen. »Der Wirtschaft allerdings«, so war meine Rede, »fällt man nicht in den Rücken, wenn man für sie nicht auf einem Kurs von 1:1 beharrt. Wir brauchen einen Kurs, der unserer Wirtschaft einen gewissen Schutz bietet, damit sie sich in einem längeren Prozeß auf die harten Forderungen, die ein offener Wettbewerb mit sich bringt, einstellen kann. ... Ist die D-Mark erst einmal da, sind wir sofort EG-Mitglied. Damit kommen auf Industrie und Landwirtschaft Herausforderungen zu, denen man nur mit Programmen zur Strukturanpassung ... begegnen kann. Wir brauchen einen Kurs, der aufwertungsmöglich ist. 1:1 wäre für die Wirtschaft heute wie ein Knüppel.«[13]

Selbst nach der wider alle ökonomische Vernunft gewählten Umtauschrelation hätte es Möglichkeiten des zeitweiligen Schutzes der produktivitätsschwächeren ostdeutschen Wirtschaft gegeben, Lohnkostenzuschüsse etwa oder Steuervergünstigungen. Das wäre für den Aufholprozeß aus eigener

Kraft ein Impuls gewesen. Die Vergabe milliardenschwerer Kredite an Rußland als dem jahrzehntelangen Haupthandelspartner der DDR hätte an die Verpflichtung gebunden werden können, Ausrüstungen von den früheren Lieferanten abzunehmen. Auch befristet fortgesetzte Kopplungsgeschäfte, also z.B. Lieferung von Maschinen gegen Bezahlung mit Erdöl, sind nicht ernsthaft erwogen worden. Die westdeutsche Unternehmerlobby war an Konkurrenz im eigenen Land nicht interessiert, und den Bonner Herrschaften galten solche Vorschläge als nicht marktwirtschaftskonform. Jeder störte, der die kurzfristig in Aussicht gestellte D-Mark nicht überschwenglich als großzügiges Geschenk würdigte, sondern auch offen über den zu ahnenden Preis dafür sprach.

Ich werde nicht die Reaktion von Horst Köhler vergessen. Er war zu jener Zeit Staatssekretär im Bundesfinanzministerium und von Kanzler Kohl mit der Vorbereitung der Währungsunion betraut. Bei einem offiziellen Gespräch Mitte Februar 1990 in Bonn gab ich ihm zu verstehen, daß ich die angekündigte Einführung der D-Mark in der DDR nicht nur von ihren unbestreitbar attraktiven Seiten sehe. Mir sei klar, was die Über-Nacht-Umstellung auf eine konvertierbare Währung für den Export, aber auch für den Binnenabsatz bedeutet. Millionen würden ihren Arbeitsplatz verlieren. Eine Marktwirtschaft ohne Märkte gäbe es nicht. Ich warb für Anpassungsmaßnahmen und Übergangszeiten. Darauf Köhler wörtlich: »Warum sind Sie denn so arrogant, Frau Luft?«

Als Kandidat für das Bundespräsidentenamt bekannte Köhler dann in zahlreichen Interviews selbstkritisch Fehler, die gemacht worden sind: Der Abbau industrieller Arbeitsplätze sei zu weit gegangen und manches Nützliche von der DDR nicht übernommen worden. Auch habe man die Gefühle der Ostdeutschen zu wenig geachtet. Er beklagte den damaligen Glauben, im Westen wäre alles in Ordnung. Späte Einsichten, meine ich, und das wohl ungewollte Eingeständnis von Arroganz und Ignoranz, wie sie für viele damalige Entscheidungsträger typisch waren! Das hinderte Köhler allerdings nicht daran, wenige Monate nach seiner Wahl ins höchste Staatsamt den Ostdeutschen unverblümt zu bedeuten, daß für sie das finale Stadium der Einheit erreicht sei. Es »gab und gibt nun einmal überall in der Republik große Unterschiede in den Lebensverhältnissen. Das geht von Nord nach Süd wie von West nach Ost. Wer sie einebnen will, zementiert den Subventionsstaat und legt der jungen Generation eine untragbare Schuldenlast auf«[14], so der vormalige Präsident des Internationalen Währungsfonds. Wer in seinen heimatlichen Gefilden keine Perspektive sieht, muß im Westen sein Glück suchen oder sich in sein Los schicken, lautete sein Rat.

Damit hat erstmals ein hochrangiger deutscher Politiker die zentrale Doktrin der Vereinigung öffentlich in Frage gestellt: die Herstellung gleich*wertiger* Lebensverhältnisse im Bundesgebiet. Diese Formulierung in Artikel 72 des Grundgesetzes stammt aus dem Jahre 1994. Wegen des Vertrages über die Europäische Währungsunion waren Änderungen an der Verfassung vorgenommen worden. Sie schwächt bereits den bis dahin geltenden Grundgesetzauftrag ab, wonach der Bund Gesetzgebungsrecht hat, wenn »die Wahrung der Rechts- und Wirtschaftseinheit, insbesondere die Wahrung der Einheitlichkeit der Lebensverhältnisse« das erfordert. Aus *einheitlich* war nun *gleichwertig* geworden, aus *Wahrung* wurde *Herstellung*.

Die Angleichung der Lebensverhältnisse war ein Gründungsmythos der neuen Republik. Die Aussicht auf »gleichwertige«

Lebensverhältnisse hatte für viele DDR-Bürger den Ausschlag gegeben, dem Beitritt zur Bundesrepublik hoffnungsvoll entgegenzusehen. Es war ein Versprechen, die Probleme der untergegangenen DDR und den Strukturwandel der Wirtschaft in kurzer Zeit zu lösen. Den Westdeutschen wurde auf diese Weise die Angst vor Billigkonkurrenz aus dem Osten genommen. Eine klare Definition dessen, was unter »gleichwertigen« Lebensverhältnissen zu verstehen ist, gibt das Grundgesetz nicht. Rechtsexperten sehen darin Lebens- und wirtschaftliche Bedingungen in den verschiedenen Teilen des Landes, die nicht zu großen Binnenwanderungen veranlassen. »Man soll überall in Deutschland, von Flensburg bis Garmisch-Partenkirchen, von Aachen bis Frankfurt an der Oder gleich gut leben können. Das ist eine Frage der Lebenshaltungskosten, der Infrastruktur in Sachen Bildung, Verkehr und Telekommunikation. Das ist aber keine Frage des Gehalts. Es geht nicht um gleiche Einkommen überall. Wenn die Lebenshaltungskosten in der Uckermark niedriger sind als in München, braucht man dort auch nicht die gleichen Einkommen.«[15] So die Meinung von Peter Huber, Professor für Öffentliches Recht in München, der ich im Prinzip zustimmen kann. Gleichwertig bedeutet nicht in jeder Hinsicht gleich.

Zunehmend angeglichen ist zwischen Ost und West die Infrastruktur. Das trifft auch auf den Standard modernisierter Wohnungen zu. Sanierte Innenstädte präsentieren sich als Schmuckstücke, die Telekommunikation hat ein Niveau, von dem 1989 nicht zu träumen war. Die industriellen Leuchttürme haben ein gutes internationales Renommee. Wissenschafts- und Technologiezentren brauchen keinen Vergleich zu scheuen. Die Heilung der Umwelt ist vorangeschritten. Bei der Beschäftigungslage, bei Einkommen und Vermögen hingegen gibt es nach wie vor gravierende Ost-West- Unterschiede (vgl. Tabelle 1). Besorgniserregend ist die demographische Entwicklung zwischen Elbe und Oder. Die Abwanderung hält an. Vor der Wende verlor die DDR jährlich im Schnitt 65 000 Personen, nach der Wende waren es 95 000. Auch ist Ostdeutschland heute eines der geburtenschwächsten Gebiete der Erde. In Mecklenburg-Vorpommern, dem Landstrich, in dem ich aufgewachsen bin, betrug das Durchschnittsalter der Bevölkerung vor der Einheit 35,8 Jahre. Anno 2003 lag es bereits bei 42,3 Jahren und 2040 wird es voraussichtlich 57 Jahre betragen. Vergreisung ist die Folge. Ähnliche, wenn auch nicht so gravierende Tendenzen gibt es in anderen ostdeutschen Bundesländern.

Tabelle 1: Lebenslagedaten in Ostdeutschland im Vergleich zu Westdeutschland (Westdeutschland = 100 Prozent)

Arbeitslosigkeit bezogen auf alle Erwerbspersonen (2004)	212
Arbeitszeit je Erwerbstätigen (2004)	109
Stundenlohn der Arbeiter (2003)	70
Monatsverdienst der Angestellten (2003)	75
Durchschnittseinkommen (netto) der Privathaushalte (2003)	77
Wert pro Rentenpunkt (2004)	88
Geldvermögen der Privathaushalte (2003)	52
Steueraufkommen der Kommunen (2004)	33

Quelle: Bundesagentur für Arbeit, Deutsche Bundesbank, Statistisches Bundesamt, eigene Berechnungen

Die Beschäftigungs- und Einkommensdaten zeugen fünfzehn Jahre nach der Einheit von zwei Teilgesellschaften. Die Kosten für die Lebenshaltung (Preise für Waren des täglichen

Bedarfs, Mieten, Tarife und Versicherungsbeiträge) unterscheiden sich hingegen kaum. Solche Diskrepanzen haben mit dem Verfassungsauftrag nichts zu tun. Den stellt zur Disposition, wer wie der Bundespräsident den »Subventionsstaat« kritisiert. Übrigens gießt er damit bewußt oder unbewußt Wasser auf die Mühlen jener, die in den seit 1991 brutto auf 1,3 Billionen Euro bezifferten West-Ost-Transfers ein Ausbluten des alten Bundesgebietes sehen[16] und den bis 2019 datierten Solidarpakt II gern aufschnüren würden. So forderte der hessische Ministerpräsident Roland Koch im Namen der westdeutschen Bundesländer, im Grundgesetz den Artikel 91a zu streichen. Der verpflichtet Bund und Länder, in wenig entwickelten und strukturschwachen Regionen finanziell zur Verbesserung der Wirtschaftsstruktur beizutragen. Könnte Koch sich damit durchsetzen, hätte das für die neuen Länder zur Konsequenz, bei knapper Haushaltslage des Bundes in Zukunft kein Geld mehr zu bekommen.[17] Bei vielen Westdeutschen würde dies wahrscheinlich Genugtuung auslösen. »Spiegel«-Redakteur Gabor Steingart spricht es aus, wenn er im Aufbau Ost in allerersten Linie ein »Aushalten Ost« sieht. Die mehrheitliche Zustimmung seiner Leser ahnend, fügt er sarkastisch hinzu: »Der Westen wurde im Zuge der Wiedervereinigung zur Kolonie des Ostens.«[18] Daß die Lasten des verlorenen Krieges ungleich verteilt waren, die Menschen in der sowjetisch besetzten Zone und späteren DDR für das faschistische Verbrechen den höheren Preis zu zahlen hatten, ist bei vielen jenseits der Elbe längst vergessen. Den meisten war es wohl auch nie bewußt.

Für den verweigerten Neuanfang gibt es zahllose weitere Belege. Kläglich verlaufen ist die Arbeit der »Gemeinsamen Verfassungskommission von Bundestag und Bundesrat« im

Zusammenhang mit dem Beitritt der DDR zur BRD. Ganze zwei Ergänzungen im Artikel 3 des Grundgesetzes waren ihr Ergebnis: »Der Staat fördert die tatsächliche Durchsetzung der Gleichberechtigung von Mann und Frau und wirkt auf die Beseitigung bestehender Nachteile hin.« Und: »Niemand darf wegen seiner Behinderung benachteiligt werden.« Die Aufnahme dieser Gebote war zweifellos ein Fortschritt. Doch die abgewiesene Verankerung anderer sozialer Rechte – Recht auf Arbeit oder Arbeitsförderung, Recht auf Ausbildung, Recht auf angemessenen Wohnraum, Recht auf selbstbestimmte Schwangerschaft, Anspruch auf gleichen Lohn für gleiche Arbeit – spricht für die Veränderungsresistenz der vermeintlichen Sieger. Stoisch klammerten sie sich ans Bestehende. Als »Argument« mußte herhalten, die umfangreichen Kataloge sozialer Rechte in den neuen Verfassungen der beigetretenen Bundesländer wären gerichtlich nicht einklagbar. Wie die sozialen Bestimmungen der Landesverfassungen im alten Bundesgebiet hätten sie nur geringe rechtliche Wirkung. Daß das selbst Verfassungsrechtler anders sehen, interessiert offenbar nicht. Aus der Nichteinklagbarkeit von sozialrechtlichen Geboten folge keineswegs deren Bedeutungslosigkeit, konstatiert Peter Römer von der Universität Kassel. Sie zeigten an, was eine Bevölkerungsmehrheit politisch will. Auch enthielten sie Auslegungs- und Ermessensrichtlinien.

Die höchst bescheidene Anreicherung des Grundgesetzes nach einem solch historisch einmaligen Ereignis wie der Vereinigung zweier Staaten mit unterschiedlicher sozialökonomischer Genese ist vielsagend. Gravierender noch ist ein anderes Faktum: die Absage an die offensive Nutzung des Freiraumes, den die Väter des Grundgesetzes in Bezug auf die Wirtschaftsverfassung der Bundesrepublik gelassen hatten.

Diese schrieb bekanntlich das marktwirtschaftliche Prinzip nicht fest, sondern war für unterschiedliche politische Kräfteverhältnisse und den möglichen Wechsel zwischen Minderheiten und Mehrheiten bewußt offengehalten worden. Ohne den Wortlaut zu ändern (Art. 79, Abs. 3 GG) und weitestgehend undebattiert, gleichsam nebenbei wurde die entscheidende verfassungsrechtliche Korrektur der wirtschaftlichen Bestimmungen des Grundgesetzes beschlossen. Bereits im Vertrag über die Schaffung einer Währungs-, Wirtschafts- und Sozialunion zwischen der Bundesrepublik Deutschland und der Deutschen Demokratischen Republik vom 18. Mai 1990 war der gemeinsame Wille bekundet worden, »die Soziale Marktwirtschaft als Grundlage für die weitere wirtschaftliche und soziale Entwicklung mit sozialem Ausgleich und sozialer Absicherung und Verantwortung gegenüber der Umwelt auch [! C.L.] in der Deutschen Demokratischen Republik einzuführen ... Sie wird insbesondere bestimmt durch Privateigentum, Leistungswettbewerb, freie Preisbildung und grundsätzlich volle Freizügigkeit von Arbeit, Kapital, Gütern und Dienstleistungen.«[19]

Dieser Vertrag wurde ebenso wie der Einigungsvertrag von den gesetzgebenden Gremien beider Staaten mit den Mehrheiten beschlossen, die für ein verfassungsänderndes Gesetz erforderlich sind. Besagte Kontrakte zementieren die »kapitalistische Marktwirtschaft – mit sozialer Beigabe – als die Wirtschaftsverfassung des Grundgesetzes«.[20] Die Neutralität der bundesrepublikanischen Wirtschaftsverfassung, ihre Offenheit für pluralistische Eigentumsstrukturen und staatliche Regulierung war quasi durch die Hintertür und von der Öffentlichkeit kaum bemerkt als Relikt der Vergangenheit entsorgt worden. Diesem Duktus entsprach das am 17. Juni 1990 von der DDR-Volkskammer beschlossene Treuhandgesetz.[21] Es war nach Vorgaben des Bonner Finanzministeriums entstanden und bestimmte die rasche und komplette Privatisierung des Volksvermögens zum Kern marktwirtschaftlicher Transformation. Vor diesem Hintergrund blieben nach dem 3. Oktober 1990 parlamentarische Initiativen und außerparlamentarische Aktionen erfolglos, die unter Bezugnahme auf den Buchstaben des Grundgesetzes Chancengleichheit für alle Formen von Eigentum, neben dem privaten also auch für öffentliches, genossenschaftliches und kommunales Eigentum einforderten. An den meisten dieser Vorstöße war ich vor und während meiner achtjährigen Zeit als direkt gewählte Bundestagsabgeordnete der PDS beteiligt. Stets schallte uns besonders laut aus den Reihen der schwarz-gelben Fraktionen entgegen: »Die wollen nur den Sozialismus wiederbeleben.« Dem sei aber glücklicherweise durch die Einigungsverträge ein Riegel vorgeschoben worden.

So fanden Forderungen und Vorschläge kein Gehör, die die Treuhand beim Abstoß des ostdeutschen produzierenden und verarbeitenden Gewerbes in die Fänge der westdeutschen und ausländischen Konkurrenz und damit seine Liquidierung bzw. Marginalisierung hätten bremsen können. Statt eine gesunde Mischung verschiedener Betriebsgrößen anzustreben, wurden entgegen westeuropäischem Trend nahezu alle Großunternehmen zerschlagen. In der Endzeit der DDR hatte es 145 Betriebe mit jeweils mehr als 5000 Beschäftigten gegeben. Übriggeblieben sind fünf. Natürlich hätten unter Bedingungen eines offenen Marktes bei weitem nicht alle »Giganten« überleben können. Aber die Frage nach dem Betriebsgrößenmix – für Beschäftigung, Kooperationsnetze, Gründungs- und Ansiedlungsgeschehen ausschlaggebend – hat keine adäquate Rolle gespielt. Denkbar wäre etwa ein mehrjähriges Fortführen traditionsreicher, zumeist eine ganze Region prägender Großunternehmen im Bundes- oder Landeseigentum gewesen, so Waggonbau Ammendorf, Chemieanlagenbau Grimma, Takraf Leipzig oder Landmaschinenbau Schönebeck. Das hätte die jeweiligen Regierungen stärker zur Rück- und Neugewinnung von Absatzmärkten im In- und Ausland in die Pflicht genommen. Zumindest die Ersatzteilproduktion für vormals gelieferte Maschinen und Ausrüstungen sowie deren Modernisierung hätten bei entsprechendem politischem Engagement ein Grundgerüst für die Beschäftigung bilden können.

Waggonbau Ammendorf z. B. ist bis heute auf dem Gebiet der früheren Sowjetunion ein Begriff. Selbst in russische Wörterbücher hat es der Name des Ortsteils von Halle geschafft. Dort steht er für Reisezugwaggons, wie sie in großer Zahl auf den Schienen zwischen Brest und Wladiwostok anzutreffen sind. Rund 30 000 dieser Waggons sind bis 1995 in Ammendorf gebaut worden. Auf langen Strecken und unter harten klimatischen Bedingungen eingesetzt, bedürfen sie regelmäßiger Wartung und Instandsetzung. Erst als der traditionsreiche Standort durch den neuen kanadischen Eigentümer Bombardier wegen mangelnder Aufträge Ende 2005 geschlossen werden sollte, wurde dieses lohnende Marktsegment wiederentdeckt. Ammendorf soll sich auch an der Entwicklung eines neuen Reisezugwagens beteiligen, der ohne Drehgestellwechsel von Moskau nach Berlin rollen kann. Die dafür erforderliche Investition von elf Millionen Euro hängt an einer Bürgschaft des Landes Sachsen-Anhalt. Es bleibt zu hoffen, daß die Landespolitiker diese Chance zur Arbeitsplatzsicherung nicht vergeben.

Auch weitere Wege zur Entstaatlichung der Wirtschaft wären ohne Totalübergabe der Betriebe an die Konkurrenz möglich gewesen: Minderheitsbeteiligungen privater Investoren an den Geschäftsanteilen der Treuhand, Verpachtung von Gemeineigentum, Mitarbeiterkapitalbeteiligung zu Vorzugskonditionen, Verkauf von Betriebsteilen an das Leitungspersonal oder Ausbau des genossenschaftlichen Sektors. In meinem 1992 erschienenen »Treuhandreport« habe ich dazu ausführlich Stellung genommen.[22] Manche unter selbst auferlegtem Zeitdruck und bei blindem Vertrauen gegenüber Kaufinteressenten aus westlichen Gefilden zustande gekommene betrügerische Privatisierung hätte auf diese Weise ausgeschlossen werden können.

Einer der aufsehenerregendsten Skandale ist bereits im genannten Buch erwähnt: 1991 hatte die Behörde das aus dem gleichnamigen VEB hervorgegangene Berliner Unternehmen Wärmeanlagenbau (WWB) an das unbekannte Schweizer Unternehmen Chematec verkauft. Für zwei Millionen D-Mark ging es über den Tisch, obwohl sein Wert späteren Untersuchungen zufolge seinerzeit bei knapp 70 Millionen D-Mark lag. Der aus Oberhausen stammende Geschäftsführer Rottmann entzog dem Betrieb in der Folgezeit zusammen mit Komplizen systematisch das Vermögen, indem er Firmenkonten plünderte und Grundstücke veräußerte. Insgesamt 200 Millionen D-Mark, also mehr als 100 Millionen Euro, transferierte er ins Ausland. Dorthin setzte er sich auch selbst ab, als WWB 1995 pleite ging. Ich greife den Fall erneut auf, weil es erst 2005 zu einem Schadensersatzprozeß kam, der dann auch noch mit einem Vergleich endete. Rottmann muß 20 Millionen Euro an die Bundesanstalt für vereinigungsbedingte Sonderaufgaben (BvS), eine Treuhand-Nachfolgeeinrichtung, zahlen. So viel Kulanz erstaunt schon! Der tatsächlich entstandene Schaden ist längst als Posten in die auf 253 Milliarden D-Mark bezifferte negative Abschlußbilanz der Treuhand eingegangen. Die aber wird der Öffentlichkeit immer noch als Spiegelbild des »DDR-Erbes« präsentiert.[23]

Noch etwas will ich an diesem Beispiel zeigen: die Dürftigkeit von Antworten der Bundesregierung auf Anfragen von Parlamentariern. Gesine Lötzsch, eine der beiden PDS-Abgeordneten im Bundestag, wollte in einem Schreiben vom 7. März 2005 wissen, wann die von Rottmann um ihren Arbeitsplatz gebrachten Wärmeanlagenbauer – so wie ihnen in Aussicht gestellt war – mit einer Beteiligung an den eingeklagten Zahlungen rechnen könnten. In der schriftlichen Antwort des Parlamentarischen Staatssekretärs im Bundesministerium der Finanzen Karl Diller heißt es: »Es ist zutreffend, daß die BvS mit Herrn Rottmann einen gerichtlich protokollierten Vergleich geschlossen hat. Dieser Vergleich sieht vor, daß bis August 2005 an die BvS 20 Millionen Euro zu zahlen sind. Sofern eine Zahlung nicht fristgemäß erfolgt, ist Herr Rottmann verpflichtet, 50 Millionen Euro zu zahlen. Das Bundesministerium der Finanzen hat den Abschluß des vor dem Kammergericht Berlin protokollierten Vergleichs zwischen der BvS und Herrn Rottmann genehmigt.« Und abwiegelnd weiter: »Ob die BvS aus dem geschlossenen Vergleich Zahlungen erhält, ist derzeit noch völlig offen. Es besteht durchaus die Gefahr, daß Herr Rottmann bis August 2005 die Zahlungen nicht leistet. Insofern würde die BvS auch keine Beträge vereinnahmen. Vollstreckbares Vermögen des Herrn Rottmann konnte bislang nicht ausfindig gemacht werden.« War also das lange juristische Gezerre lauter Lärm um Nichts?

In der zweiten Hälfte der 90er Jahre habe ich als Parlamentarierin im Bundestag und gegenüber dem Bundeswirtschafts- und dem Bundesfinanzministerium für ein »Bündnis für Aufträge« geworben. Dies war ein gemeinsam mit Industrie- und Außenhandelspraktikern sowie Rechtsexperten erarbeitetes Projekt zur Wiederbelebung industrieller Arbeitsplätze in den einstigen Hochburgen des Chemieanlagenbaus um Leipzig, Halle, Merseburg. Bekannt war der marode, umweltgefährdende Zustand russischer Erdöl- und Gasförderanlagen. Zum größten Teil aus der DDR bezogen, bedurften sie nach Jahrzehnten dringend einer Modernisierung. In Sachsen und Sachsen-Anhalt gab es noch Nachfolgefirmen früherer Lieferbetriebe und hochqualifiziertes Personal mit spezifischen Erfahrungen bei der Abwicklung von Rußlandgeschäften. Russischen Unternehmen mangelte es an Devisen, um entsprechende Aufträge auszulösen. Sie hätten mit europa- und weltweit vermarktbarem Erdöl oder Gas bezahlen können. Es gibt Firmen, die auf solche Transaktionen spezialisiert sind. Westdeutsche Konzerne nutzen umstandslos deren Knowhow. Bis die »Bezahlware« verkauft ist und das Geld im Kasten klingt, hätten deutsche Firmen in Vorleistung treten, also kreditieren müssen. Das wollten sie allerdings nur tun, wenn der Kredit gegen eventuelle Zahlungsausfälle staatlich verbürgt wird. Dies lehnte die Bundesregierung mit Hinweis auf die Europäische Kommission ab, die würde darin eine Wettbewerbsverzerrung sehen, hieß es. Bei den Haushaltspolitischen Sprechern der rot-grünen Koalition gab es Sympathien und Unterstützung für unser Konzept. Sie erkannten darin eine Möglichkeit zur Abmilderung der in vormals hochindustrialisierten ostdeutschen Regionen grassierenden Arbeitslosigkeit. Dennoch: Die Bundesregierung war nicht einmal zu einer abtastenden Anfrage in Brüssel zu bewegen. Vorwände wurden gesucht. Man wollte eingefahrene Gleise nicht verlassen. Aber es ging wohl auch darum, auf keinen Fall einer PDS-Initiative zum Erfolg zu verhelfen, selbst wenn das zum Nachteil Tausender war, die in Lohn und Brot hätten kommen können. In peinlicher Erinnerung ist mir in diesem Zusammenhang das Verhalten von Manfred Stolpe. Als brandenburgischer Ministerpräsident war er von unserem Projekt sehr angetan. In Abständen ermutigte er uns, gegenüber der Bundesregierung hartnäckig zu bleiben und unser Engagement fortzusetzen. Zum Bundesminister mit Ostzuständigkeit avanciert, wollte er davon nichts mehr wissen.

Ich behaupte: Bei einem wie dem beschriebenen Herangehen wären der Produktionseinbruch in den neuen Ländern schwächer, die wirtschaftliche Erholung rascher, die Arbeitslosigkeit niedriger und das Ost-West-Transfervolumen geringer ausgefallen als auf dem von Treuhand-Präsidentin Birgit Breuel und Co. unter dem Schirm der Bundesregierung eingeschlagenen marktradikalen Privatisierungspfad. Der war auf rasche Vermögensverwertung gerichtet. Es wären weniger Forschungs-, Entwicklungs-, Produktions- und Ausbildungspotentiale vernichtet, weniger arbeitsfähige Menschen überflüssig gemacht und weniger öffentliche Gelder in die Taschen von Glücksrittern, Hasardeuren und Abzockern gespült worden. Wem das reine Spekulation scheint, den mögen exemplarisch einige Fakten nachdenklich stimmen. Die Jenoptik AG, hervorgegangen aus dem Kombinat Carl-Zeiss-Jena, befand sich nach 1990 zunächst hundertprozentig im Eigentum des Freistaates Thüringen. Seit 1998 ist das Unternehmen an der Frankfurter Wertpapierbörse gelistet. Im Jahre 2002 entfielen auf den Freistaat immer noch 18,92 Prozent der Anteilscheine.

Damit ist er größter Einzelaktionär und faßt bislang keine Veränderung ins Auge. Jenoptik hat die marktwirtschaftliche Umstrukturierung und Neuorientierung mit Aderlaß, insgesamt aber besser überstanden als andere Großunternehmen. Es ist ein hochtechnologischer Leuchtturm, der seinen Platz auf dem Weltmarkt behauptet. Hätte ein solches Modell nicht häufiger Anwendung finden können?

Wo kompetente Kombinats- oder Betriebsdirektoren nach Privatisierung der Unternehmen von der Treuhand nicht geschaßt, sondern im Management belassen wurden, waren die Marktanpassungsmaßnahmen für die Belegschaften meist mit weniger tiefen Einschnitten verbunden als dort, wo Zugereiste – oft ohne entsprechende Befähigung und Verwurzelung – das Ruder übernahmen. Ich will zwei markante, mir persönlich bekannte Beispiele nennen: Das erste betrifft Oswald Müller, seit 1978 Chef der Mathias-Thesen-Werft Wismar. Nach 1990 bis zu seiner Pensionierung im Jahre 2002 blieb der studierte Schiffsanlagenbauer in gleicher Funktion bei der zunächst an den Bremer Vulkan und später an den norwegischen Aker-Konzern verkauften Meerestechnik-Werft. Mit fachlicher Kompetenz, langjährigen Führungserfahrungen und internationalem Renommee konnte er wie kein zweiter das Unternehmen durch die Wendewirren steuern, die Zeit der Treuhandägide bewältigen und die Privatisierungsturbulenzen meistern. Das ging nicht ohne Personalabbau ab. Aber für den Betriebsrat war Ossi Müller, wie ihn alle nannten, die »personifizierte Garantie, daß die Leute Beschäftigung haben und auch in schwierigen Zeiten kein Zahltag ausfiel«.[24]

Das andere Beispiel ist Karl Döring, heute noch ein von ost- und westeuropäischen Stahlproduzenten als Berater gefragter Experte. Nach dem Studium der Eisenhüttenkunde im ukrainischen Dnepropetrowsk war er jahrzehntelang leitend in der Stahlbranche der DDR und zuletzt als Generaldirektor des volkseigenen Bandstahlkombinates Eisenhüttenstadt tätig gewesen. Von 1990 bis 1994 blieb er angesehener Vorstandsvorsitzender der EKO Stahl AG Eisenhüttenstadt. Es ist vor allem sein Verdienst, wenn das Unternehmen in der schwierigen Phase der Umstellung auf das marktwirtschaftliche Gleis nicht von Aufträgen abgeschnitten war. Welche ernst zu nehmenden Gründe sprachen dagegen, ähnlich in anderen Fällen zu verfahren?

Lange gehörte es zu den Stereotypen, ostdeutsche Manager könnten vor allem für den Marktzugang kaum auf Erfahrungen aus DDR-Zeiten zurückgreifen. Dieses immer wieder nachgebetete Vorurteil ignoriert, daß sich eine Vielzahl ostdeutsch geführter kleiner und mittlerer Betriebe seit Jahren durch Kompetenz, Kreativität und Flexibilität Reputation erworben hat und sich auf den Märkten erfolgreich behauptet. Zu diesem Schluß kommen auch Autoren des soziologischen Forschungsinstituts Göttingen und der Universität Kassel in einer Studie, deren Ergebnisse Mitte 2004 auf einer Gemeinschaftsveranstaltung der Friedrich-Ebert-Stiftung und der Hans-Böckler-Stiftung in Berlin vorgetragen wurden. Nach meiner Kenntnis wurde damals erstmalig eine solche Einschätzung vor großem Ost-West-Publikum gegeben.[25] Aber bis heute stoßen ostdeutsche Mittelständler bei Bemühungen um Absatzerweiterung nicht selten auf Hürden, die nichts mit der Qualität ihres Angebots zu tun haben. So kritisiert z. B. die Forschungschefin des Arzneimittelwerkes auf der Ostsee-Insel Riems (360 Mitarbeiter, 41 Millionen Euro Umsatz) die für die Arzneimittelzulassungen zuständige Bundesbehörde. Bei den turnusmäßigen Nachzulassungsverfahren würden noch in der DDR entwickelte Präparate zunehmend abgelehnt. Das sei unter anderem mit einem seit Jahrzehnten eingesetzten Krebstherapeutikum für Kinder geschehen, bei dem die Riemser deutschlandweit die einzigen Produzenten sind.[26] Offenbar hat die westdeutsche Pharmaindustrie in der Behörde eine Lobby.

Kommen wir auf die Eingangsthese vom verweigerten gemeinsamen Neuanfang zurück. Nichts von dem, was im Alltag der DDR bewährte, von der Bevölkerung akzeptierte Praxis war, sollte im vereinten Land Bestand haben. Ganztagsschulen, polytechnischer Unterricht, gemeinsames Lernen aller Schüler bis zur zehnten Klasse, 12-Jahres- und Zentralabitur, enge Verbindung zwischen Elternhaus und Schule ebensowenig wie ausreichende Betreuungsmöglichkeiten für Klein- und Vorschulkinder in Krippen bzw. Kindergärten, damit Mütter oder alleinerziehende Väter einer beruflichen Tätigkeit nachgehen konnten, oder Polikliniken und der Sozialversicherungsausweis. Wertlos schienen plötzlich erfolgreiche, auch international beachtete Methoden der Talenteförderung in Sport, Kultur und Kunst. Alles galt als »von der SED oktroyiert«, als Symbol »geistiger Indoktrination« und folglich mit der freiheitlichen Grundordnung unvereinbar. Im Jahre Fünfzehn der deutschen Einheit bediente Bundespräsident Köhler dieses Klischee immer noch. Bei der Gedenkveranstaltung im Deutschen Bundestag zur 60. Wiederkehr des Tages der Befreiung hielt er einen eitlen Lobgesang auf den Riesenerfolg der alten Bundesrepublik, die nach 1945 im Grunde alles richtig gemacht habe. Für die DDR aber hatte er die simple Formel: »Das Leben wurde uniformiert und bald auch militarisiert.« Er spielte die westlichen Verhältnisse gegen alle Alternativen der Geschichte aus. Daß Freiheit sehr wohl ein hohes Gut ist, aber ungebremste Freiheit des Kapitals die Würde des Menschen zerstört, war ihm keine Silbe wert.

Wer in der DDR gelebt hat, weiß, wie zunehmend unerträglich die meisten von uns die ideologischen Überhöhungen in nahezu allen Bereichen des gesellschaftlichen Lebens und die Mißtrauenspraktiken der politischen Führung gegenüber der Bevölkerung empfanden: Massendefilees vorüber an winkenden Partei- und Staatsoberen, Wehrkundeunterricht und Fahnenappelle an Schulen, die »rote Woche« nach Rückkehr der Studenten aus den Sommerferien, der Zugang zu separat aufbewahrter West-Fachliteratur nur mit Genehmigung, die Zensur von Publikationen, detaillierte Berichte nach Dienstreisen in westliche Länder. Das alles hinter sich zu lassen schmerzte nicht. Im Gegenteil! Auch Alltagsmängel, an die man sich fast gewöhnt hatte, bereiteten oft Verdruß. Im Gesundheitswesen z.B. waren modernste Apparaturen nicht in allen medizinischen Zentren verfügbar. Engpässe gab es selbst bei »Kleinigkeiten«. So waren Ende der 80er Jahre an der Berliner Charité und anderen großen Kliniken Gummihandschuhe knapp und mußten außerplanmäßig für harte Währung importiert werden. Vom Hochschulminister erfuhren wir bei einer Rektorenberatung, ein Teil der von universitären Einrichtungen erwirtschafteten Devisen sei dafür kurzfristig zum Einsatz gekommen. So dringlich das gewesen war, stolz machte es nicht. Aber auf ›uniformiert‹ und ›militarisiert‹ lasse ich so wie viele andere mein Leben nicht reduzieren. Und einen zwingenden Grund, mit den genannten Auswüchsen auch gleich erprobte Strukturen rigoros zu entsorgen, statt deren Übertragbarkeit auf die alten Bundesländer wenigstens auszuloten, gab es auch nicht.

Daß dies ein Fehler war, geht den meisten Politikern aus der Alt-BRD immer noch schwer über die Lippen. Doch die zwischenzeitliche Anleihe an manch frühere Problemlösung der DDR läßt daran keinen Zweifel. Mitunter wird sie auch durch den kritischen Blick von außen erzwungen. So würdigte im Jahre 2004 eine Studie der Organisation für wirtschaftliche Zusammenarbeit und Entwicklung (OECD) die Versorgung mit Kinderbetreuungseinrichtungen in den neuen Bundesländern, ein Erbe aus DDR-Zeiten. Fast 37 Prozent der unter 3jährigen besuchten einen Kindergarten. Im Westen waren es ganze 2,7 Prozent. Hervorgehoben wurden auch die überwiegend gute Ausstattung der Einrichtungen und die Offenheit für Veränderungen bei den Beteiligten. Damit sei ein »solides Fundament« gegeben, auf dem man im ganzen Land aufbauen könne. Ja, die DDR konnte ihrer Bevölkerung manches nicht bieten. Aber kinderfreundlich war sie. Wie peinlich für BRD-Politiker, daß sie erst des Urteils Dritter bedürfen!

Was vielen Ostdeutschen eine Genugtuung sein kann, macht doch den fürs gesamte Gemeinwesen entstandenen materiellen, finanziellen und mentalen Schaden nicht wett, der durch Selbstüberschätzung der vermeintlichen Sieger entstanden ist. Ganze Berufsgruppen des Ostens wurden verhöhnt und abgewickelt, ihre Erfahrungen abgewertet oder für unnütz erklärt, Einrichtungen abgerissen, statt sie zu sanieren, Ressourcen vernichtet. Es entstand ein unnötig hoher Transferbedarf. Den wiederum empfinden viele westdeutsche Steuerzahler zunehmend als Last. Dieses Gefühl prägte sich bei ihnen um so stärker aus, als sie lange vergeblich auf einen positiven Einfluß von DDR-Erfahrungen auf ihren Alltag, auf eine gesteigerte Lebensqualität als Folge der Einheit warteten. Es mußte der Eindruck entstehen, die Brüder und Schwestern aus dem Osten hätten nichts als schrottreife Betriebe, Schulden, geistige Verkrüppelung, Hängemattenmentalität, vorsintflutliche Arbeitsmethoden und Stasi-Verstrickung mitgebracht. Förderlich für das Zusammenwachsen war und ist das nicht.

Auch Wissenschaft und Publizistik taten nicht das ihnen Mögliche, Ost-West-Distanzen abzubauen, gegenseitige Vorbehalte auszuräumen und den Gründen für Mißverständnisse nachzugehen. Niemand hat die Diplom- und Doktorarbeiten, Bücher und Aufsätze, Podiumsdiskussionen oder Workshops gezählt, die seit 1990 über die Ostdeutschen, ihr Leben, ihre Arbeit, ihr angebliches Verhalten und Versagen geschrieben bzw. abgehalten wurden. Nirgendwo wird Rechenschaft darüber abgelegt, was deren zumeist öffentliche Förderung gekostet und welche zum Teil skurrilen Ergebnisse das gebracht hat. Wo aber sind Studien, die sich damit beschäftigen, wie sich im geteilten Nachkriegsdeutschland die Landsleute zwischen Rhein und Elbe, Schleswig-Holstein und Bayerischem Wald unter amerikanischem Einfluß entwickelten, wie ihr vergleichsweise geringes politisches Interesse zu erklären ist, woher die auffällige Eitelkeit und Selbstgerechtigkeit, ja der Drang zu dominieren rührt? Wann wird zum Thema gemacht, wer von den sogenannten westdeutschen Eliten nach 1990 in den Osten kam und Erfolg hatte oder aber sich als drittklassig erwies, gescheitert ist, korrupt war und verurteilt wurde bzw. auf Nimmerwiedersehen verschwand? Stehen etwa für Versager und Verlierer nur ostdeutsche Eliten?

Die Aufarbeitung der DDR-Geschichte wird weitestgehend der Stasi-Unterlagenbehörde überlassen. Nicht als neutrale wissenschaftliche Einrichtung angelegt, sondern von Anfang an mit einer politischen Zweckbestimmung versehen, konzentriert sie sich auf die Delegitimierung der DDR. Sie läßt Forschungsarbeiten, deren Ergebnisse nicht diesem Ziel entsprechen, unter den Tisch fallen, heißt es in einer Erklärung des von sozialdemokratischen Persönlichkeiten gebildeteten Willy-Brandt-Kreises. »Emanzipatorische Elemente wie die Brechung des Bildungsprivilegs in der DDR oder das Selbstbewußtsein von Produktionsarbeitern« seien genauso ausgeblendet worden wie »Aspekte der bundesdeutschen Repressionsgeschichte«. Zudem habe die Behörde mit ihrer Arbeit auch zu Fehlurteilen und Legendenbildung beigetragen. Sie habe »Personen der Zeitgeschichte« demontiert, die sich nicht dem herrschenden Zeitgeist gebeugt haben, und einstige inoffizielle Stasi-Mitarbeiter, die sich auch heute angepaßt verhalten, »in Ruhe gelassen«, unterstreicht der Kreis, dem der Wittenberger Theologe Friedrich Schorlemmer vorsitzt.[27]

Schreiende Ungerechtigkeiten, extreme soziale Polarisierungen, ausgehöhlte Demokratie im nunmehr kapitalistisch vereinten Deutschland lassen sich nicht mit Fehlern, Gebrechen, auch Verbrechen des Realsozialismus aufrechnen. Die zweite deutsche Möglichkeit war in eine umfassende Krise geraten und hatte keinen Kredit mehr bei der Bevölkerungsmehrheit. Aber die praktische Erfahrung mit zwei Systemen läßt bei vielen Ostdeutschen früher und nachhaltiger als bei ihren westdeutschen Landsleuten eine Erkenntnis reifen: Seit dem Fall der Mauer und dem Ende der Blockkonfrontation ist der Kapitalismus ohne Schamgrenze. »Die Marktwirtschaft war offenkundig nie aus ethischen Gründen sozial, sondern weil die Systemkonkurrenz und die erbitterten Gewerkschaftskämpfe es ihr abgenötigt haben.« So das Resümee von Daniela Dahn.[28] Diesen Schluß ziehen die meisten Altbundesbürger zögerlich. Vorerst scheint es ihnen naheliegender, die Finanzmisere des Bundes, unsanierte Schulgebäude, Schwimmbäder und Straßen in der eigenen Kommune sowie die zunehmende Kürzung von Sozialleistungen auf den Beitritt der »maroden« DDR, also auf die Einheitslasten zurückzuführen. Prominente Vertreter der politischen Klasse und meinungsmachende Medien gaben diese Tonlage vor.

Niemand soll hoffen, die innere Einheit würde sich im Verlaufe weiterer Dekaden gewissermaßen automatisch einstellen. Die deutsche »Zweiheit« läßt sich nur überwinden, wenn gesellschaftliche Konflikte nicht als Ost-West-Gegensatz ausgetragen werden, sondern bei immer mehr Menschen in beiden Landesteilen die Einsicht wächst: Nachdem der Kapitalismus ohne Konterpart ist, verstärkt sich seine soziale Enthemmung. Der zunächst unangefochten scheinende Wettbewerbssieger in der Blockauseinandersetzung offenbart Angreifbarkeit. Die einst bewunderte spätkapitalistische Ordnung verliert ihren Bonus. Alternatives Denken ist mehr denn je gefragt.

Euro-Stabilitätspakt – ein Prokrustesbett

Übernommen hat sich nach dem Fall des Eisernen Vorhangs nicht allein die Bundesrepublik Deutschland. Überhoben hat sich der ganze europäische Westen. Die desaströsen Folgen der überstürzten D-Mark-Einführung in der DDR waren noch akut und auch in der Europäischen Union spürbar, da startete am 1. Januar 1999 ein neues ambitioniertes monetäres Projekt: Der Euro, eine Gemeinschaftswährung von zunächst elf, später zwölf europäischen Staaten, wurde aus der Taufe gehoben. Die beteiligten Länder verzichteten auf ihr hoheitliches Recht, eine eigene Währung zu emittieren und damit auf eine eigene Geldpolitik. Eine supranationale

Behörde – die nach dem Vorbild der Deutschen Bundesbank konzipierte Europäische Zentralbank – übernahm diese Aufgabe. Dabei war die europäische Währungsunion primär kein ökonomisches, sondern ein politisches Projekt. Es kam vor allem den Wünschen Frankreichs entgegen. Der Grande Nation war die der D-Mark zugewachsene Rolle als Anker- und de facto Leitwährung immer mehr zu einem Ärgernis geworden. Französisches Prestigebedürfnis war verletzt. Als durch die Vereinigung das Gewicht Deutschlands in Europa wirtschaftlich und bevölkerungsmäßig beträchtlich zunahm, befürchtete Frankreich zudem eine Verschiebung der politischen Kräftebalance und verlangte eine Art Kompensation.

Bundeskanzler Kohl ging es politisch um die unumkehrbare Einbindung des vereinten Landes in Europa. Vor allem von seinen deutschen Protagonisten wurde der Euro aber auch als Schritt zu mehr Wachstum und Wohlstand angesehen und als Krönung des europäischen Binnenmarktes hochgelobt. Politiker und Unternehmer wurden nicht müde zu betonen, welchen Nutzen Wirtschaft und Bevölkerung von der Einheitswährung haben würden. Der damalige Bundesfinanzminister Theo Waigel rühmt sich immer noch, dem Geschöpf insofern die Gene verliehen zu haben, als er dessen Stabilitätskriterien erfand und durchsetzte.[29] Die waren im Vertrag zur Vertiefung der Europäischen Union (EU) durch Errichtung einer Währungsunion verankert, unterzeichnet 1992 in der südholländischen Kleinstadt Maastricht. Später wurden sie im Europäischen Stabilitäts- und Wachstumspakt fixiert. Das gemeinsame Geld sollte das Selbstbewußtsein der Bürger in den zur Währungsunion gehörenden Ländern und die Bindungskraft des Einigungsprojekts im Zentrum Europas stärken. Stabil sollte es sein wie die D-Mark, die nach dem Zweiten Weltkrieg

Symbol für Wiederaufbau und wirtschaftliche Prosperität der BRD war. Daher fiel es den Westdeutschen viel schwerer als Bürgern anderer Länder, sich von ihrer nationalen Währung zu verabschieden. Auf noch geringere Begeisterung traf das angekündigte neue Geld bei den Ostdeutschen. Sie hatten erst vor zehn Jahren die begehrte D-Mark erhalten und sollten sie nun bereits wieder hergeben. Einzig in Finnland war die Euro-Sympathie ähnlich knapp wie zwischen Elbe und Oder. Gestiegene Preise besonders für Dienstleistungen und in der Gastronomie ließen den Prozentsatz der über den Währungswechsel unglücklichen Deutschen zwischen Januar 2002 und Januar 2004 von 23 auf 44 hochschnellen. Der Ärger darüber, daß in den genannten Bereichen D-Mark-Preise nahezu 1:1 in Euro umgerechnet wurden, hält an. Das Gemeinschaftsgeld aber ist inzwischen akzeptiert. Es ist nicht inflationsgefährdet und hat sich, rascher als auch von mir erwartet, gegenüber dem US-Dollar oder dem japanischen Yen als Anlagewährung behauptet.

Verläßliche Grundlagen für die Stabilität der neuen Währung waren ohne Zweifel nicht nur im Interesse der D-Mark-verwöhnten Deutschen, sondern der Bevölkerung aller Euro-Länder. Fraglich war allerdings, ob die gewählten Vertragskonditionen sich eignen würden, dieses Ziel zu erreichen und gleichzeitig die Wachstums- und Beschäftigungsimpulse auszulösen, die sich die Teilnehmer an der Währungsunion erhofften. Wie manch andere Ökonomen war ich von Anfang an skeptisch. Nach Jahren praktischer Erfahrung haben sich die Zweifel als berechtigt erwiesen. Dem Einheitsgeld haftet ein Geburtsfehler an. Es wurde kreiert, ohne zuvor die wirtschaftliche Integration der Paktmitglieder herbeizuführen, ohne deren Wirtschafts-, Steuer- und Fiskalpolitik aufeinander abzustimmen. Trotz verschiedener Wachstums-, Arbeitslosen- und Inflationsraten zwang der Euro sie in ein Prokrustesbett mit einheitlichem Wechselkurs, einem einzigen Zinssatz für alle und starren Stabilitätskriterien: Obergrenze der jährlichen Neuverschuldung bei maximal drei Prozent des Bruttoinlandsprodukts (BIP), Limitierung der Gesamtverschuldung des Landes bei 60 Prozent des BIP und der Inflation bei maximal 15 Punkten über der Teuerung der drei Euro-Länder mit der geringsten Preissteigerung. Der stabile Geldwert hat das Primat. Wachstum und Vollbeschäftigung dürfen als Ziele erst verfolgt werden, wenn Preisstabilität gegeben ist und die Staatsfinanzen gesund sind.

Diese Konditionen mußten in der Währungsunion zwangsläufig zu Spannungen führen. In Deutschland bremsten sie den ohnehin schwachen Zuwachs des BIP weiter ab (Tabelle 2, S. 46). Gemeinhin wird die schwache wirtschaftliche Dynamik in der öffentlichen und wissenschaftlichen Debatte allein auf den sogenannten Reformstau und die Folgekosten der Vereinigung zurückgeführt. Das verzerrt jedoch die tatsächlichen Umstände und soll offenbar verdecken, daß die von deutscher Seite forcierte Euro-Einführung zumindest eine verfrühte wirtschaftspolitische Entscheidung war. Karl Schiller, von 1966 bis 1972 Wirtschafts- und Finanzminister der BRD, hatte wenige Monate vor seinem Tod leidenschaftlich davor gewarnt, die D-Mark im Euro »wie ein Stück Zucker im heißen Glas Tee« aufzulösen. Denn ohne die monetären und fiskalischen Haus-Instrumente – Wechselkurs, Zins, Geldmenge und konjunkturgerechte Haushaltsführung – werde Deutschland weder seine internen Probleme meistern noch zur Lösung der neuen Probleme in Europa beitragen können.[30]

Tabelle 2: Reales jährliches BIP-Wachstum Deutschlands im internationalen Vergleich 1991 bis 2004 (in Prozent)

	1991–2002*	2002	2003	2004
Deutschland	1,38	0,1	-0,1	1,6
EU-15	2,0	0,9	0,8	2,2
USA	3,2	2,4	3,0	4,4
Großbritannien	2,7	1,7	2,2	3,1
Irland	7,6	6,9	3,7	5,2
Griechenland	2,6	3,8	4,5	3,8
Finnland	2,6	2,2	2,0	3,0

*In dieser Spalte durchschnittliche jährliche Wachstumsraten (geometrisches Mittel)

Quelle: Sachverständigenrat zur Begutachtung der gesamtwirtschaftlichen Entwicklung. Jahresgutachten 2003/04/05, Eurostat

Der *Einheitskurs* beendete die vorherige Möglichkeit der einzelnen Länder, je nach Wirtschaftslage durch Abwertung der eigenen Währung Exporte zu stimulieren und Importe zu drosseln oder durch Aufwertung den umgekehrten Effekt zu erreichen. Überdies erleichtert er optisch den unmittelbaren Vergleich der nationalen Löhne in ein und derselben Währung. Der Bezug zur Produktivität geht dabei unter. Das nutzen die Chefs der deutschen Wirtschaftsverbände für verstärkten Lohndruck und Rücknahme von Sozialstandards. Sie führen den jederzeit möglichen Import von Billigarbeit aus lohnkostengünstigeren und von Währungsrisiken freien Euro-Ländern bzw. die Verlagerung von Produktionsstätten dorthin ins Feld.

Ein einziger *Zinssatz* der Europäischen Zentralbank für alle Euro-Länder verbilligt die Bedienung der Schulden für jene, die zu Zeiten einer nationalen, zumal inflationsanfälligen Währung und infolge massiver Verschuldung Geld am Kapitalmarkt nur zu schlechteren Bedingungen als andere leihen konnten. Wegen Abwertungsgefahr der Lira, Peseta, des Punts oder der Drachme steckten in den italienischen, spanischen, irischen bzw. griechischen Zinsen zweistellige Abwertungsprämien. Mit dem Euro halbierten bis drittelten sich die Zinsen der betreffenden Länder. Das nützt ihrer Konjunktur. In Italien z. B. beläuft sich die jährliche Ersparnis auf 33 Milliarden Euro oder 2,5 Prozent des BIP.[31] Für Deutschland mit seiner einst starken D-Mark und vergleichsweise niedrigen Inflationsrate entfällt der frühere Zinsvorteil. In Relation zu anderen Ländern verteuert sich die Kreditbeschaffung. Die Investitionsbereitschaft der Unternehmen regt das nicht an. Es kam also zu einer automatischen Stärkung der Wachstumskräfte in anderen Ländern. Die begünstigten Mitglieder des Euro-Raumes setzen die spürbare Verminderung ihrer realen Kapitalkosten im Wettbewerb ein – auch gegen Deutschland.

Keiner der sonst so ins Wachstumsthema verliebten Politiker hat bei der Propagierung des Euro daran gedacht, daß die deutsche Wirtschaft sich einer zusätzlichen Konkurrenz stellen muß. Den Jahrzehnte gewohnten eigenen, plötzlich geschwundenen Wettbewerbsvorteil zügig durch ein forciertes Angebot technologieintensiver Güter und Leistungen mit hohem Wertschöpfungsbeitrag auszugleichen – darauf waren viele Manager nicht vorbereitet. Sie reagierten zumeist einseitig mit dem für sie einfachsten Mittel – der Personalkostenreduzierung. Aus dem Munde von Bankern, Konzernchefs und Wirtschaftsweisen klingt es unisono: Eigene geld-, fiskal- und währungspolitische Instrumente stehen dem Lande in der

Währungsunion nicht mehr zur Verfügung. Daher muß der Stabilitätspakt eben durch Konsolidierung der öffentlichen Haushalte, sprich Ausgabenkürzung, erfüllt werden. Politiker stimmen in diesen neoliberalen Kanon ein.

Das unabhängig von der konjunkturellen Lage bei drei Prozent des BIP festgezurrte *jährliche Haushaltsdefizit* engt den Handlungsspielraum der Euro-Länder ein und zwingt sie zu Konsequenzen in der Budgetpolitik. Die zur Modernisierung der Infrastruktur oder für Investitionen in Bildung und Forschung notwendigen Mittel können nicht mobilisiert werden. Auch harte Einschnitte in soziale Leistungen sind die Folge. Aber selbst jenen Ländern, die wie die Niederlande und Portugal mit drastischen Ausgabenkürzungen auf die Verschlechterung ihrer Staatsfinanzen reagierten, ist eine nachhaltige Senkung des Defizits nicht gelungen. »Sparprogramme« bremsten die aktive Konjunkturpolitik. Und welche Ironie des Schicksals! Deutschland als »Einpeitscher« der knebelnden Kriterien überzog das Drei-Prozent-Limit für die Neuverschuldung seit 2002 dreimal in Folge. Auch andere Staaten verfingen sich im Netz. Während von den zwölf Ländern der Euro-Zone im Jahre 2000 nur eines – Portugal – einen Etatfehlbetrag von mehr als drei Prozent des BIP aufwies, waren es 2004 bereits sechs. Außer der Bundesrepublik betraf das – gleichfalls zum wiederholten Male – Frankreich, dessen Finanzminister die Abweichung bewußt in Kauf nahm, um die Wirtschaft anzukurbeln, weiter Italien, Portugal, die Niederlande und Griechenland. Die Hellenen hatten, wie sich 2004 herausstellte, seit ihrem Beitritt zur Währungsunion getrickst und ihr Defizit jeweils zu niedrig ausgewiesen. Großbritannien gehört ebenfalls zu den Defizitsündern, ist allerdings nicht Mitglied der Währungsunion.

Ein wichtiger Grund für das Aufreißen der Löcher in den Staatshaushalten ist die anhaltend schwache Konjunktur. In Deutschland kommen üppige Steuergeschenke für Konzerne, Bezieher hoher Einkommen und Besitzer großer Vermögen hinzu. Die verheißenen positiven Wirkungen auf Wachstum und Beschäftigung blieben aus.

Einen objektiven Maßstab für die Fixierung der Defizitgrenzen gab es nicht. Es handelte sich um Faustgrößen. Theo Waigels Argumentation lautete: »Die drei Prozent Staatsdefizit waren eine gewichtete Mischung dessen, was man Anfang der neunziger Jahre in Europa vorgefunden hat.«[32] Das spricht für ein mathematisch-mechanistisches, nicht für ein ökonomisches Herangehen, das die jeweiligen Gegebenheiten berücksichtigt. Die Maastricht-Kriterien unterstellen stillschweigend ein unrealistisch hohes Wachstum, bei dem eine kreditfinanzierte Beschäftigungsförderung kaum erforderlich ist. Die Verschuldungsgrenzen sind nicht nur willkürlich, sie sind sogar widersprüchlich. Romano Prodi, ehemals EU-Kommissionspräsident, nannte den Stabilitätspakt daher kurz und bündig »dumm«. Der amerikanische Nobelpreisträger Joseph Stiglitz, von 1997 bis 2000 Chefökonom und Vizepräsident der Weltbank, Insider in internationalen Währungsangelegenheiten, urteilt so: »Mit dem Stabilitätspakt ist Europa jetzt unglücklicherweise gefesselt an etwas, das ich als fehlerhaftes ökonomisches Modell bezeichnen würde.«[33]

Ich war im Haushaltsausschuß des Bundestages die einzige, die Finanzminister Eichel schon 2001 die Frage stellte, warum er in Brüssel nicht darauf drängt, Abweichungen einzelner Länder von den Vorgaben des Stabilitätspaktes statt formaljuristisch unter Berücksichtigung der konjunkturellen Lage und getätigter Zukunftsinvestitionen in Forschung und

Bildung zu bewerten. Verärgert konterte er: »Pacta sunt servanda, Verträge sind einzuhalten.« Das Waigel-Motto »3,0 sind 3,0« galt damals auch ihm als unantastbar. Alles andere, so der oberste Kassenwart, würde den Euro aufweichen.

Dieses immer wieder kolportierte Argument ist von der Praxis längst widerlegt. Gestartet war die Gemeinschaftswährung Anfang 1999 mit einem Kurs von 1,18 US-Dollar. Den bisherigen Tiefpunkt erreichte sie bei 0,82 Dollar im Herbst 2000. Damals aber lag, wie schon erwähnt, nur ein Land mit seiner Neuverschuldung über der erlaubten Grenze. Der Stabilitätspakt hat viel mit Politik, aber wenig mit wirtschaftlicher Logik zu tun. Obwohl besonders die großen Euro-Länder Frankreich und Deutschland die vorgegebene Marke mehrfach deutlich verfehlten, wertete der Euro auf. Der Kurs legte sogar just an dem Tage zu, als Griechenlands Betrug öffentlich wurde. Auch daß die Kreditzinsen in Europa trotz fortgesetzter Verletzungen des Stabilitätspaktes niedrig geblieben sind und die Inflation im Griff ist, zeigt, daß der Euro-Kurs nicht nur von seiner eigenen Stärke bestimmt wird, sondern wesentlich von der Schwäche anderer Währungen, vor allem der des US-Dollars. Täglich brauchen die Vereinigten Staaten ausländisches Geld im Gegenwert von zwei Milliarden Dollar, um ihre Leistungsbilanz auszugleichen. Ob Irak-Krieg, ein ambitioniertes Raumfahrtprogramm oder der Agrarhaushalt – alles ist auf Pump finanziert. Die immense Nachfrage nach Fremdwährungen stärkt deren Kurs und schwächt den des Greenback. Der Chef der US-Investmentbank Goldman Sachs, Jim O'Neill, sagte im Sommer 2004 eine baldige Euro-Aufwertung bis 1,30 Dollar voraus. Im Herbst übersprang die Gemeinschaftswährung tatsächlich diese Marke. Allein die asiatischen Zentralbanken finanzieren das

US-Leistungsbilanzdefizit, indem sie sich mit Dollarkäufen gegen eine Aufwertung ihrer eigenen Währung stemmen. Irgendwann hören diese Käufe auf, und dann kennt der Dollar nur noch eine Richtung – nach unten, prognostiziert der amerikanische Banker. Er fügt an: Dann wird Deutschland große Probleme bei seinen Exporten bekommen. Deshalb sollte es sich so rasch als möglich von seiner überragenden Exportabhängigkeit befreien und die Binnennachfrage stärken.[34] Erstaunlich, daß die hiesigen Politiker diese Schlußfolgerung nicht selber ziehen!

In der Diskussion hierzulande wird ausgeblendet, daß Staatsverschuldung ein Reflex auf das Verhalten anderer Sektoren der Gesellschaft ist. Solange die Bürger zu wenig Geld haben, um zu konsumieren oder wegen allgemeiner Verunsicherung ihre Ausgaben drosseln, muß ein Finanzierungsdefizit der öffentlichen Hand zur Kompensation auftreten. Sonst sinkt die Wertschöpfung. Gängig ist die Kritik, eine Finanzierung des Staates auf Pump würde kommende Generationen mit dem Abtragen der Schulden belasten. Der Wirtschaftsweise Peter Bofinger macht dagegen geltend: »Die Jungen erben ja nicht nur Schulden – sie werden auch die öffentlichen Anleihen erben. Deshalb sind für die künftigen Generationen der Kapitalstock der Unternehmen, ihre Ausbildung, die Infrastruktur und die Umweltqualität entscheidender als die bestehenden Schulden des Staates.«[35] Ähnlich äußert sich Fritz Helmedag. Der Volkswirtschaftsprofessor von der Technischen Universität Chemnitz stellt fest, daß sich im Verweis auf die Belastungsgrenzen Nachfolgender in besonders drastischer Weise die verfehlte Sicht von der individuellen Warte aus auf gesamtwirtschaftliche Probleme zeigt. Jeder Verbindlichkeit steht eine betragsgleiche Forderung gegenüber. »Sieht man von der Kreditaufnahme im Ausland ab – die per Saldo für Deutschland eine untergeordnete Rolle spielt –, so wird ein Volk insgesamt durch (freiwillige) Zeichnung von Staatspapieren nicht ärmer, denn die Summe der Geldvermögen in einer Ökonomie beläuft sich notwendigerweise auf null. ... Nutzt der Staat den ihm eingeräumten Kredit, um die Bildung der Bürger sowie die Infrastruktur zu verbessern, wächst sogar der Reichtum der Nation und ihrer Erben«, so Helmedags These.[36] Eine solche Kreditfinanzierung verlangt späteren Generationen gerechterweise für die Nutzung des hinterlassenen öffentlichen Angebotes an Hochschulen, Autobahnen, Fiberglaskabel u.ä. in Form des Zinses einen Preis ab. Das Gerede von der »Generationengerechtigkeit« soll junge Leute von der Frage nach der Gerechtigkeit zwischen Armen und Reichen ablenken. Tatsächlich belastet ist die künftige Generation, weil Schulen und Hochschulen, Kinder- und Jugendeinrichtungen, Schwimmbäder und Sportstätten kaputtgespart werden und die Angst vor Arbeitslosigkeit und wirtschaftlicher Unsicherheit eine optimistische Zukunftsplanung verhindert.

Weiter wird regelmäßig vorgebracht, eine Überschreitung der Defizitlinien verursache früher oder später eine gewaltige Zinsbelastung, die einen immer größeren Teil des Steueraufkommens aufzehre. Auch wird auf die damit verbundene Umverteilung zugunsten der »Rentiers« verwiesen. Das ist grundsätzlich richtig, aber es wäre gerade Aufgabe der Politik, mit einer entsprechenden Besteuerung leistungslos erzielter Einkommen darauf zu reagieren. Ausgeblendet wird ebenfalls, daß der für den Kapitaldienst aufzubringende Anteil des Budgets über die Zinsertragssteuer (ihre ehrliche Entrichtung vorausgesetzt) selbst wieder dem Zugriff des Fiskus unterliegt. Dadurch fallen die nötigen Zinsausgaben netto geringer aus, als es der Öffentlichkeit vermittelt wird. Damit soll nicht einer überzogenen Verschuldungspolitik das Wort geredet werden. Die Begrenzung der Inflation bleibt eine eminent wichtige Aufgabe. Doch solange die Arbeitslosigkeit hoch und der Kaufkraftschwund des Euro gering ist, behält die Kreditaufnahme ihre Rolle als probates Mittel, um die wirtschaftliche Aktivität anzuregen. Wer weniger Kreditaufnahme fordert, muß sagen, welche neuen Belastungen im Gegenzug auf die Bürger zukommen.

Nach mehrmaliger Verletzung der 3-Prozent-Marke für die Neuverschuldung beteuerte Eichel immer noch, am Stabilitätspakt nicht rütteln zu wollen, setzte sich aber für eine »vernünftige ökonomische Anwendung« ein. Insbesondere sollte die Gesamtverschuldung eines Staates in Relation zum BIP stärker beachtet werden. Hier liegt Deutschland zusammen mit Frankreich, Österreich und Portugal im Mittelfeld der Euro-Länder (60–65 Prozent). Belgien, Griechenland und Italien überschreiten den Grenzwert massiv (97–120 Prozent). Nur die Niederlande, Spanien, Finnland, Irland und Luxemburg unterschreiten ihn. Auch forderte die deutsche Seite, den Nettobeitrag der EU-Staaten an Brüssel als nicht defizitrelevant zu betrachten. Dieser sei Zeichen einer solidarischen Haltung gegenüber wirtschaftlich schwächeren Partnern und dürfte den Zahlenden nicht in Form von Strafandrohung zum Nachteil gereichen. Verlangt wurde, die Kosten der deutschen Einheit als mildernden Umstand bei der Defizitbewertung zu akzeptieren. Ebenso sollten zu Einnahmeausfällen des Staates führende Maßnahmen wie Steuererleichterungen zwecks Wachstumsankurbelung nicht in das Haushaltsminus hineingerechnet werden. Bundeskanzler Schröder forderte, ein

Defizit nicht juristisch, sondern ökonomisch zu beurteilen. Bei dem Pakt gehe es um Stabilität *und* Wachstum. Die Betonung liege auf Wachstum. Die Beschäftigungskomponente dürfe nicht zu kurz kommen.[37] Dieses Urteil ist korrekt – nicht dem Zeitgeist verfallene Ökonomen vertreten ebendiese Auffassung allerdings schon seit Jahren.

Offensichtlich wollte Schröder der auch 2005 und 2006 absehbaren Verletzung der Defizitgrenze durch Deutschland zuvorkommen. Brüssel hätte unweigerlich milliardenschwere Sanktionen verhängen müssen. Daher versuchte der Kanzler, im März 2005 beim EU-Gipfel die Notbremse zu ziehen. Unterstützung erhielt er vor allem von Frankreich. Nicht mit all ihren Forderungen gelang es der Bundesregierung, sich in Brüssel durchzusetzen. Aber getarnt als »Ausgaben für die Einigung Europas« können fortan Transfers von West- nach Ostdeutschland und Nettozahlungen an die Europäische Union aus dem nationalen Haushaltsdefizit herausgerechnet werden. Zur erzielten Übereinkunft gehört auch, daß Defizitsünder in Phasen wirtschaftlicher Stagnation mehr Zeit für den Abbau ihrer Neuverschuldung erhalten, um die Nachfrage stützen zu können. Das soll einen Verlust an Investitions- und Innovationsfähigkeit der Euro-Länder verhindern. Im Gegenzug soll bei guter Konjunktur stärker gespart werden, um den Haushalt zu konsolidieren.

Mit Schröders und Eichels Hauptforderung für die »Neuauslegung« des Euro-Stabilitätspaktes ist wieder mal vor allem den ostdeutschen Bundesländern der Schwarze Peter für das wiederholte Reißen der Maastricht-Latte zugeschoben worden. Das ist hanebüchen. Erstens gab es die Transfers bereits, als auch die SPD jegliche Diskussion über die willkürlich konstruierten und knebelnden Kriterien für ein Sakrileg hielt.

Zweitens wurde ihr Umfang durch unsinnige Vernichtung ostdeutschen Industriepotentials künstlich hochgetrieben. Drittens soll nun offenbar in Europa endgültig der Mantel des Schweigens darüber gebreitet werden, daß die Einheit ein Konjunkturprogramm für westdeutsche Banken und Konzerne und ein einzigartiger Schub für die private Bereicherung bestimmter Berufsgruppen, Immobilienhaie und Glücksritter war.[38] Die aber wurden wie vorher von Schwarz-Gelb nicht nur geschont, sondern von Rot-Grün zusätzlich belohnt. Es wird sich erweisen: Ohne Änderung der neoliberalen Wirtschafts-, Arbeitsmarkt- und Steuerpolitik führt auch eine flexiblere Auslegung des Euro-Paktes Deutschland nicht aus der Misere.

Wenn es auch nicht offen zugegeben wird: Der Pakt war zu holzschnittartig, um die Wirtschaft zu steuern. Dreizehn Jahre nach dem Vertrag von Maastricht kam es zu seiner Reformierung. Die Fesseln der Wirtschafts- und Fiskalpolitik werden durch Ansätze zur Kooperation ersetzt. Das ist zwingend, weil den einzelnen Staaten die Möglichkeit fehlt, im Krisenfall über eine Zinssenkung oder eine Abwertung der eigenen Währung die nationale Wirtschaft anzukurbeln.

Eine Reformierung des Stabilitätspaktes war auch insofern angezeigt, als dem Euro nach der Erweiterung der EU eine neue Bewährungsprobe bevorsteht. Die zehn Beitrittsländer wurden zwar nicht sofort Mitglieder der Währungsunion. Aber anders als Großbritannien, Dänemark und Schweden, die im Maastricht-Vertrag Ausnahmeregelungen für eine Nichtteilnahme ausgehandelt hatten, sind sie zur späteren Übernahme der Gemeinschaftswährung verpflichtet. Davor müssen sie die Unabhängigkeit ihrer Zentralbanken sichern und eine spannungsfreie Teilnahme am

Wechselkursmechanismus (WKM) II nachweisen, der bereits die drei vorgenannten EU-Altmitglieder mit dem Euro-Raum verbindet. Danach können die nationalen Währungen innerhalb einer Frist von zwei Jahren nur noch mit einer Bandbreite von plus/minus 15 Prozent gegenüber dem Euro schwanken. Auch haben die Beitrittsländer an den Vorgaben des Europäischen Stabilitäts- und Wachstumspakts orientierte Konvergenzprogramme vorzulegen. So sollen sie eine jährliche Neuverschuldung von maximal drei Prozent erreichen. Bis auf die baltischen Staaten und Slowenien verfehlten die Beigetretenen 2004 diese Marke deutlich. Am höchsten war das Haushaltsdefizit in Tschechien mit 12,6, gefolgt von Ungarn mit 6,2 Prozent. Polen lag bei 5 und die Slowakei bei 3,9 Prozent. Malta verzeichnete ein Minus von 9,7 und Zypern ein Minus von 6,4 Prozent. Gegen diese Staaten wurden bereits unmittelbar nach ihrer Aufnahme von der EU-Kommission Defizitverfahren eingeleitet. Auch die Inflationsrate überschritt bei sechs der hinzugekommenen Länder das zulässige Limit.

Um die Zugangsbedingungen zum Euro zu erfüllen, werden die sozialen Sicherungssysteme weiter ausgehöhlt und die Arbeitsmärkte noch stärker dereguliert. Erahnen läßt sich auch die bevorstehende Abwärtsspirale bei öffentlichen Investitionen. Betroffen sein werden besonders Bildung, Wissenschaft, Kultur und soziale Infrastruktur, Bereiche, in denen die früheren realsozialistischen Länder zum Teil einen Vorsprung gegenüber manchen Altländern hatten. Gerade die EU-Neulinge müßten aktive Konjunkturpolitik betreiben können, um den Abstand in der Pro-Kopf-Wirtschaftsleistung zu den Altländern zu verringern und Beschäftigungsaufbau zu fördern. Ein undifferenziertes Festhalten an der nominalen Konvergenz der Stabilitätskriterien würde also die tatsächliche Annäherung an die wirtschaftliche Leistungs- und Wettbewerbsfähigkeit der Altländer erschweren oder gar verhindern.

Tschechiens Zentralbankchef hatte sich daher vor der Aufnahme seines Landes in die EU für eine flexible Handhabung der Beitrittskriterien zur Euro-Zone ausgesprochen. Die Maastricht-Regeln seien zu streng und könnten dazu führen, daß die osteuropäischen Neulinge ihre Inflation zu stark nach unten drücken müßten.[39] Während Estland, Litauen und Slowenien bereits Mitte 2004 in den WKM II aufgenommen wurden und vermutlich die ersten unter den EU-Neulingen sein werden, die den Euro einführen, befinden sich Lettland, Malta und Zypern seit 2005 im Euro-»Warteraum«. Polen und die Slowakei bereiten ihre Mitgliedschaft im WKM II für 2007 und den Euro-Start für 2009 vor. Tschechien und Ungarn sehen diesen nicht vor 2010. Es heißt dort, eine zu ehrgeizige Strategie berge die Gefahr des Scheiterns.

Die 2005 vor allem auf deutsche Initiative beschlossene flexiblere Handhabung des Euro-Stabilitäts- und Wachstumspakts ist nicht zu bemängeln. Kritikwürdig aber ist der jahrelange heuchlerische Umgang der Politiker mit einem von Anfang an fehlsteuernden Regelwerk. Es zeigt sich, daß die Einführung des Gemeinschaftsgeldes in der EU mit ähnlich falscher Weichenstellung erfolgte wie die deutsch-deutsche Währungsunion. Die hier und dort ins Gespräch gebrachte Abkehr vom Euro wäre keine Lösung. Notwendig sind Fortschritte auf dem Gebiet der Beschäftigung. Dazu muß auch die EZB beitragen.

Die Europäische Union war über Jahrzehnte und in drei Erweiterungsrunden als Integrationsgemeinschaft von 15 Ländern (EU-15) westlich des Eisernen Vorhangs gewachsen. Das gab ihren Strukturen, Regeln, Standards, Finanzierungsmodalitäten, auch ihren Werten das Gepräge. Am 1. Mai 2004 vergrößerte sie sich um zehn Mitglieder (BL-10). Dieser Vorgang ist historisch einmalig (vgl. Tabelle 3).

Tabelle 3: Daten der Beitrittsländer im Vergleich zu den Alt-Ländern

Land	Bevölkerung (Mio.)	Fläche (km2)	BIP in Marktpreisen 2003 (in Mrd. Euro)	BIP/Kopf 2003 kaufkraftbereinigt (KKS*)
Polen	38,6	312 678	185	10 440
Tschechien	10,2	78 866	76	14 600
Ungarn	10,2	93 000	73	13 620
Slowakei	5,4	49 030	29	11 740
Litauen	3,5	65 000	16	10 580
Lettland	2,3	64 597	9	9 320
Slowenien	2,0	20 273	24	16 910
Estland	1,4	45 227	7	10 250
Republik Zypern	0,8	9 251	11	17 640
Malta	0,4	316	4	15 880
BL 10	74,6	738 238	434	11 280
EU 15	378,6	3 154 143	9 301	24 470
BL 10: EU 15 (%)	20	23	5	47

* KKS in jeweiligen Preisen und Kaufkraftparitäten

Quelle: Statistisches Bundesamt, Statistisches Jahrbuch 2004 für das Ausland, Seiten 24, 158

Nie zuvor war eine solche Zahl von Staaten gleichzeitig aufgenommen worden, nie zuvor der Abstand der neuen zu den bisherigen Mitgliedern in Wirtschaftskraft und Lebensstandard so gravierend wie bei dieser Runde. Und nie zuvor hat es – von der mit der Bundesrepublik vereinigten DDR abgesehen – eine Integration von Staaten mit einem vormals anderen sozialökonomischen System gegeben. Die EU hat einen großen Sprung gen Osten gemacht. Mit 450 Millionen Menschen ist nach China und Indien der größte Binnenmarkt der Welt entstanden. Der Beitritt früherer sozialistischer Länder soll das Zusammenwachsen Europas befördern. 75 Millionen Menschen wurden neue Bürger der EU. Die historische und kulturelle Vielfalt der Union nimmt zu. Die Mitgliedsstaaten eint das Bekenntnis zu Demokratie, Rechtsstaat und Menschenrechten. Polen, Ungarn und Tschechien gehören seit 1999 der NATO an. Estland, Lettland, Litauen, Slowenien, die Slowakei sowie die EU-Beitrittskandidaten Bulgarien und Rumänien traten dem westlichen Verteidigungsbündnis 2004 bei. Die Aussicht, daß militärische Gewaltanwendung der Teilnehmerländer gegeneinander ausgeschlossen werden kann und die Union sich zu einer dauerhaften Friedenszone entwickelt, ist ermutigend. Nicht zuletzt einem Sicherheitsbedürfnis war der Gedanke an eine gefestigte europäische Gemeinschaft entsprungen. Die Kriege des vergangenen Jahrhunderts hatten immer wieder den Wunsch danach geweckt. Hinzugewonnen haben die EU-Neubürger Freiheiten. Zölle fallen weg, später auch Paßkontrollen und Währungsumtauschkurse. Schrittweise sollen einheitliche Regeln im Arbeitsrecht und im Sozialbereich geschaffen sowie die Arbeitnehmerfreizügigkeit gewährleistet werden.

Dennoch ist die häufig kolportierte These von der überwundenen Spaltung Europas und der vollendeten Einheit irreführend. Europa ist ein geographischer Begriff und endet am Ural, ist schon daher mit der EU nicht identisch. Es behält eine westliche und eine östliche Dimension. Rußland, die Ukraine, Belarus, Moldova, Serbien und Montenegro, Bosnien und Herzegowina, Mazedonien und Albanien haben auf unbefristete Zeit den Status von Nachbarn der Europäischen Union. Auch umfaßt die Union nicht alle Länder westlich und nördlich des einstigen Eisernen Vorhangs. Die Schweiz, Norwegen und Island haben bislang auf eine Mitgliedschaft verzichtet. Selbst innerhalb der Gemeinschaft wird der Weg zur politischen und ökonomischen Stabilität noch steinig sein. Die Vorstellungen, die man sich in den alten und den neuen Mitgliedsländern von der erweiterten Union macht, weichen beträchtlich voneinander ab. Mit Unbehagen wird von den Beigetretenen registriert, daß die EU-Kommission sich gegen eine Beschränkung ihrer Kompetenzen sträubt und »gemeinsame Werte« beschwört, wo klare Regeln nötig wären. In der Kritik am EU-Zentralismus äußert sich die Sorge um die Erhaltung der vor eineinhalb Dekaden gewonnenen Freiheit, auch der Freiheit von den Reglementierungen durch den sowjetisch dominierten Integrationsblock sozialistischer Länder, den Rat für Gegenseitige Wirtschaftshilfe. In der genannten Kritik kommen zwar auch nationalistische Tendenzen zum Ausdruck, aber das entkräftet sie nicht. Wiedererlangte Souveränitätsrechte nun an der Brüsseler Tür abgeben zu müssen, ruft keine Begeisterung hervor. Die Befürchtung, dort von stärkeren Nationen über den Tisch gezogen zu werden, war besonders in Polen beim Feilschen um den Abstimmungsmechanismus in der EU-Verfassung zu spüren. Solche Ängste hatten ein Drittel der polnischen Wähler in die Arme rechtspopulistischer Parteien getrieben.

Wenig Unterstützung findet bei den Neulingen auch die in deutschen und französischen Regierungskreisen favorisierte Idee von der EU als einer Weltmacht, die mit den Vereinigten Staaten rivalisiert. Die postsozialistischen Länder üben sich lieber in transatlantischer Solidarität. So beteiligte sich Polen mit eigenen Einheiten an der amerikanisch-britischen Irak-Invasion, steuerte 2500 Mann für die sogenannte Stabilisierungstruppe bei und übernahm zudem die Verantwortung für eine der Besatzungszonen im Irak. 2002 hatte das Land bereits begonnen, mit Hilfe eines Kredits von 3,8 Milliarden US-Dollar seine Luftwaffe auf amerikanische F-16-Kampfflugzeuge umzurüsten. Das geschah sehr zum Verdruß von Regierungen der Alt-EU-Länder, die auf den Kauf europäischer Flugzeuge gehofft hatten.

Das Kernproblem auf dem Wege zu einer stabilen Gemeinschaft aber ist, daß noch bei keiner Erweiterung das Wirtschafts- und Wohlstandsgefälle zwischen Alt- und Neuländern derart schroff war wie bei der jüngsten. Während die EU-Bevölkerung von 381 auf 455 Millionen, das heißt um 20 Prozent zunahm, wuchs das Bruttoinlandsprodukt auf Basis laufender Preise und Wechselkurse lediglich um rund fünf Prozent. Das BIP von Polen, dem größten Beitrittsland, ist nicht höher als das des kleinen alten EU-Landes Dänemark. Im Jahr der Aufnahme entsprach die Wirtschaftsleistung der neuen Mitgliedsstaaten zusammen nur etwa der von Bayern oder den Niederlanden. Beträchtlich ist dementsprechend der Einkommensabstand. Unter Berücksichtigung der Kaufkraftparitäten lag das BIP der Neulinge pro Kopf bei 47 Prozent des Vergleichswertes der Alt-Länder. Die Europäische Zentralbank gab 2004 folgende Prognose für die Entwicklung dieser Kennziffer in den Beitrittsländern: Unter der Annahme, daß das reale BIP der Hinzugekommenen jährlich um zwei Prozent rascher wächst als das der bisherigen Mitglieder, werden Zypern und Slowenien den EU-Durchschnitt etwa zur Mitte der nächsten Dekade erreichen, die Tschechische Republik in den zwanziger, Ungarn, Malta und die Slowakei in den dreißiger Jahren und alle anderen (Polen, Litauen, Lettland, Estland) erst um die Jahrhundertmitte.[40] Diese Erweiterungsrunde ist also schon aus diesem Grunde ein beispielloses ökonomisches Wagnis. Hinzu kommt, daß ein wahrer Wettbewerb um die niedrigsten Steuern und Abgaben entbrennt. Es gibt zwar einen einheitlichen Binnenmarkt, aber völlig unterschiedliche Steuer- und Sozialsysteme. Durch diesen Geburtsfehler der Union, der sich nun verschärft, werden abhängig Beschäftigte verschiedener Länder gegeneinander ausgespielt.

Nach Ansicht von Helmut Schmidt lagen der Osterweiterung weniger rationale als vielmehr moralische Erwägungen zugrunde. Man habe sich solidarisch gegenüber den Nationen zeigen wollen, die nach jahrzehntelanger Zwangszugehörigkeit zum alten Ostblock und erkämpfter Unabhängigkeit nun den dringenden Wunsch hatten, Mitglied der Union zu werden, so der Altbundeskanzler in einem Interview unmittelbar nach dem Beitritt.[41] Daß tatsächlich Altruismus vor ökonomischen Interessen in der EU der 15 den Ausschlag für das Projekt gegeben haben soll, bezweifle ich. Wie in zurückliegenden Jahrzehnten setzen die Eurokraten neben inneren institutionellen Reformen vor allem auf das Mittel der Erweiterung, um neue Impulse für die wirtschaftliche Entwicklung zu erreichen. Jede Eingliederungsrunde und damit die Ausdehnung des einheitlichen Wirtschaftraumes sollte die Wachstums- und Beschäftigungschancen erhöhen, denn es entstanden größere Märkte. Auch die jüngste Erweiterung wird als solches Potential gepriesen, obwohl die bisherige EU-Praxis für die erwarteten volkswirtschaftlichen Effekte keinen Beleg liefert. Betriebswirtschaftlichen Nutzen verbuchen allerdings international agierende Konzerne. Trotz abgeschaffter Handelsschranken, Freiheit des Kapitalverkehrs, Vereinheitlichung von Normen und Regeln sowie einer gemeinsamen Währung herrscht seit 1975 im »alten« Europa Arbeitslosigkeit. Von unter fünf war sie bis 2004 auf über acht Prozent gestiegen (vgl. Tabelle 4).

Tabelle 4: Arbeitslosenquoten insgesamt – Anteil der Arbeitslosen an der gesamten Erwerbsbevölkerung (auf Basis der Definition der International Labour Organisation – ILO) in Prozent

	1990	1995	2000	2004
Belgien	6,6	9,7	6,9	7,8
Dänemark	7,2	6,7	4,4	5,4
Deutschland (1992)	6,4	8,0	7,8	9,8
Griechenland	6,4	9,2	11,0	.
Spanien	13,1	18,8	11,3	10,8
Frankreich	8,6	11,3	9,3	9,6
Irland	13,4	12,3	4,3	4,5
Italien	8,9	11,5	10,4	.
Luxemburg	1,7	2,9	2,3	4,2
Niederlande	5,8	6,6	2,9	4,7
Österreich	.	3,9	3,7	4,5
Portugal	4,8	7,3	4,1	6,7
Finnland	3,2	15,4	9,8	8,8
Schweden	1,7	8,8	5,6	6,3
Großbritannien	6,9	8,5	5,4	4,7
EU-15	.	10,1	7,8	8,1
USA	5,5	5,6	4,0	5,5
Japan	2,1	3,1	4,7	4,7

Quelle: Europäische Gemeinschaften, Eurostat

Warum, fragt Heiner Flassbeck, vormals Staatssekretär im Bundesfinanzministerium und jetzt ökonomischer Berater bei der UN-Konferenz für Handel und Entwicklung (UNCTAD) in Genf, soll man glauben, die EU würde in den nächsten Jahrzehnten erfolgreicher sein als in den vergangenen drei Dekaden? Warum soll eine EU, die in solch langem Zeitraum nicht in der Lage war, das Beschäftigungsproblem zu mildern, jetzt aus dem Stand zehn oder mehr relativ arme Länder Osteuropas erfolgreich integrieren und ihnen eine Chance zum raschen Aufholen geben können? Flassbeck sieht nicht ohne Grund eine Analogie zu Trends in seiner Heimat, wenn er feststellt: »Das Beispiel der deutschen Vereinigung zeigt, wie dramatisch selbst innerhalb einer funktionierenden politischen Einheit die wirtschaftlichen Folgen einer mißlungenen Integration sein können.«[42]

Enttäuschungen in der Bevölkerung der Neu- wie Alt-EU-Länder programmiert, wer die Osterweiterung undifferenziert als ökonomische Chance preist. Vorteile und Lasten, die der Beitritt der mittelosteuropäischen Staaten mit sich bringt, sind zwischen Regionen, Bevölkerungs- und Berufsgruppen sowie Betriebsgrößen sehr unterschiedlich verteilt. Einseitig optimistische Botschaften von den neuen Möglichkeiten mobilisieren nicht. Sie dämpfen auch kaum die Furcht vor Unwägbarkeiten. Ostdeutschland, das die Vereinigungsfolgen noch nicht verkraftet hat, steht vor anderen Problemen als Westdeutschland, Brandenburg ist anders betroffen als Niedersachsen. Großunternehmen und exportorientierte Mittelständler profitieren von den neuen Absatz- und Investitionschancen mehr als eigenkapitalschwache und überwiegend binnenmarktorientierte kleine Betriebe in Handwerk und Gewerbe. Besonders Unternehmen der Bau- und Verkehrsbranche sind mit der Verdrängungskonkurrenz aus Polen und Tschechien konfrontiert. Facharbeitern können sich neue Perspektiven eröffnen, obwohl sich auch für sie der Lohndruck verschärft. Für Ungelernte mehren sich die Schwierigkeiten, einen Job zu finden. Weggefallene Handelshemmnisse, die höhere Rechtssicherheit und vereinheitlichte Standards werden vor allem von Händlern und Dienstleistern als Erleichterung begrüßt. Die Vorteile auszubauen und die Probleme beherrschbar zu machen, ist eine ständige Herausforderung für die Verantwortlichen auf Bundes- und Landesebene, für Kommunalvertretungen, Wirtschaftsverbände, Handwerkskammern und Gewerkschaften. Gefordert sind solide Berufsausbildung und regelmäßige Weiterbildung, kreative Unternehmensstrategien und persönliches Engagement auch beim Erlernen der Sprachen benachbarter Länder.

Zur Vermeidung zusätzlicher Spannungen am Arbeitsmarkt wurde besonders auf deutsches und österreichisches Drängen die freie Wahl des Arbeitsplatzes für Personen aus den Beitrittsländern auf sieben Jahre ausgesetzt. Die hiermit verfolgte Absicht ist jedoch durch die Folgen der gleichzeitig eingeräumten Dienstleistungsfreiheit konterkariert worden. Seit dem 1. Mai 2004 dürfen Betriebe aus den neuen Mitgliedsstaaten deutschen Unternehmen Dienstleistungen zu den Arbeitsbedingungen ihrer Länder anbieten. So können z. B. deutsche Schlachthofbetreiber mit einem osteuropäischen »Dienstleister« täglich neue Verträge abschließen, etwa über die Zerlegung von einer Million Schweinen. Dafür schickt das ausländische Unternehmen dann seine Arbeiter in die deutschen Fabriken, erledigt den Auftrag und bekommt anschließend fristgerecht einen neuen, so daß eine Abreise sich nicht lohnt. 26 000 Fleischarbeiter waren zu Beginn des Jahres 2005 bundesweit bereits infolge der neuen Konkurrenz entlassen worden. De facto handelt es sich um illegale Arbeitnehmerüberlassung, de jure um eine rechtlich legale Serviceleistung. Wenn die Verträge offiziell auch in Ordnung sind, für Lohn und Arbeitsbedingungen gilt das nicht: 14-Stunden-Schichten sind die Regel, Unterbringung unter unwürdigen Bedingungen, Anwerbung mit 800 Euro Monatsverdienst, wovon Arbeitskleidung, Messer, Medikamente und dergleichen selbst gekauft werden müssen, Zunahme von Arbeitsunfällen, faktische Außerkraftsetzung von Hygienevorschriften. Die deutschen Gewerkschaften haben kaum Einfluß auf diese Praktiken. Betriebsräte, Mitbestimmung, Arbeitsschutz sind Begriffe, die die Polen und Tschechen nicht einmal denken dürfen.[43] Solche Skandale machen deutlich, daß soziale Bewegungen die europaweite Konkurrenz der Lohnabhängigen verstärkt zum Thema machen müssen.

Zur größten Bewährungsprobe für die EU wird die Finanzierung der Osterweiterung. Nicht auszuschließen ist, daß die Union sich mit ihrem Jahrhundertprojekt überhoben hat. Dies nicht, weil die erforderlichen Mittel unter keinen Umständen aufzubringen wären, sondern weil Interessenkollisionen mit ungewissem Ausgang zu erwarten sind. Bis Ende 2005 muß der mehrjährige Finanzrahmen für den Zeitraum 2007 bis 2013 erarbeitet sein. Da der Mittelbedarf für die EU-Neulinge hoch ist, sind zähe Etat-Verhandlungen und Umverteilungskämpfe auf mehreren Ebenen programmiert:

- Zwischen den Nettozahlern, die mehr in die EU-Kasse hineingeben, als sie von dort erhalten (Deutschland, Frankreich, Italien, Niederlande, Österreich, Schweden, Dänemark, Finnland, Großbritannien), und den Nettoempfängern.
- Zwischen den Nettoempfängern in der alten EU (Spanien,

Portugal, Griechenland, Irland) und den Beitrittsländern, die außer Zypern alle diesen Status haben.

- Zwischen den Ländern, die pro Kopf den höchsten Nettobeitrag für das Brüsseler Budget erbringen (Deutschland, Niederlande, Schweden), aber bei der Wirtschaftsleistung pro Kopf in der Union nicht an der Spitze stehen, und jenen Nettozahlern mit vergleichsweise höherem Wohlstand.
- Zwischen der britischen Regierung, die sich gegen die Abschmelzung des vor 20 Jahren ausgehandelten Rabatts auf die Beitragszahlungen wehrt, und den übrigen Ländern. Den Rabatt hatte die damalige Premierministerin Margaret Thatcher den EU-Partnern nach zähen Verhandlungen abgepreßt, weil Großbritannien wegen seines kleinen Agrarsektors relativ wenig Geld aus dem EU-Budget erhielt.
- Konfliktträchtig ist auch der Umstand, daß bislang privilegierte Regionen der Alt-Länder durch die Osterweiterung diese Begünstigung teilweise oder ganz verlieren werden. Mit der Höchstförderung konnten in der Vergangenheit Regionen rechnen, die weniger als 75 Prozent der durchschnittlichen EU-Wirtschaftsleistung pro Kopf aufwiesen (Ziel-1-Gebiete). Von den 54 aus Mittel-Ost-Europa hinzugekommenen Regionen liegen nur drei (Prag, Bratislava und Budapest) oberhalb dieser Marke. Alle anderen hätten demnach Anspruch auf die höchste Förderstufe. In der Alt-EU bisher begünstigte Regionen würden den Status weitgehend verlieren. Das beträfe auch Teile Ostdeutschlands. Die Ost-Bundesländer werden bis Ende 2006 mehr als 21 Milliarden Euro aus Brüsseler Geldtöpfen erhalten haben. Nach der EU-Erweiterung liegen sie rein rechnerisch oberhalb der Marke von 75 Prozent und müssen daher mit weniger Geld rechnen. Kürzungen stehen ebenfalls westdeut-

schen Regionen ins Haus, in denen der Umbau früherer Industriereviere bezuschußt wurde.

Über all diesen Problemen schwebt die noch unbeantwortete Frage, wie die EU-Ausgaben sich künftig im Verhältnis zum Bruttoinlandsprodukt der Mitgliedsländer entwickeln sollen. Bis 2000 hatten sie kontinuierlich zugenommen. Danach wurde die Quote für die Ausgabenverpflichtungen trotz erheblichen Mittelmehrbedarfs infolge der Erweiterungsrunde von 1,13 Prozent auf 1,12 Prozent im Jahre 2006 abgesenkt. Auf die Neumitglieder sollen dann 16,4 Prozent der EU-Haushaltsausgaben entfallen. Das liegt unter dem Anteil, den sie an Bevölkerung und Territorium in die EU einbringen. Angesichts ihrer im Vergleich zu den Altmitgliedern größeren Bedürftigkeit spricht diese Verteilung für sich. Es deutet sich an, daß die Erweiterungskosten anders als bei früheren Runden zum Teil auf die Beitrittsstaaten selbst abgewälzt werden sollen. Verweigert wird beispielsweise die Zahlung der vollen Direktbeihilfen für die Landwirte.

Laut Vorschlag der EU-Kommission sollen sich die jährlichen Einzahlungen der Länder in die Brüsseler Kasse ab 2007 auf durchschnittlich 1,14 Prozent des BIP aller Mitgliedsländer belaufen. Für Deutschland wären das statt 22 Milliarden Euro bis 2013 im Schnitt 35,4 Milliarden pro Jahr. Ähnliche Steigerungsraten ergäben sich für andere Nettozahler. Deutschland, Frankreich, die Niederlande, Schweden, Österreich und Großbritannien wollen den EU-Haushalt daher bei einem Prozent der jährlichen Wirtschaftsleistung eingefroren wissen. Immer öfter wird darauf verwiesen, daß die mittelosteuropäischen EU-Mitglieder die Einkommen- und Unternehmenssteuern teilweise extrem gesenkt haben, um ausländische Investoren anzulocken. Die Löcher in ihren Haushalten, so wird geargwöhnt, stopfen sie mit EU-Geldern. Der schwedische Premier Persson kritisierte diese Praxis am Beispiel Estlands und Polens mit den Worten: »Wenn sie glauben, daß wir in Schweden, Finnland und Dänemark unseren Bürgern hohe Steuern abverlangen und dieses Geld nach Osteuropa schicken, damit sich dort eine Oberklasse herausbildet, die keine Steuern zahlt, dann ist das nicht haltbar.«[44] Aus Deutschland und Frankreich gibt es vergleichbare Töne.[45] Bei aller prinzipiellen Berechtigung lassen sie allerdings außer Acht, daß die Transfers zumindest bis 2006 sehr bescheiden ausfallen und ihre Inanspruchnahme durch nationale Mittel kofinanziert werden muß.

Die Lage ist verzwickt. Einerseits brauchen die Beitrittsländer Instrumente, um ihre Wirtschaft anzukurbeln, andererseits können die Nettozahler nicht zusehen, wie mit ihrem Geld die Verlagerung von Arbeitsplätzen finanziert wird. Der Ausweg aus dem Dilemma könnte in einer Steuerharmonisierung liegen. Der Weg dorthin ist jedoch steinig, weil ein solches Projekt auch bei den Alt-Ländern nicht durchgängig auf Zustimmung stößt. Steuerpolitische Vereinbarungen erfordern ein einstimmiges Votum. Angesichts der äußerst flachen Tarife in einer Reihe der beigetretenen Länder wäre nur ein sehr niedriger Mindeststeuersatz durchsetzbar. Es ist nicht zu erwarten, daß die Alt-Länder das akzeptieren. Ein hoher Mindeststeuersatz wiederum würde bei den neuen Mitgliedern auf Ablehnung stoßen, weil er ihnen einen Standortvorteil nähme.

Chancen auf Verwirklichung kann ein Vorschlag von Bundesfinanzminister Eichel haben. Er sieht vor, die Gewinne der Unternehmen in allen EU-Ländern nach den gleichen Regeln zu ermitteln und zu einem »europäischen Gewinn« zu addieren. Nach einem bestimmten Schlüssel soll dieser Gewinn dann auf die Länder aufgeteilt und dort versteuert werden. Die Verteilung soll sich nicht mehr danach richten, wo der Gewinn angefallen ist, sondern nach der Wertschöpfung im jeweiligen Land. Dieses Modell wird auch von Frankreich, Italien und den Beneluxstaaten favorisiert. Letztlich aber können die Finanzierungsprobleme nicht ohne konsequentes Ringen um ein friedliches, soziales, demokratisches und umweltfreundliches Europa gelöst werden.

An dem anvisierten engherzigen Finanzrahmen zeigt sich das Dilemma: Die Aufnahme einer großen Zahl von Ländern mit hohem ökonomischem Entwicklungsrückstand ist forciert worden, aber es fehlt an Bereitschaft der Altmitglieder, die finanziellen Folgen dieses Vorgangs angemessen zu tragen. Die Neuen werden akzeptiert, doch nicht gleichberechtigt behandelt. Drastisch unterschiedliche Lebensbedingungen der Bevölkerung in der erweiterten EU stellen die hauptsächliche politische Herausforderung für die kommenden Jahrzehnte dar. Wenn es nicht gelingt, den europäischen Integrationsprozeß mit spürbar positiven Auswirkungen auf individueller und gesamtwirtschaftlicher Ebene in Verbindung zu bringen, kann es früher oder später zu Rückschlägen kommen.

Es mehren sich ernst zu nehmende Stimmen, die mit Blick auf die für Januar 2007 vorgesehene Aufnahme von Bulgarien und Rumänien sowie die mit Kroatien begonnenen, besonders aber bezüglich der im Oktober 2005 anlaufenden Beitrittsverhandlungen mit der Türkei vor einer »Überdehnung« der EU warnen. Die Union bräuchte nunmehr eine Phase der Konsolidierung und Vertiefung. Sie sei mit der jüngst vollzogenen Erweiterung an die Grenzen ihrer Integrationskraft gelangt. Das nicht nur, aber vor allem aus Finanzierungsgründen. Das Osteuropa-Institut der Universität München hat für die Bundesregierung eine Folgenabschätzung der Türkei-Mitgliedschaft erarbeitet und die jährlichen Kosten für die EU insgesamt auf knapp 14 Milliarden Euro beziffert. Sollte das Land am Bosporus 2015 beitreten, hätte es in den ersten drei Jahren mit über 40 Milliarden Euro auf mehr Transfers Anspruch, als die jüngste Erweiterungsrunde um zehn Mitglieder zwischen 2004 und 2006 kosten wird. Auf Deutschland käme ein Fünftel dieser Summe zu.

Der unabhängige Brüsseler Think-Tank »Friends of Europe« verweist darauf, daß die Türkei angesichts der Geburtenrate spätestens 2025 mit 87 Millionen Einwohnern das mit Abstand bevölkerungsreichste EU-Mitgliedsland wäre – und zugleich das ärmste. Das BIP pro Kopf liegt aktuell bei knapp 23 Prozent des EU-Durchschnitts. Allerdings ist das Gefälle sehr groß. Im kurdisch geprägten Südosten des Landes erreicht diese Kennziffer nur neun Prozent. Beide genannten Institute rechnen in den kommenden 30 Jahren mit noch einmal 2,5 bis drei Millionen türkischen Zuwanderern allein in die Bundesrepublik. Die damit verbundene Integrationsaufgabe wäre nicht zu bewältigen. Wer die Europäische Union um jeden Preis erweitern will, ohne ihre Vertiefung ausreichend vorangetrieben zu haben, riskiert bei Bevölkerungsteilen die Rückbesinnung auf den Nationalstaat als vermeintlich letzten verläßlichen Anker.

Auch außenpolitisch ergäben sich durch die Aufnahme der Türkei neue Herausforderungen. Die Grenzen der EU würden sich bis an den Kaukasus, an Syrien, Irak und Iran verschieben. Egon Bahr, der Vordenker der Entspannungspolitik, macht auf das strategische Interesse der USA aufmerksam, die Region, die vom Schwarzen Meer bis Afghanistan reicht und die meisten Staaten im Süden der ehemaligen Sowjetunion einschließt, neu zu ordnen oder jedenfalls zu kontrollieren. In diesen Zusammenhang rückt er auch das Werben der Vereinigten Staaten für eine Türkei-Mitgliedschaft in der EU. »Wobei natürlich niemand in Washington vergessen hat, daß weder das Europa der Sechs, noch der Neun, Zwölf oder Fünfzehn fähig gewesen ist, auch nur eine gemeinsame Nahost-Politik zu entwickeln. Es bleibt abzuwarten, wie es sich damit bei den 25 oder 27 Mitgliedsstaaten verhält. Die Ausweitung der EU, die ihre außenpolitische Entscheidungsfähigkeit immer weiter verringert, ist jedenfalls durchaus als amerikanisches Interesse vorstellbar: Je mehr die EU sich als Wirtschaftsgemeinschaft vergrößert, um so unangetasteter bleibt die amerikanische Dominanz in der Sicherheits- und Außenpolitik.«[46] Bahr sieht daher die Notwendigkeit, daß die EU ihre Grenzen und ihr Selbstverständnis definieren muß. Mit der starken Erweiterung wächst die Gefahr abnehmender Politikfähigkeit der Gemeinschaft. Darunter leidet die notwendige Reflektion über eine denkbare Zukunftsstrategie.

Unabhängig von der bevorstehenden Aufnahme zweier weiterer früherer Ostblockländer (Bulgarien und Rumänien) sowie den in Aussicht genommenen Beitrittsverhandlungen mit Kroatien und der Türkei hat die Schlacht ums Geld begonnen. Sie darf nicht allein darauf fokussiert sein, den Nettozahlern höhere Lasten aufzuerlegen oder eine Art Europa-Steuer einführen zu wollen. Das würde bei den ohnehin nicht gerade EU-begeisterten Bürgern die Identifikation mit der Union weiter erschweren. Zunächst müssen die im Laufe der Jahrzehnte gewachsenen rund 100 000 Förderprojekte und -programme durchforstet und auf Sinnhaftigkeit überprüft werden. Darunter sind solche, die angesichts der angespannten Finanzsituation und vordringlicher Aufgaben in den Beitrittsländern durchaus als fragwürdig gelten können, z. B. Beihilfen für die Seidenraupenzucht und den Tabakanbau oder die Bezuschussung der Kampfstierzucht in Spanien. Auch die Finanzierung von Spaßbädern und Gartenschauen muß nicht im Katalog der Höchstförderung bleiben. Einer Reform bedarf die Subventionierung der Landwirtschaft, die sich auf jährlich 40 Milliarden Euro beläuft. Dabei ist die Entkoppelung der Prämienzahlung von der Produktionsmenge angezeigt, um Überproduktionen zu verhindern und statt dessen das Engagement der Bauern bei der Einhaltung bestimmter Umwelt- und Tierschutzstandards sowie der Lebens- und Futtermittelsicherheit zu honorieren. Wenn die Alt-Länder es mit dem Prinzip der Solidarität gegenüber den Neuen und der Angleichung der Wirtschaftsleistung ernst nehmen, dann reichen solche notwendigen wie die vorgenannten Maßnahmen nicht. Dann müßten zusätzliche Mittel mobilisiert werden. Dazu wird es jedoch noch harte Kontroversen geben.[47]

Wie die Zukunft der EU aussieht, wie der Integrationsprozeß sich langfristig entwickelt, läßt sich schwer vorhersagen. Das Centrum für angewandte Politikforschung in München hat Mitte 2004 fünf Szenarien vorgestellt, die vom völligen Scheitern bis zu einem fast idealen Ergebnis reichen.[48]

Das Szenario mit dem bezeichnenden Titel »Titanic« beschreibt eine substantielle Gefährdung der Union bis hin zur Auflösung. Die EU wäre demzufolge nicht in der Lage, den internen und externen Herausforderungen gerecht zu werden. Zu den wesentlichen Eckpunkten gehören: Innerhalb der Union nehmen divergierende Interessen und Leistungsunterschiede zwischen den neuen und den alten Ländern zu. Verteilungskämpfe scheinen unüberbrückbar. Die großdimensionale

Erweiterung überfordert die EU-Strukturen und führt letztlich zur politischen Handlungsunfähigkeit. Die Mitgliedsstaaten geben keine weiteren Zuständigkeiten an die Kommission ab und bemühen sich sogar um die Rückverlagerung bereits vergemeinschafteter Politikbereiche auf die nationale Ebene. Nach innen und außen verliert das EU-Modell an Attraktivität.

Auch im Szenario »Geschlossenes Kerneuropa« besteht unter den Mitgliedsstaaten kein Konsens hinsichtlich der künftigen Entwicklung der Gemeinschaft. Aber im Gegensatz zur »Untergangsvision« entschließt sich hier jene Gruppe von Mitgliedern zu einer vertieften Zusammenarbeit, die über die Fähigkeiten und den Willen verfügen, ihren Interessen weltweit, gegebenenfalls auch militärisch, Nachdruck zu verleihen. Haushaltsintensive Felder wie die Agrar- und Strukturpolitik werden renationalisiert.

Das Szenario »Methode Monnet« (benannt nach dem Franzosen Jean Monnet, der 1952 als erster Präsident der »Hohen Behörde« der Montanunion die Tradition der Brüsseler Kommission begründete) beschreibt die fortgesetzte Entwicklung der Europäischen Union analog dem Muster vergangener Jahrzehnte. Ihre notwendige Reform scheitert wie bei früheren Versuchen. Sie wird den aus der Erweiterung resultierenden internen und externen Herausforderungen nur teilweise gerecht. Die Interessenkollisionen und Verteilungskonflikte verschärfen sich. Die politische Handlungsunfähigkeit wird lediglich an den Symptomen, nicht an der Wurzel kuriert. Das EU-System wirkt insgesamt lethargisch, wenngleich es trotz seiner Schwächen nicht zerfällt.

Im Szenario eines »Offenen Gravitationsraums« verfolgt eine der supranationalen Gemeinschaftsmethode verpflichtete Avantgarde das Ziel einer fortschreitenden Vertiefung der

Union. Das Zentrum bildet eine Gruppe von Ländern, die sich an den meisten Integrationsprojekten beteiligen und am Ziel der Entwicklung der EU zu einer politischen Union festhalten.

Nahezu utopische Züge nimmt das Szenario »Supermacht Europa« an. Die vergrößerte EU wird dem ihr innewohnenden Weltmachtpotential gerecht. Sie entwickelt sich in Richtung einer politischen Union. Alle zentralen Politikbereiche werden gemäß dem Kompetenzgefüge, das im Entwurf der Europäischen Verfassung definiert ist, an die Union übertragen. Es kommt zu einer De-facto-Machtparität mit den Vereinigten Staaten von Amerika. Die Etablierung eines Atlantischen Wirtschaftsraumes wird schließlich zum Symbol eines neuen transatlantischen Gleichgewichts.

Soweit die Beschreibung einiger denkbarer Optionen, die – da stimme ich meinem früheren Hochschulkollegen Eugen Faude zu – allerdings einen Kardinalfehler haben: Ihnen liegt keine Vision zugrunde, die für die Bürger der Alt- wie Neuländer in der Integrationsgemeinschaft identitätsstiftende Anziehungskraft hätte. Eine solche Vision könnte die Verteidigung des europäischen Sozialstaatsmodells unter den Bedingungen der Globalisierung sein.[49] Davon aber ist keine Rede. Im Gegenteil! In den beigetretenen ehemaligen sozialistischen Ländern wurden die Sozialsysteme auf einigen Gebieten über den in der EU bestehenden Stand hinaus abgebaut. Diese »Reformen« werden nun als Speerspitze zum beschleunigten neoliberalen Umbau der Sozialsysteme in der alten EU genutzt. Umgekehrt wird die dort fortschreitende Absage an die »soziale« Marktwirtschaft negative Rückwirkungen auf die in den meisten Beitrittsländern ohnehin prekäre soziale Lage breiter Bevölkerungsschichten haben. Eine fatale Verkettung!

Der 29. Mai 2005 wird als ein historisches Datum in die EU-Geschichte eingehen.Bei einem Referendum zum vorliegenden Verfassungsvertrag sagte eine deutliche Mehrheit der Franzosen »Nein«. Drei Tage später fiel die Ablehnung durch die Niederländer noch klarer aus. Die traditionell EU-kritischen Briten legten daraufhin die geplante Volksabstimmung auf Eis. Der Kontrakt kann somit nicht wie im Ratifizierungszeitplan vorgesehen im Herbst 2006 in Kraft treten. Dafür wäre ein positives Votum aller 25 Mitgliedsstaaten erforderlich gewesen. Auch in Dänemark, Polen und Tschechien gilt ein mehrheitliches »Ja« für die Verfassung als fraglich. In Deutschland wäre der Ausgang eines Referendums über den Kontrakt zumindest ungewiß gewesen, obwohl er bei der Abstimmung im Bundestag eine satte Mehrheit erzielte und im Bundesrat einzig die in Mecklenburg-Vorpommern regierungsbeteiligte PDS durch ihr »Nein« den SPD-Ministerpräsidenten des Landes zu einer Enthaltung zwang. Ganz im Gegenteil übrigens zu der ebenfalls in der Exekutive mitwirkenden Berliner PDS, die dem sozialdemokratischen Regierenden Bürgermeister der Hauptstadt ein zustimmendes Votum ermöglichte.

Plötzlich scheinen die vorgenannten Spekulationen über verschiedene Entwicklungsszenarien der EU nicht nur akademischen Wert zu haben. Für mich steht jedoch fest: Das französische »Nein« und das holländische »Nee« zur EU-Verfassung waren keine Absage an die Europäische Union und werden nicht zu deren Untergang führen. Es handelt sich vielmehr um ein Signal direkter Demokratie! Allein aus dem Auseinanderklaffen von Volkesmeinung einerseits und öffentlicher politischer Meinung andererseits müssen die Poltiker schnell und entschieden Konsequenzen ziehen. Das Signal ist zu verstehen als Einforderung einer offenen Debatte über das Europa, in dem wir leben wollen. Für die Bürger ist nicht entscheidend, dass die Institutionen der Gemeinschaft etwas handlungsfähiger und die Abläufe transparenter werden, dass das Europaparlament mehr zu sagen haben soll oder die EU international an Gewicht gewinnt. Sie wollen wissen, wie ihre Zukunft in der erweiterten Union aussieht, ob diese sich als Bollwerk gegen die schädlichen Folgen der Globalisierung erweist oder ob die Europäisierung nichts ist als eine den Kapitalinteressen entsprechende Globalisierung im Kleinen: Zustrom von Billigarbeitern aus und Abwanderung von Arbeitsplätzen nach den Beitrittsländern, Absenkung von Sozialstandards, Ausdehnung des Marktprinzips auf alle Bereiche des Lebens. Dass laut Verfassungstext privates Eigentum sozial entpflichtet ist und in der als freier Binnenmarkt konstruierten EU Deregulierung und Wettbewerb oberste Priorität zuerkannt wird, führt zur zig millionenfachen existenziellen Verunsicherung. Nicht das französische und holländische »Nein« sind eine Katastrophe für die Union. Die Katastrophe wäre programmiert, wenn abhängig Beschäftigte verschiedener Nationen sich als Folge von Sozialdumping und ungebremstem Marktliberalismus gegenseitig nur noch als Job-Konkurrenten wahrnehmen.

Zur Ablehnung der EU-Verfassung hat auch geführt, daß Politiker fortlaufend Großprojekte beschließen, aber über deren ökonomische und soziale Risiken hinwegsehen. Das war bei der Einführung des Euro nicht anders als bei der EU-Erweiterung. Die Bürger stützen nicht, was sie als imperialen Ehrgeiz empfinden: Die schnelle Ausdehnung der EU nach Osten und Süden, eine Aufrüstungsverpflichtung, wie sie in keinem Grundgesetz eines demokratischen Staates zu finden ist, der Anspruch, überall auf der Welt europäische Interessen geltend machen zu wollen und gegebenenfalls mit militärischen Mitteln auch durchzusetzen. Immer mehr Menschen beobachten mit Unbehagen das Großmachtstreben der Europäischen Union. Wirtschaftlich, wissenschaftlich, kulturell und sozial mit den USA in Wettstreit zu treten, mag ein lohnendes Ziel sein. Sich in geopolitische und militärische Konkurrenz zu begeben, ist ein ebenso sinn- wie aussichtsloses Unterfangen. Schon einmal in der jüngeren Geschichte hat sich ein (sowjetisch geführter) Block durch einen anderen (US-amerikanisch dominierten) in eine Rüstungsspirale drängen lassen. Der Ausgang ist bekannt.

Häufig wird nach dem Verfassungsdebakel davon gesprochen, die EU befände sich in einer »Krise«. Die ursprüngliche griechische Bedeutung des Wortes »Krise« ist »Wendepunkt«. In der Tat geht es um eine Umkehr, aber keine Abkehr von der europäischen Integration, erst recht nicht von Europa. Es geht um eine Wende gegen eine Politik, die schon seit geraumer Zeit den Sichtkontakt zu den europäischen Bürgern verloren hat. Es rächte sich, dass der Verfassungskonvent mit seinen 105 Vertretern auf Balance und Interessen der Regierungen fixiert war und zu wenig auf ein mobilisierendes Projekt für die Bürger. Diese Lehre gilt es zu beherzigen, wenn im Abstand einiger Jahre ein erneuter Versuch unternommen wird, zu einem gemeinsamen Grundgesetz zu kommen.

Der Osten ist rekapitalisiert

In diesem Kapitel soll der Frage nachgegangen werden, wie sich der konkurrenzlos gewordene Kapitalismus im früheren staatssozialistischen Ostblock ausbreitet, welche Diversifizierungen er dabei hervorbringt und ob der Sozialismus etwa doch nichts weiter war als der lange Umweg zu seinem Gegenpol.

Mittel-Osteuropa – Rückfall in die Vergangenheit

Die Umbrüche im Osten werden gewöhnlich als »Transformation von der Plan- in die Marktwirtschaft« bezeichnet. Was wie ein technischer Schaltvorgang klingt, ist dem Wesen nach eine Rekapitalisierung von Wirtschaft und Gesellschaft. Diese Entwicklung ist auf nicht absehbare Zeit unumkehrbar. Ihr Zentrum bildet die Privatisierung staatlichen Eigentums. Damit einher gehen die Umgestaltung der Unternehmensorganisation und -kontrolle, die Öffnung der Wirtschaft zum Weltmarkt und für internationale Kapitalströme sowie der Ausbau des Bankensektors und die Schaffung von Finanzmärkten. Auffällig sind massive Verschiebungen in der Einkommenserzielung und Vermögensverteilung sowie insgesamt ein verändertes soziales Gefüge der Gesellschaft.

Daß die nach dem Fall des Eisernen Vorhangs politisch Verantwortlichen in der raschen Überführung von staatlichem in privates Eigentum den Fokus der Transformation sahen, hatte mehrere Ursachen. Die erste und ausschlaggebende war die Enttäuschung über den Kollaps des auf Staatseigentum fußenden Realsozialismus. Breite Bevölkerungskreise erwarteten von privatem Eigentum eine höhere Effizienz und hofften auf wirtschaftliche Freiheiten und eine spürbare Steigerung des Lebensstandards. Der zweite Grund: Auch die westlichen Industriestaaten erlebten gerade eine Privatisierungswelle, angestoßen durch die Politik der damaligen Premierministerin von Großbritannien, Margaret Thatcher. Drittens schließlich strömte eine Schar von Beratern, vor allem aus den USA, von Weltbank und Internationalem Währungsfonds (IWF), in den Osten und verhieß einen an die Privatisierung gebundenen wirtschaftlichen und sozialen Aufschwung. Die Regierenden nahmen den »Rat« gern entgegen, »weil man so zu Dollarmilliarden kommen und sich überdies gegenüber der eigenen Bevölkerung auf fremde Autoritäten berufen konnte, wenn es darum ging, ihr den Gürtel noch enger zu schnüren«. Das war das Urteil des ehemaligen Chefs des Bundeskartellamtes Wolfgang Kartte, der Anfang der 90er Jahre im Auftrage der Bundesregierung in Rußland eine wirtschaftsberatende Tätigkeit ausübte.[50]

Die Privatisierungsstrategien in den mittelosteuropäischen Ländern unterschieden sich stark und sind einschlägig beschrieben.[51] Ich selbst hatte bereits meinem »Treuhandreport« eine derartige Übersicht beigefügt.[52] Mit 15jährigem Erfahrungshorizont lassen sich jedoch Ergebnisse verallgemeinernd bewerten. Nach Angaben der Europäischen Bank für Wiederaufbau und Entwicklung (EBRD) waren im Jahr 2004 gut 70 Prozent der osteuropäischen Staatsunternehmen privatisiert. Ein Großteil kleiner und mittlerer Betriebe hat in den jeweiligen Ländern einheimische Käufer gefunden. Ausländische Investoren bevorzugten für die Kapitalanlage Großunternehmen. Mehrheitlich in ausländischen Händen sind Banken, Lebensmittel- und Tabakfirmen, Automobilhersteller und Telekommunikationsanbieter. Besonders auffällig ist der starke Auslandsbesitz im Bankensektor. Er übertrifft bei weitem den in den alten EU-Ländern anzutreffenden Anteil. Überwiegend im öffentlichen Eigentum blieben bislang noch Eisenbahn, Post- und Energiewesen. Auf Unternehmensebene erzwang die Privatisierung drastische Kostensenkungen. Die Folge waren Personalabbau und Verschlechterungen im Sozialbereich. Arbeitslosigkeit grassiert trotz beschleunigten Wirtschaftswachstums (vgl. Tabelle 5). In Polen lag sie im Februar 2005 bereits wieder bei 19,4 Prozent.

Tabelle 5: Arbeitslosigkeit in mittel-osteuropäischen Ländern 2004 (in Prozent der Erwerbsbevölkerung)

Land	Arbeitslosenquote
Polen	18,8
Slowakei	18,0
Tschechien	8,3
Ungarn	5,9
Slowenien	6,0
Estland	9,2
Lettland	9,8
Litauen	10,8

Quelle: Europäische Gemeinschaften, Eurostat

Der soziale Schutz der Beschäftigten bleibt weit hinter den Regelungen in den westlichen EU-Mitgliedsländern zurück. Osteuropa ist zwar keine gewerkschaftsfreie Zone, aber überwiegend gewerkschaftsarm (vgl. Tabelle 6, S. 84). In großen Teilen ist es ein Unternehmerparadies. Der durchschnittliche Monatslohn liegt deutlich niedriger als in den alten EU-Ländern. Im Jahre 2003 betrug er etwas mehr als ein Viertel des dortigen Mittels von 1880 Euro. In Polen verdiente ein Arbeiter im Durchschnitt 540 Euro, in der Slowakei sogar nur 370. Das wie auch die niedrigen Steuern macht Osteuropa für westliche Firmen attraktiv. Es konkurriert bei der Unternehmensansiedlung mit noch billigeren Regionen der Welt: Ukraine, China oder Indien. Flächentarife für ganze Branchen, durch die die Löhne tendenziell stärker und schneller steigen, spielen bislang nur in Slowenien und der Slowakei eine maßgebliche Rolle.

In Westeuropa unterliegen (noch) mehr als 70 Prozent der Beschäftigten kollektiven Tarifabmachungen, in Osteuropa sind es weniger als 40 Prozent. Ganz überwiegend finden Lohnverhandlungen – wenn überhaupt – in den Betrieben statt. In vielen Firmen reicht das Diktat des Chefs. »Rohrstock-Kapitalismus« nennt das eine Studie des gewerkschaftsnahen Wirtschafts- und Sozialwissenschaftlichen Instituts in Düsseldorf. Das Streikrecht ist zwar überall formal anerkannt. Es gehen aber kaum Arbeitstage durch einen Arbeitskampf verloren. Ich erinnere mich an den Besuch eines Betriebes im polnischen Gorzow. Das war Mitte der 90er Jahre. In monotoner Akkordarbeit, bei inhumanem Pausenregime und bescheidenem Verdienst wurden dort vor allem von Frauen Kabelbäume für den Volkswagen montiert. Ich stieß auf verständnislose, nahezu entgeisterte Mienen, als ich fragte, ob hier schon mal die Arbeit niedergelegt worden sei. »Was erwarten Sie, wenn ein Unternehmer sagen kann: Draußen stehen zehn Mann, die Arbeit suchen«[53], entgegnete ein Gewerkschaftsforscher aus dem Land, das zu realsozialistischen Zeiten mit den Streik-Aktionen der oppositionellen Gewerkschaft Solidarność Schlagzeilen machte. Auch fürchtete er, daß Europa amerikanisiert wird, der Gedanke der Solidarität nicht mehr zählen soll und der Drang zur maximalen Liberalisierung zunimmt. Tatsächlich gab und gibt es besonders aus Wirtschafts- und Wissenschaftskreisen der USA immer wieder Bestrebungen, den im Umbruch befindlichen osteuropäischen Ländern das US-amerikanische Modell des Kapitalismus aufzudrängen und das kontinentaleuropäische Sozialstaatsmodell für dauerhaft gescheitert zu erklären. Der US-Marktrigorismus »schafft zwar mehr Arbeitsplätze und mag, in Zahlen ausgedrückt, die Interessen der Kapitaleigner besser bedienen, aber die Zahl der Armen nimmt zu und der Mittelstand ist in den USA bereits weitgehend ruiniert«, resümiert Wolfgang Kartte in einem Vortrag anläßlich des einhundertsten Geburtstages von Ludwig Erhard.[54]

Osteuropa ist das Versuchsfeld für dominante neoliberale Kräfte. Sie probieren aus, was sie sich im Westen noch nicht einzuführen wagen, was jedoch seine Schatten bereits vorauswirft.[55] Arbeitsschutz wird kleingeschrieben. Die Wochenarbeitszeit hat vielerorts längst die 50-Stunden-Grenze überschritten. Die Zahl der zeitlich befristeten Arbeitsverhältnisse ist drastisch gestiegen. War diese Beschäftigungsform 1989 unbekannt, so unterliegen ihr jetzt im Schnitt bereits 10 Prozent aller Arbeitenden, ermittelte eine Studie der Internationalen Arbeitsorganisation der UNO (ILO). Frauen werden mehr denn je benachteiligt. Ihr Beschäftigungsanteil beträgt z.B. in Ungarn und Polen nur noch 40 bzw. 38,4 Prozent.

Ins Zentrum der marktwirtschaftlichen Reformen ist eine radikale Vereinfachung der Steuersysteme durch die Einführung eines niedrigen einheitlichen Steuersatzes, die sogenannte Flat Tax, gerückt. Mit der Umsetzung dieses Vorschlages, den der US-amerikanische Ökonom Milton Friedman 1962 in die wirtschaftswissenschaftliche Diskussion eingebracht hat, zeichnet sich eine neue fiskalische Teilung Europas ab.[56] Als erste Europäer haben sich Mitte der 90er Jahre die Balten für die Flat Tax entschieden. Estland senkte schon 1994 die Einkommensteuer auf einen einheitlichen Satz von 26 Prozent, ab 2007 sollen nur noch 20 Prozent fällig werden. Litauen und Lettland folgten mit Einheitssätzen von 25 bzw. 33 Prozent. In der Slowakei wurde die Flat Tax auch auf die Unternehmenssteuern ausgedehnt. Die dortigen 19 Prozent wurden anschließend von Rumänien mit 16 Prozent noch unterboten. Nun wächst der

Druck auf die anderen osteuropäischen Beitrittsländer, im Wettbewerb um ausländische Investoren ebenfalls solche radikalen Reformen durchzuführen. Deutschen Steuersenkungspredigern sind die kühnen Schritte der neuen Mitglieder der Integrationsgemeinschaft Wasser auf die Mühlen. Sie übersehen allerdings, daß mit der Reduzierung der Steuersätze auch die Ausnahmen von der Besteuerung abgeschafft wurden. Dafür hat es im Deutschen Bundestag bislang nie Mehrheiten gegeben.

Tabelle 6: Arbeitseckdaten für die mittelosteuropäischen EU-Länder

Land	Löhne*	Arbeitskosten a)	b)	Organisationsgrad**
Estland	320	3,19	1,11	15
Lettland	300	2,29	0,69	24
Litauen	300	2,83	0,96	14
Polen	540	4,49	1,67	20
Slowakei	370	3,46	1,44	35
Slowenien	1080	9,01	3,63	43
Tschechien	500	5,03	2,28	30
Ungarn	520	5,03	2,21	30
Deutschland				30
Westdeutschland		31,67	13,83	
Ostdeutschland		19,09	7,44	

* Durchschnittliche monatliche Bruttolöhne in Euro 2003

a) Arbeitskosten je Arbeitnehmer/Stunde in Euro 2002

b) Höhe der Personalzusatzkosten an den Arbeitskosten

** Gewerkschaftsmitglieder in Prozent der abhängig Beschäftigten; Daten 2000-2002

Quelle: Statistisches Bundesamt, Eurostat, Institut der deutschen Wirtschaft, WSI

Untersuchungen liegen darüber vor, ob Privatisierung tatsächlich eine notwendige und hinreichende Voraussetzung für die Restrukturierung der vormals staatlichen Unternehmen und die Prosperität einer Volkswirtschaft ist. Sie kommen bezogen auf die früheren europäischen sozialistischen Länder und die Nachfolgestaaten der Sowjetunion zu dem Schluß, daß ein eindeutig positiver Zusammenhang zwischen Privatisierungsfortschritt und wirtschaftlichem Erfolg nicht erkennbar ist. Wesentlich sei vielmehr, unter welchen institutionellen Rahmenbedingungen die Privatisierung stattfindet. Auch führten Privatisierung und Marktwirtschaft nicht automatisch zur Demokratisierung der Gesellschaft und zu »westlichen Werten«. Im Gegenteil. Viele Osteuropäer empfinden die Privatisierungspolitik ihrer Regierungen als direkten Angriff auf die Demokratie. Sie konzentriert gesellschaftliche Entscheidungsmacht in den Händen von immer weniger Menschen, verhindert demokratische Teilhabe und vertieft die soziale Spaltung der Gesellschaft.[57]

15 Jahre nach dem Fall des Eisernen Vorhangs stehen die Länder Mittel-Osteuropas mit 170 Milliarden US-Dollar bei westeuropäischen und nordamerikanischen Banken in der Kreide. Ungarn ist mit 30 Milliarden US-Dollar das pro Kopf gerechnet höchst verschuldetste Land Europas. Solche Lasten stehen einer selbstbestimmten wirtschaftlichen und sozialen Entwicklung entgegen. Die Länder befinden sich an der Leine des ausländischen Finanzkapitals. In Polen und den drei baltischen Staaten ist der Bankensektor jeweils zu mehr als 60 Prozent in ausländischer Hand. Die Marktwirtschaft nimmt immer aggressivere Züge an. Im Schatten freier Märkte entstehen »Gesellschaften mit Raubtiercharakter, wo der Schwächere dem Stärkeren schutzlos ausgeliefert ist.«[58]

»Die berühmte Quo-vadis-Frage – wem würde sie, wenn es um die möglichen Perspektiven Rußlands geht, nicht auf den Nägeln brennen. Es ist, zumindest in Ostdeutschland, nicht nur ein akademisches Interesse, das dieser Frage Gewicht verleiht, war doch im Guten wie im Bösen die Sowjetunion fast ein halbes Jahrhundert lang die entscheidende Determinante unseres eigenen Schicksals, und viele von uns waren durch Studium und Aspirantur, durch Reisen, Arbeitsaufenthalte und Kooperationsbeziehungen mit ihr stärker verbunden als mit den meisten anderen Ländern der Erde.«[59]

Was Hubert Laitko, mein Kollege von der Leibniz-Sozietät, feststellt, das trifft auch auf mich zu, die ich von 1978 bis 1981 mit meiner Familie in Moskau gelebt habe. Meine Eindrücke und Erfahrungen waren zwiespältig. Nie aber hätte ich mir träumen lassen, daß das sowjetische Imperium gute zehn Jahre später zerfallen, daß, was als Alternative zum Kapitalismus gedacht war, wieder in ihn münden würde. Für absurd hätte ich den Gedanken gehalten, auf usbekischem, kirgisischem, tadschikischem und aserbaidschanischem Territorium könnten Truppen der USA Stationierungsrechte erhalten und die NATO würde sich bis an die Grenzen Rußlands vorschieben. Inzwischen hat das Ursprungsland des real existierenden Sozialismus tiefgreifende gesellschaftliche Umbrüche durchgemacht. Diese werden allerdings ungenau beschrieben, wenn schlechthin von »Restauration des Kapitalismus« die Rede ist. Es ist vielmehr ein weltweit einzigartiger Typ von Kapitalismus entstanden.

Noch zu Beginn des Ersten Weltkrieges war Rußland ein halbfeudales, absolutistisch regiertes Land gewesen. Erst im letzten Drittel des 19. Jahrhunderts hatte eine frühkapitalistische Entwicklung eingesetzt. Mit der Oktoberrevolution 1917 brach sie ab. Anders als im östlichen Teil Deutschlands, in Tschechien, der Slowakei oder anderen mittelosteuropäischen Ländern hatte es in Rußland zu keiner Zeit festgefügte kapitalistische Fundamente gegeben. Ein Mittelstand war kaum herausgebildet, private Initiative, Risikobereitschaft und unternehmerische Fähigkeit nicht gefragt. Auch eine Westeuropa vergleichbare wirtschaftsbeherrschende und nach politischer Macht greifende Bourgeoisie fehlte. Diese Fakten prägten den gesellschaftlichen Wandel seit der letzten Dekade des vergangenen Jahrhunderts. Nach gescheiterten Versuchen einer Reformierung des Staatssozialismus unter dem damaligen Generalsekretär des Zentralkomitees der Kommunistischen Partei der Sowjetunion (KPdSU), Michail Gorbatschow, kam es ab Mitte der 80er Jahre zu einer verhaltenen Wiederbelebung frühkapitalistischer Strukturen. Erteilt wurden z.B. Gewerbegenehmigungen für private Gaststätten, Einzelhandels- und Dienstleistungsbetriebe. Zunächst unkoordinierte, planlose marktwirtschaftliche Anfänge wuchsen sich schließlich zu einem umfassenden Programm der Privatisierung staatlichen Eigentums aus. Der »Rücktritt« Gorbatschows, die Machtübernahme durch Boris Jelzin und der Zerfall bzw. die Auflösung der UdSSR markierten äußerlich den 1991 zielstrebig eingeleiteten Abschied von einer sozialistischen Wirtschafts- und Gesellschaftsordnung. Dieser Prozeß beschränkte sich nicht auf die Reprivatisierung des 1917 konfiszierten Eigentums. Nahezu aller in sieben Jahrzehnten von den Völkern der UdSSR geschaffener, zentralistisch verwalteter gesellschaftlicher Reichtum wurde in privatkapitalistisches Eigentum überführt. Nicht durch Enteignung von Privaten im Sinne ursprünglicher

Akkumulation, sondern durch Privatisierung von Staatseigentum kam es in kürzester Frist zur Zusammenballung materiellen Reichtums.

Zwischen 1991 und 1994 war bereits knapp die Hälfte der 200000 Staatsbetriebe mit Hilfe der »Vouchermethode« in private Hände übergegangen. Betriebsangehörige hatten persönliche Anteilscheine (sogenannte Voucher) zu einem Nominalpreis erhalten. So sollten sie zu Miteigentümern werden. Infolge der zu jener Zeit grassierenden Inflation stürzten die Anteilscheine im Wert ab. Sie wurden zum Spottpreis von Personen erworben, die über entsprechende Geldmittel verfügten. Das waren zumeist Vertreter des Managements der zu privatisierenden Betriebe. Mit Hilfe ganzer Voucherpakete etablierten sie sich als Anteilseigner von Aktiengesellschaften. Vom Miteigentum der Millionen vormaliger Voucherbesitzer war keine Rede mehr. Aus Managern wurden Kapitalisten.

Zu den Merkmalen des russischen Kapitalismus gehört, daß er nicht von außen implementiert, sondern von der einheimischen Funktionärsschicht, der »Nomenklatura«, gezeugt wurde. Die Akteure der kapitalistischen Entwicklung entstammten in der großen Mehrzahl dem Apparat der KPdSU, der kommunistischen Jugendorganisation (Komsomol), den Gewerkschaften und Ministerien. Auch aus den Reihen der Betriebsdirektoren sowie der wissenschaftlichen, technischen und kulturellen Intelligenz waren sie hervorgegangen. Diese Personengruppen erfreuten sich zu Sowjetzeiten des Privilegs, Zugang zu begehrten, aber defizitären Gütern und Leistungen zu haben. Dieses Privileg tauschten sie schließlich gegen ein anderes: Der Nomenklatura war erlaubt, was anderen verboten blieb. Sie durfte profitbringende Tätigkeiten ausüben. Der Soziologe Helmut Steiner, ebenfalls Mitglied der Leibniz-Sozietät, hat das anschaulich beschrieben.[60] Schon zu Zeiten der Perestroika wurden – als ökonomisches Experiment deklariert – den »Komsomolbetrieben« Rechte und Vollmachten außerhalb der üblichen Planauflagen eingeräumt. Selbst das ansonsten strikt zu befolgende Außenhandels- und Devisenmonopol des Staates war für sie außer Kraft gesetzt. Gruppen von Komsomol-Funktionären erhielten in zahlreichen Firmen über das Zentralkomitee der Jugendorganisation außerordentliche Vollmachten für eigenständige Entscheidungen. Das galt auch für internationale Beziehungen zu Banken und Außenhandelsorganen. Damit hatten sie Anfang der 90er Jahre eine günstige Ausgangsposition für den Spurt in die Marktwirtschaft und den Zugriff auf staatliches Vermögen. Auf diese Weise mutierten Funktionäre reihenweise zu Profiteuren. Sie wandelten frühere politische Macht in privates Eigentum. Aus dem Apparatschik wurde der Bourgeois. Aus Ministerien wurden Großkonzerne, in denen ehemalige politische Eliten als Vorstandschefs residieren. Aufschlußreiche Fakten dazu sind auch in einem Buch der russischen Wissenschaftlerin Olga Kryschtanowskaja zu finden.[61]

Joseph Stiglitz kam 1999 zu dem Schluß, die »Raubritter-Privatisierung« in Rußland habe dem Ansehen des marktwirtschaftlichen Systems größeren Schaden zugefügt als 70 Jahre kommunistischer Indoktrination.[62] »Auch wenn die Entscheidungsträger in Rußland erheblichen Anteil an den (negativen) Ereignissen haben, trifft die westlichen Berater, allen voran die aus den Vereinigten Staaten und des IWF, die schon bald zur Stelle waren, um das Evangelium der Marktwirtschaft zu predigen, eine Mitschuld. … Sie verkündeten eine neue Religion – die rein marktwirtschaftliche –, die die alte Religion – den Marxismus … – ablösen sollte.«[63] Die Akkumulation von

Großkapital in Rußland sei weniger mit hoher Qualifikation, mit Wissen, tätiger Energie und Talent verbunden als vielmehr mit dem Vorhandensein von nützlichen Beziehungen, der Mißachtung von Gesetz und Moral und mit Protektionismus. So urteilt Tatjana Saslawskaja, eine russische Soziologin[64], deren Name mir bereits aus meiner Moskauer Zeit ein Begriff ist. In den achtziger Jahren erregte sie mit mutigen, unkonventionellen Reformvorschlägen Aufmerksamkeit weit über die Landesgrenzen.

Das führt uns zu einem anderen Spezifikum des russischen Kapitalismus: Es fehlt weitgehend eine breite unternehmerisch handelnde Mittelschicht. Unter den selbsternannten »Businessmen« dominieren nicht solche im Marxschen oder Schumpeterschen Sinne, die auf Wertschöpfung durch Investition, Innovation und Produktion setzen. Entstanden ist vielmehr eine »Handelsbourgeoisie«. Die tritt weniger als investierende, sondern vornehmlich als Geld akkumulierende und in großem Stil privat konsumierende Schicht in Erscheinung. Zugleich fungiert sie als Statthalter von Auslandskapital. Viele der aus der Nomenklatura hervorgegangenen neuen Unternehmer denken nicht daran, zu investieren und zu produzieren. Sie nutzen eigensüchtig Kontakte aus der Sowjetzeit und wollen mit geringem Einsatz Geld scheffeln. Reichtum verspricht politischen Einfluß.

Beherrscht wird Rußland heute von einigen Dutzend Oligarchen. Im antiken Griechenland nannte man die Herrschaftsform einer geringen Zahl Besitzender »Herrschaft der Wenigen«, »Oligarchie«. Rudolf Hilferding und Wladimir Iljitsch Lenin prägten im 20. Jahrhundert den Begriff der »Finanzoligarchie« für das Großkapital, das ihrer Meinung nach den Staat dirigierte und kontrollierte. Von ihnen übernahm

1997 der damalige Erste Stellvertretende Regierungschef Boris Nemzow den Terminus »Oligarchen«, der seither in der russischen Publizistik, aber auch international verwendet wird. Die Namen der »Wenigen« sind längst weltweit bekannt. Sie öffneten das Land mit seinen Naturreichtümern nahezu bedingungslos dem internationalen Kapital und machten es zu einem Energie- und Rohstoffarsenal. Angeleitet von westlichen Beratern und in Kooperation mit den zu Miteigentümern mutierten Parteifunktionären ruinierten sie die wirtschaftliche Basis der ehemaligen Staatswirtschaft. Zu den Oligarchen gehören die Dollar-Milliardäre, von denen es laut russischer Ausgabe des US-Wirtschaftsmagazins »Forbes« Mitte 2004 allein in Moskau 36 und damit mehr als in jeder anderen Stadt der Welt gab (New York: 31). 1997 waren es erst vier gewesen. Die Zahl der Millionäre belief sich im ganzen Land auf 84000. Nach Erhebung des Magazins betrug das mittlere Alter des russischen Durchschnittsmilliardärs 47 Jahre. Er ist in Moskau geboren, verheiratet, hat meist zwei Kinder und eine Geliebte. In der Endzeit der Perestroika war er aktiver Komsomolfunktionär. Sein Durchschnittsvermögen summiert sich auf vier Milliarden US-Dollar. Er besitzt Eigentum in Moskau, London sowie Südfrankreich und befaßt sich mit der Ausbeutung von Naturressourcen (Öl, Gas, Holz, Buntmetalle). Diesem Personenkreis war es nach dem Zerfall der UdSSR 1991 gelungen, ganze Aktienpakete von großen staatlichen Rohstoffördergesellschaften an sich zu bringen.

Zwar ist die Zahl von Dollar-Milliardären in anderen Ländern größer als in Rußland (z. B. USA: 227, Deutschland: 52). Aber zu denken geben Tempo und Ausmaß, mit dem dort Eigentum in wenigen privaten Händen konzentriert wurde.

Das Vermögen der 36 Moskauer Milliardäre entspricht mit 140 Mrd. US-Dollar einem Viertel des russischen Bruttoinlandsprodukts (zum Vergleich: In den USA macht das Vermögen der Milliardäre 6 Prozent des BIP aus). Natürlich löste die Offenlegung von Namen bei den steinreichen Abzockern keine Begeisterung aus. Sie hätten die Anonymität vorgezogen. So ist nicht auszuschließen, daß der Chefredakteur von »Forbes Russia« im Juli 2004 mitten in Moskau auf offener Strasse einem Auftragsmord zum Opfer fiel. Unter seiner Verantwortung hatte das Magazin mit dem Mythos von der Marktwirtschaft in Rußland aufgeräumt und Kartellen und Monopolisten vorgeworfen, die Wirtschaft des Landes zu erwürgen. Mit diesem Urteil stand das Magazin in deutlichem Widerspruch zur damals im Westen vorherrschenden Meinung, die Rußland auf strahlendem Pfad zu Demokratie und Marktwirtschaft sah.

Ich habe beim Besuch russischer, auch kasachischer oder georgischer Parlamentarier im Bundestag oft erlebt, welche Elogen den Gästen in dieser Hinsicht von deutscher Seite gemacht wurden, darunter von Bundestagspräsident Wolfgang Thierse. Nicht wenige von ihnen waren Mitglieder der KPdSU oder des Komsomol gewesen, hatten hochrangige politische Funktionen im Bereich internationaler Beziehungen, der Landwirtschaft oder der Armee ausgeübt und gehörten inzwischen neu gegründeten Parteien an. Dies räumten sie bei Tischgesprächen während der offiziellen Empfänge auf meine Frage nach ihrer früheren Tätigkeit ein. Ich will das nicht be- und schon gar nicht verurteilen. Für Thierse waren sie jedenfalls »Demokraten«. Dergleichen habe ich aus seinem Munde bezogen auf ehemalige SED- oder FDJ-Mitglieder nie gehört. Mir fiel in den Jahren meiner Bundestagszugehörigkeit bei den in Staat und Parteien politisch Verantwortlichen wiederholt auf, was ich aus

DDR-Zeiten kannte: Wollte man der Sowjetmacht genehm bleiben, mußten unliebsame Dinge – Behördenwillkür, politische Mißachtung des Individuums, Desinformation, menschenunwürdige Zustände in der Armee, Knechtung der Umwelt – ausgeblendet werden. Manches davon wirkt bis heute fort, ist aber unter »Demokraten« kein Thema.

Skepsis gegenüber der Entwicklung in Rußland flammte immer dann auf, wenn es spektakuläre Vorkommnisse gab. So auch im Falle des Ölmagnaten Chodorchowski (geschätztes Vermögen: 8 Milliarden US-Dollar). Dieser hatte die Ölgesellschaft Jukos 1995 von der finanziell angeschlagenen russischen Regierung für 350 Millionen US-Dollar gekauft. Ende 2003 betrug der Marktwert rund 30 Milliarden Dollar. Chodorchowskis Verhaftung und Verurteilung wegen Steuerhinterziehung sowie die Beschlagnahme seines Aktienanteils an Jukos nährten Spekulationen. Gerätselt wurde, ob man in Rußland nun die Phase des »wilden Kapitalismus« der 90er Jahre rechtlich aufarbeiten wolle, ob ein Machtkampf zwischen den Oligarchen und den aus dem sowjetischen Geheimdienst KGB stammenden Beratern von Präsident Putin entbrannt sei oder ob jemand von der Bildfläche verschwinden sollte, der wiederholt öffentlich Kritik an der Korruption in den oberen Etagen der Bürokratie vorgetragen hatte. Chodorchowski waren Ambitionen nachgesagt worden, bei den Präsidentschaftswahlen gegen den Amtsinhaber antreten zu wollen. Um diesen Plan zu finanzieren, soll er dabei gewesen sein, den größten russischen Ölkonzern an Amerikaner zu verkaufen. Sei's, wie's sei. Für viele einfache Russen ging mit der Verhaftung eines Oligarchen ein Wunschtraum in Erfüllung. Endlich wurde einer derjenigen hinter Gitter gebracht, von denen sie sich beraubt fühlten.[65]

Zweifel am demokratischen Weg Rußlands mehrten sich im Ausland auch, als Putins Amtsführung zunehmend autoritäre Züge annahm. Er neutralisierte nicht nur politische Gegner, Oligarchen und die Medien – er schaffte auch den Föderalismus weitgehend ab. So läßt der Kreml die Gouverneure der 89 russischen Regionen jetzt ernennen statt vom Volke wählen. Fast uneingeschränkte Macht bescherte er Polizei und Geheimdiensten. Mit Lichtgeschwindigkeit ist aus einer zentralistischen Planwirtschaft, manche sprechen auch von einem staatsmonopolistischen Sozialismus, ein bürokratischer Staatskapitalismus entstanden. Dies ist mit einer sozialen Polarisierung verbunden, die alle Rekorde bricht.[66] Die Einkünfte der ärmsten 10 Prozent der Bevölkerung stehen zu denen des reichsten Zehntels in einem Verhältnis von 1:46.[67] In den USA beträgt die Relation 1:17, in Frankreich 1:10.[68] Nach offizieller russischer Statistik lebten 1998 bereits 35 Millionen Menschen oder 24 Prozent der Bevölkerung unterhalb des Existenzminimums, das heißt mit weniger als der Hälfte des Durchschnittseinkommens im Lande.

Bedrückende Armut, oft verbunden mit Familien zerstörendem Alkoholmißbrauch, hatte es auch in Sowjetrußland gegeben. Aber eine derart krasse soziale Ungleichheit, wie sie nach 1991 entstand, war unbekannt. Da vegetieren bettelarme Rentner in ungeheizten Wohnungen. Nicht selten müssen Pensionäre monatelang auf ihre ohnehin kargen Ruhegelder warten. Arbeitslose Veteranen der Schwerindustrie und Bergarbeiter maroder Kohlenschächte des Donbaß fristen ein jämmerliches Dasein. Obdachlosigkeit nimmt zu. Kriminalität, Alkohol- und Drogensucht sowie Prostitution gehören zum Alltag. Aids-Erkrankungen breiten sich in erschreckendem Maße aus. Bis 2008 dürfte nach Meinung von Experten die Zahl der HIV-Positiven im Lande an die fünf Millionen betragen und bis 2010 die Zahl der Todesfälle durch Aids die Millionenschwelle erreichen.[69] Die durchschnittliche Lebenserwartung von Männern und Frauen sinkt. Wer durch Dörfer Sibiriens fährt, glaubt sich des öfteren in der Dritten Welt. Der Kontrast dazu – Emporkömmlinge, die neuen Businessmen mit protzigen Mercedes-Limousinen, mit Zehntausend-Dollar-Krawatten und brillantengeschmückten Begleiterinnen. Sie verkehren als Stammgäste in in- sowie ausländischen Schönheitssalons und Fitness-Clubs.

Selbst überzeugte Antikommunisten geben inzwischen zu, daß sich das Leben von Dutzenden Millionen Menschen in den Jahren nach 1990 extrem verschlechtert hat. So schrieb Alexander Zipko, ein gewendeter ehemaliger stalinistischer Ideologe in der »Literaturnaja Gaseta«: »Wenn man mit seinem Gewissen im reinen und bei klarem Verstand bleiben will, muß man zugeben, daß unsere antikommunistische Revolution zumindest bis zum heutigen Tage dem Volk wesentlich mehr reale Vorzüge genommen als gegeben hat, und daß sie eine Revolution der Minderheit auf Kosten der Mehrheit im Namen privater eigennütziger Interessen war. Unsere antisowjetische Revolution hat zu einer unglaublichen Zerstörung des gesellschaftlichen Lebens geführt. ... Das uns verhaßte kommunistische Regime war wesentlich humaner als das, was durch unsere Mithilfe auf dessen Ruinen geschaffen wurde.«[70]

Ab Januar 2005 setzte unter Präsident Putin eine radikale Abkehr vom alten sowjetischen Sozialsystem ein. Für Rentner, Behinderte, Weltkriegsveteranen, Tschernobylopfer und Helden der UdSSR fielen bis dahin geltende Vergünstigungen weg: freie Fahrt im öffentlichen Nahverkehr, kostenlose Ortsgespräche im Festnetz, Ermäßigungen für kommunale Dienstleistungen, verbilligte Medikamente, unentgeltlicher Zahnersatz,

Kuraufenthalte und andere Sachleistungen. Sie wurden durch entwertungsgefährdete Geldtransfers ersetzt. Die Inflationsrate liegt immerhin bei 12 Prozent. Die gesetzlich festgelegten Zuschläge zwischen 150 und 1500 Rubel (4 bis 40 Euro) decken in aller Regel die Mehrkosten nicht, die auf über 30 Millionen Russen zukommen. Nach einer Welle von Protesten aufgebrachter Rentner – sie machen knapp ein Viertel der Bevölkerung aus – leitete Putin einen Teilrückzug ein. So sollen Ermäßigungen für die Benutzung des öffentlichen Nahverkehrs weiter gelten und das Geld für die Ruheständler monatlich im Gegenwert von 6,60 Euro erhöht werden. Die Durchschnittsrente liegt in Rußland bei etwa 2100 Rubel, also 58 Euro, und deckt die Lebenshaltungskosten nicht.

Die beschriebenen Vorgänge reizen immer noch zu Fragen: Warum mündete die über sieben Jahrzehnte aufrechterhaltene gesellschaftliche Alternative zum Kapitalismus nicht in einen demokratischen Sozialismus, wie die Akteure der Perestroika wohl zunächst angenommen und öffentlich verkündet hatten? Wieso kam es im »Mutterland des Kommunismus« zur Wiedergeburt eines für immer überwunden geglaubten Gesellschaftssystems? Wie kommt es, daß tonangebende Wissenschaftler eine früher von Grund auf kritisierte gesellschaftliche Struktur plötzlich als Zukunftsverheißung preisen? War der Sozialismus doch nur der lange Umweg zum Kapitalismus? Rundherum schlüssige Antworten darauf gibt es bislang nicht. Viele russische Intellektuelle sehen im Privateigentum an Produktionsmitteln eine historische Innovation. Es fasziniert sie, weil es Initiative und Aktivität freisetzt. Die Verelendung großer Teile der Bevölkerung wird nicht dem Kapitalismus angelastet, sondern allein dem Umstand, daß die Transformation dorthin von einem »vormodernen« Ausgangsniveau erreicht werden muß.

Das letzte Wort bei der Beurteilung von Ziel und Weg der Umwälzungen kann nur die russische Bevölkerung sprechen. Die verbreitete Stimmung gegen die Privatisierung von Grund und Boden führte dazu, daß ein neues Bodengesetz erst im Herbst 2001 zustande kam. Es erlaubt Kauf, Verkauf und Beleihung unter anderem von industriell genutzten Flächen. Aufhorchen läßt auch folgendes: Zu Beginn des Jahres 2004 sprachen sich 80 Prozent der befragten Russen für eine Revision der Privatisierungsergebnisse aus der letzten Dekade des vergangenen Säkulums aus. Sie wünschten die Enteignung der Milliardäre. Im Herbst 2004 kritisierte der russische Rechnungshof die Privatisierungen im Zeitraum von 1993 bis 2003 und lieferte rechtliche Grundlagen für die Annullierung einzelner Veräußerungsgeschäfte per Gerichtsbeschluß. Moniert wurden vor allem die unverhältnismäßig geringen Erlöse, die das Komitee für Staatseigentum bei den Versteigerungen von Filetstücken der russischen Wirtschaft erzielt hatte. Der Verkauf von 145 000 Betrieben erbrachte ganze 9,7 Milliarden US-Dollar für die Staatskasse. Das entspricht in etwa der Summe, die steinreiche russische Touristen allein 2004 im Ausland ausgaben. Die Prüfer empfahlen zwar keine Enteignung, aber die Differenz zum Marktwert sollte von den neuen Besitzern eingetrieben werden. Das sei das mindeste, um auf den Volkszorn zu reagieren.

Mehrheitlich lehnt die russische Bevölkerung das von den liberalen Parteien zu Beginn der Umgestaltungsprozesse propagierte marktradikale Wirtschaftsmodell ab. Eingefordert wird eine stärkere soziale Verantwortung der Unternehmen. Präsident Putin stößt auf positive Resonanz im Volke mit seinem System »gelenkter Demokratie«. Er hat den Staat in den Mittelpunkt aller Entscheidungen gerückt. Auch die Marktwirtschaft soll unter dessen Obhut gedeihen. Insbesondere

Großkonzerne werden gezwungen, sich staatlichen Interessen unterzuordnen. So veröffentlichte Putins Präsidialverwaltung im Sommer 2004 eine Liste mit mehr als 1000 »strategischen Unternehmen«, die zukünftig nur mit Zustimmung der Regierung privatisiert werden dürfen. Als »strategisch« gilt, was eine besondere Bedeutung für die »Verteidigungsfähigkeit und Sicherheit des Staates, den Schutz der Moral, die Gesundheitsvorsorge und die Wahrung der bürgerlichen Rechte« hat (vgl. Tabelle 7).[71]

Tabelle 7: Auswahl strategischer russischer Unternehmen

Unternehmen	Branche	Staatsanteil in Prozent
Transneft	Bau von Öltransportwegen	75,50
Aeroflot	Flugwesen	51,17
Bank Wnestnoj Torgowli	Russische Außenhandelsbank	99,99
Gasprom	Gaskonzern	51
Suchoj	Rüstungskonzern	100,00
Arosa	Diamantenmonopolist	37,00
Mosfilm	Kinokonzern	100,00
Vereinigte Energiesysteme EES	Strommonopolist	52,68
Russische Eisenbahn	Eisenbahn	100,00
Internationaler Flughafen Scheremetjewo	Flughafen	100,00

Quelle: Financial Times Deutschland

Damit weitet die Administration ihre Kontrolle über die russische Wirtschaft aus. Sie kann verhindern, daß unliebsame In- und Ausländer lukrative russische Firmen an sich bringen. Die Liste der strategischen Unternehmen, hieß es, könne bei

Bedarf ausgeweitet werden. Insbesondere den Energiesektor hat Putin zum wichtigsten Bestandteil staatlicher Interessen proklamiert.[72] Er erbringt 40 Prozent der Steuereinnahmen, 55 Prozent der Exportgewinne und ein Fünftel der Wirtschaftsleistung des Landes. Der russische Staat hat seinen ursprünglichen Anteil am weltgrößten Erdgasproduzenten Gasprom von 38 Prozent durch Aktienbarkäufe auf 51 Prozent ausgeweitet und sich somit die Aktienmehrheit gesichert. Der russische Unternehmerverband argwöhnt, es könne zum Übergang vom freien Jelzin-Kapitalismus zum Staatskapitalismus unter Putin kommen. Konsistent ist die Eigentumspolitik des russischen Präsidenten allerdings nicht. So sollen beispielsweise die zehn Kernkraftwerke ganz oder teilweise privaten Investoren überlassen werden, die dann auch die Erlöse aus dem Stromverkauf kassieren. Abgesehen davon, daß der Staat, also die Allgemeinheit, für eventuelle Risiken und für die Endlagerung der atomaren Abfälle aufkommen muß, besteht die Gefahr, daß spaltbares Material in falsche Hände gerät.

Für die Unentschlossenheit, ja Wankelmütigkeit Putins gibt es weitere Indizien. Nach der Zerschlagung des Ölkonzerns Yukos versprach der Präsident bei einem Treffen mit großen russischen Unternehmen mehrere Initiativen, um die Wiederholung solcher Vorgänge auszuschließen. So soll die Regierung ein Gesetz ausarbeiten, das die Verjährungsfrist für Privatisierungsdelikte von zehn auf drei Jahre reduziert. Dies kommt praktisch einer Amnestie für die russischen Oligarchen gleich, die im Zuge der wilden Privatisierungen in den neunziger Jahren ihren Reichtum scheffelten.[73]

Die eingangs gestellte Quo-vadis-Frage scheint insofern beantwortet, als Rußland den kapitalistischen Weg eingeschlagen hat. Aber es entsteht ein Kapitalismus »auf russisch«. Die

Suche des Riesenreiches nach den Spielregeln für Staat und Markt geht weiter ...

Kapitalismus global unter Amerikanisierungsdruck

Nach dem Ende des vorwiegend politisch definierten Systemwettbewerbs setzt sich globusweit ein ausschließlich ökonomisch definierter Marktwettbewerb durch. Globalisierung steht für ungehinderte Bewegungsfreiheit des Kapitals, weltweite Dominanz der Finanz- über die Waren- und Arbeitsmärkte, galoppierende Zunahme transnationaler Unternehmen und deren überragenden Einfluß auf einzelne Volkswirtschaften. Die Globalisierung wird mehr und mehr von der atlantischen Variante des Kapitalismus geprägt. Dabei ist sie kein unbeeinflußbarer Prozeß. Sie kann politisch gestaltet werden.

Triumph des freien Marktes

Mit der Globalisierung weitet sich die Waren- und Marktlogik tendenziell auf alle Bereiche des Lebens und bis in den letzten Winkel des Planeten aus. Neokonservative Politikmodelle, wie sie in den USA und Großbritannien unter den Regierungen von Ronald Reagan und Margaret Thatcher entwickelt wurden, stehen hierbei Pate. Beider erklärtes Ziel war es, staatliche Eingriffe in die Wirtschaft zu verringern. Breite Bevölkerungsschichten in den Industrieländern sind damit konfrontiert, daß Regierungen sich mehr um gedeihlichste Bedingungen für die Kapitalverwertung, um den Shareholder Value, sorgen als um soziale Gerechtigkeit. Altbundeskanzler Helmut Schmidt, gewiß nicht als exponierter Kritiker des profitorientierten Systems bekannt, bezeichnete 1998 in seinen »Düsseldorfer Vorlesungen« zur ökonomischen Globalisierung die Auswüchse des Shareholder Value als »Raubtierkapitalismus«. Diese Metapher beschreibt, daß Raubtieren und Besitzern von Finanzkapital »Gier« als wesentlicher Antrieb gemeinsam ist.[74] Die globale Konkurrenz ist zum Wettlauf um Kostensenkung durch Personal- und Sozialabbau geworden. Die Länder des Südens – zu Zeiten des Ost-West-Konflikts noch großenteils Zonen der Rivalität zwischen den Systemen und somit Arenen der Weltpolitik – werden zu vergessenen Rändern. Extrem gilt das für den afrikanischen Kontinent. Weltweit wächst die Ungleichheit bei Einkommen und Vermögen. Der Abstand zwischen dem wohlhabendsten und dem ärmsten Fünftel der Weltbevölkerung vergrößert sich sprunghaft. Verhielt sich das Bruttoinlandsprodukt pro Kopf der 20 reichsten zu dem der 20 ärmsten Länder 1980 bis 1982 wie 50:1, so öffnete sich im Zeitraum 2000 bis 2002 die Schere auf 120:1 (vgl. Grafik 1).

Grafik 1: Bruttoinlandsprodukt je Kopf der 20 ärmsten und 20 reichsten Länder zu konstanten Preisen von 1995 (in US-Dollar je Jahr)

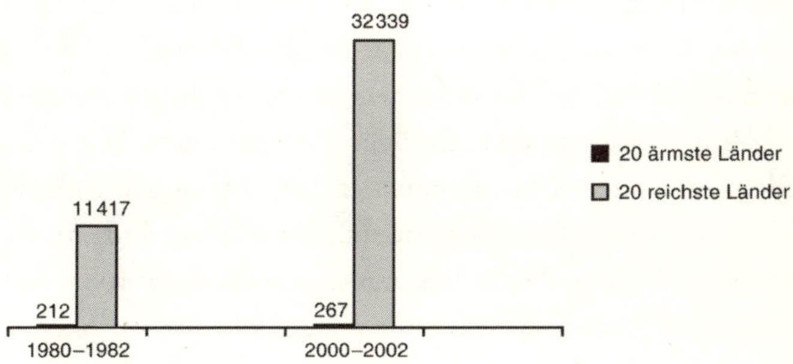

Quelle: Weltbank 2003

Hervorstechend ist das US-amerikanische Streben nach Neuaufteilung der Welt und Beherrschung ihrer Ressourcen. Besonders geht es um den Zugriff auf Öl, das Schwarze Gold, sowie die Patentierung und Lizenzierung von Saatgut zwecks weltweiter Kontrolle der Lebensmittelproduktion. Die Vereinigten Staaten von Amerika, das reichste und mächtigste Land der Erde, stellen heute 4,5 Prozent der Weltbevölkerung, verbrauchen aber ein Viertel der globalen Ölförderung. Zur Finanzierung ihrer ausufernden Militärausgaben, ihrer prestigeträchtigen Weltraumprojekte und ihrer Agrarpolitik absorbieren sie allein 60 Prozent des auf den internationalen Finanzmärkten angebotenen Kapitals. Ihre ökonomische Macht nutzen sie rund um den Erdball zur politischen und wirtschaftlichen Einflußnahme. Während die USA andere Staaten drängen, ihre Märkte zu öffnen, bleibt ihr eigener Markt in vielen Bereichen abgeschottet. Joseph Stiglitz spricht von einer »Doppelmoral« amerikanischer Außenwirtschaftspolitik, die anderen Ländern Leistungen abverlangt, die sie selbst zu erbringen nicht bereit ist. Für den Nobelpreisträger bleibt von der Globalisierung der fade Nachgeschmack, daß sie vornehmlich amerikanischen Interessen dient. Die anfängliche Euphorie, Globalisierung nach US-amerikanischem Vorbild könne die Armutsschere zwischen Nord und Süd schließen, sei längst einer Ernüchterung gewichen. Die Kapitalströme wanderten wieder aus den Entwicklungsländern ab, und Ansätze zur Demokratisierung vor allem in Südamerika seien durch falsche Konzepte zunichte gemacht worden. Gewinner der Globalisierung seien die amerikanischen Kapitalinteressen. Verloren aber habe die Glaubwürdigkeit der Vereinigten Staaten.[75]

Durch beschleunigten Strukturwandel ist die globalisierte

Hightech-Ökonomie gekennzeichnet. Sie grenzt ständig mehr Menschen aus dem unmittelbaren kapitalistischen Verwertungsprozeß aus. Global Player trennen sich immer ungehemmter von Firmenteilen, die ihren Renditeerwartungen nicht entsprechen. Sie konzentrieren sich aufs Kerngeschäft. Die Arbeitsplätze werden unsicherer. Die internationale Organisation des Kapitals steht der noch starken Ortsgebundenheit der abhängig Beschäftigten gegenüber.

Forciert wird die Amerikanisierung der globalen Ökonomie von den transnationalen Konzernen, die zumeist von US-Kapital durchdrungen sind. Es kommt zu tiefgreifenden Veränderungen in der Unternehmenskultur. »Die alte Auffassung, wonach große Unternehmen von der Wiege bis zur Bahre für das Wohl ihrer Mitarbeiter verantwortlich seien – und nicht nur für Gehälter, sondern auch für Sporteinrichtungen, billigen Urlaub und großzügige Betriebsrenten zu sorgen hätten –, kam außer Gebrauch. Ausländische Eigentümer zeigten kein Verständnis für die deutsche Sitte, zu Weihnachten ein 13. Monatsgehalt zu zahlen«, resümiert Ralf Dahrendorf.[76] Dominant ist auch der Einfluß der Supermacht auf die Internationalen Organisationen. So waren die USA mit Rückenwind der Europäischen Union und Japans maßgebliche Initiatoren des Allgemeinen Abkommens über den Handel mit Dienstleistungen (General Agreement on Trade in Services – GATS). Es wurde 1995 in das Vertragswerk der Welthandelsorganisation (WTO) aufgenommen und steht – begleitet von kontroversen Debatten und öffentlichen Protesten – noch zur Beschlußfassung an. Diesem Abkommen zufolge sollen sich die 144 Mitgliedsstaaten entsprechend dem Prinzip der Meistbegünstigung verpflichten, ausländische Anbieter beim Handel mit Dienstleistungen inländischen

Anbietern gleichzustellen, Handelsbeschränkungen aufzuheben und somit weltweiten Wettbewerb zuzulassen. Das würde in allen Servicesektoren, Militär und Zentralbanken ausgenommen, die Entwicklung zum totalen Markt beschleunigen. Betroffen wären Post, Telekommunikation, Energie- und Wasserversorgung, Banken und Versicherungen, medizinische und soziale Dienste, Tourismus, Transport, Handel, Bauwesen und Kultur. Über 60 Prozent des weltweiten Bruttoinlandsprodukts werden in diesen Bereichen erwirtschaftet. Ihr Anteil am Welthandel beläuft sich jedoch nur auf ein Viertel. Hier sehen international agierende Konzerne ein breites Betätigungsfeld, um üppige Renditen zu erzielen. Sie drängen die WTO, die Schere zu schließen, indem sie sich für die Privatisierung genannter Sektoren in den Ländern einsetzt, in denen sie im Gemeinwohlinteresse noch öffentlich-rechtlich organisiert sind. In Deutschland wäre die im Grundgesetz gebotene öffentliche Daseinsvorsorge zur Disposition gestellt.

Vornehmlich auf Betreiben US-amerikanischer Banken geht die ab 2007 wirksam werdende Veränderung der Eigenkapital- und Kontrollanforderungen für Kreditinstitute zurück. Das vom Baseler Ausschuß für Bankenaufsicht erarbeitete neue Regelwerk – bekannt unter dem Titel »Basel II« – sieht vor, daß Banken bei der Kreditvergabe künftig stärker die Bonität ihrer Firmenkunden berücksichtigen. Nach den seit 1998 gültigen Regeln von Basel I mußte jeder Kredit mit acht Prozent Eigenkapital unterlegt werden. Das war das Risikopolster für eine mögliche Zahlungsunfähigkeit des Kunden. Ab 2007 soll der Satz je nach dessen Kreditwürdigkeit variieren. Das heißt: Für die Bank wird der Kredit an florierende Unternehmen billiger. Diese können sich über einen niedrigen Zinssatz freuen.

Schwächelnde Firmen indes müssen tiefer in die Tasche greifen, und die Banken für sie mehr Eigenkapital hinterlegen. Was die Stabilität des Finanzsystems stärken soll, geht eindeutig zu Lasten von Klein- und Mittelunternehmen, die sich in Deutschland und überwiegend in ganz Europa vorzugsweise über Fremdkapital finanzieren. Das unterscheidet sie wesentlich von der Situation vergleichbarer Unternehmen in Nordamerika, wo traditionell die Eigenkapitalquote höher und folglich die Kreditabhängigkeit geringer ist (vgl. Grafik 2). Das neue Regelwerk verschafft also den US-Firmen einen deutlichen Wettbewerbsvorteil.

Grafik 2: Bilanzstrukturen von Unternehmen 1998–2002 (KMU – kleine und mittlere Unternehmen). Verarbeitendes Gewerbe, Bauwirtschaft und Handel (Kapital in Prozent der Bilanzsumme)

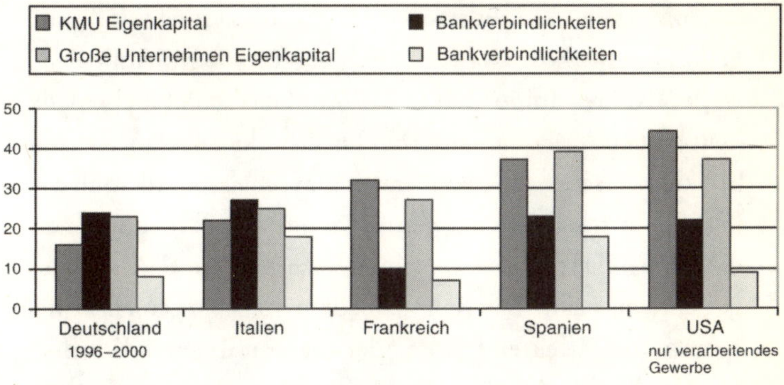

EU-Länder: Umsatz bis 40 Millionen Euro
USA: Bilanzsumme bis 25 Millionen $

Quelle: Bankenverband. Bundesverband Deutscher Banken: inter esse. Informationen- Daten- Hintergründe, Berlin, Nr. 3/2005, S. 5

In der Bundesrepublik Deutschland gilt der Export als *der* Wachstumsmotor. Damit er diese Rolle noch stärker spielen kann, fordern die Chefs der Wirtschaftsverbände, Vertreter der neoliberalen Ökonomenzunft sowie CDU/CSU und FDP Lohnkostensenkung, Arbeitszeitverlängerung und Reduzierung von Sozialstandards. So soll unter Globalisierungsbedingungen der Wirtschaftsstandort Deutschland attraktiver werden. Daß auf diese Weise die stagnierende Binnennachfrage nicht in Gang kommt, Beschäftigung sogar abstatt aufgebaut wird, ist vor allem den DAX-Unternehmen gleichgültig. Sie erzielen ihre Gewinne im Ausland und dort investieren sie auch. Unternehmen fragen nicht, ob boomende Gewinne aus dem internationalen Austausch sich sozial und ökologisch wohlstandssteigernd für die Gesellschaft als Ganzes auswirken. Der statistisch ausgewiesene »Außenbeitrag« (Export – Import) zum BIP-Zuwachs ist dafür ebenfalls kein brauchbarer Indikator. Ein Nachdenken über Alternativen zur herrschenden neoliberalen Wirtschaftspolitik muß daher die Prüfung einschließen, inwieweit die vornehmlich an einzelwirtschaftlichen Exportinteressen der Global Player ausgerichteten staatlichen Rahmenbedingungen zu gemeinwohlorientierten Effekten führen oder aber mit ihnen in Konflikt geraten. Nicht alles, was aus Unternehmenssicht an Außenhandelsgeschäften rationell ist, ist das auch aus gesamtwirtschaftlicher Perspektive.

Diese Problematik interessiert nicht nur in linken Kreisen, die bereits seit längerem den »Export als Droge« thematisieren.[77] Kritik am Globalisierungsfetischismus und an exportzentrierter Politik kommt selbst von namhaften bürgerlichen

Ökonomen. So goß z. B. der damals 89jährige US-amerikanische Nobelpreisträger Paul Samuelson im Herbst 2004 Wasser in den Wein der Globalisierungsgläubigen in WTO, Weltbank und IWF sowie in den USA und der Europäischen Union. Der bekannteste lebende Wirtschaftswissenschaftler der Welt schockte die neoliberale Gelehrtenwelt mit einer an einem Dogma rüttelnden These: Es sei Illusion anzunehmen, Globalisierung, ungehemmter Freihandel und Verlagerung von Produktionen sowie Dienstleistungen in Entwicklungs- und Schwellenländer (das sogenannte Outsourcing) brächten den Industriestaaten als den Hochlohnländern stets Vorteile. Am Beispiel der USA legte er dar, daß internationaler Handel unter bestimmten Bedingungen gesamtwirtschaftlich sogar nachteilig sein kann. So bezweifelt er, eine Verlagerung von Dienstleistungen nach Indien oder der Bezug billiger Güter aus China würde den Amerikanern Vorteile bringen, wenn zugleich die Einkommen geringer qualifizierter Arbeiter durch die ausländische Konkurrenz fallen. Bei Billigketten wie Wal-Mart Lebensmittel 20 Prozent günstiger einkaufen zu können, reiche nicht notwendigerweise aus, um die Lohnverluste auszugleichen, ist Samuelson überzeugt.[78]

Der Nobelpreisträger argumentiert, wenn China seine Produktivität in der Herstellung bestimmter technologischer Güter spürbar steigere, könnten die Vereinigten Staaten ihre traditionellen komparativen Vorteile in der Herstellung dieser Güter einbüßen. So verschlechterten sich die internationalen Tauschverhältnisse (Terms of Trade) zuungunsten Amerikas. Die Folge: Die Gewinne aus dem internationalen Handel wiegen womöglich nicht die Einkommensverluste mancher Amerikaner auf. Was Samuelson zu bedenken gibt, ist nicht nur ein Problem der USA, sondern z. B. auch der entwickelten Länder

Europas. Für die Bundesrepublik Deutschland fällt auf, daß der Index der Ausfuhrpreise zwischen 1995 und 2002 von 100 auf 105,3 anstieg, der Index der Einfuhrpreise im gleichen Zeitraum aber von 100 auf 109,3. Rechnet man die Preise für Erdöl und Mineralölerzeugnisse heraus, stieg er immerhin noch auf 108,2. Die Terms of Trade hatten sich also verschlechtert. Bemerkenswert ist auch, daß der Index der Einfuhrpreise für Güter aus Entwicklungs- und Transformationsländern rascher wuchs als für Güter aus EU-Staaten. Das hat nicht nur mit dem Preisauftrieb für Rohstoffe zu tun, sondern ebenfalls mit einem gewachsenen Anteil von Technologiegütern am Import aus den betreffenden Regionen.

Anders als manche seiner entsetzten Kritiker kann ich in Samuelsons These kein Plädoyer für Protektionismus oder Autarkie erkennen. Sie ist auch nicht als unseriöse Panikmache vor einer chinesischen oder indischen »Gefahr« zu denunzieren. Er macht vielmehr darauf aufmerksam, daß der reiche Norden unter den Bedingungen der Globalisierung die Monopolgewinne verlieren wird, die er früher aus der Herstellung von Hochtechnologie-Gütern für den Süden – ich füge hinzu, bis zum Mauerfall auch für den Osten – ziehen konnte. Solches Surplus ist angesichts von Produktivitätsschüben in Schwellen- und Transformationsländern nicht automatisch für alle Zeit erzielbar.

Wie aktuell die Voraussagen bereits sind, zeigt folgende Tatsache: China führte 2004 mehr Waren aus als der Nachbar Japan und ist hinter Deutschland und den USA zum weltweit drittgrößten Exporteur aufgestiegen. Vor einem Jahrzehnt noch war das Reich der Mitte eine recht unbedeutende Handelsnation. Auch Exportweltmeister Deutschland und Vize USA müssen mit starker Konkurrenz rechnen. In einer prestigeträchtigen Schlüsselindustrie und einer deutschen Hauptexportbranche – der Autoproduktion – will China Deutschland spätestens 2005 überflügeln.

Samuelsons These gleicht einem Aufruf, das fast 200 Jahre alte Ricardo'sche Theorem (1817) von den komparativen Kostenvorteilen[79] an den Gegebenheiten der Gegenwart zu überprüfen. Nach Ricardo bringt der freie Austausch von Gütern und Dienstleistungen über Grenzen hinweg netto allen beteiligten Ländern einen Nutzen, weil sie sich auf die Produktion der Güter spezialisieren können, bei der ihre Produktivität höher als die anderer Länder ist. Sie tauschen diese gegen Produkte, auf deren Herstellung sie verzichten, weil sie anderweitig günstiger beschafft werden können. Selbst Länder, die die gesamte Warenpalette produktiver herstellen als andere, können gewinnen, wenn sie sich auf jene Erzeugnisse spezialisieren, bei denen ihr Produktivitätsabstand gegenüber anderen am größten ist, und diese Güter gegen solche tauschen, von deren Erzeugung sie im Interesse von Skaleneffekten absehen.

Warum ist es angezeigt, unter Globalisierungsbedingungen dieses klassische Theorem zu hinterfragen, das Generationen von Ökonomen wie ein Bibelsatz vermittelt worden ist?[80] Die Antwort: Ricardo beschrieb einen historischen Ausschnitt der Weltwirtschaft, die Weltwirtschaft seiner Tage. Längst sind kardinale Veränderungen eingetreten:

Erstens: Ricardos Theorem unterstellt, daß alle Beteiligten gleichberechtigt und freiwillig am Austausch teilnehmen und nur durch fairen Handel Vorteile erzielen wollen. Nicht berücksichtigt wird das Streben mächtiger Länder wie der USA, vor allem aber transnationaler Konzerne, wirtschaftlich schwächere Länder oder zumindest deren Märkte mit ökonomischen, mitunter auch militärischen Mitteln zu erobern bzw. zu kontrollieren, um dann die dortigen Natur- und »Human«-Ressourcen plündern zu können. Das ist inzwischen aber leider Realität. Angesichts der Bedeutung von Nahrungsmittelsicherheit und der Tatsache, daß die USA in vergangenen Jahrzehnten z.B. Weizenlieferungen als Erpressungsmittel eingesetzt haben, ist für Länder bzw. Integrationsgemeinschaften ein Mindestmaß an Selbstversorgung bei Grundnahrungsmitteln angezeigt. Die Annahme, im Handel spiele Politik keine Rolle, ist längst unzutreffend. Davon zeugen politisch motivierte Embargos, Boykotts, Präferenzen und andere Maßnahmen im internationalen Handel.

Zweitens: Die Theorie geht von reibungslos funktionierenden Volkswirtschaften aus, in denen sich Preise und Löhne schnell der Marktlage anpassen und in denen es keine unfreiwillige Arbeitslosigkeit geben kann. Sie unterstellt Vollauslastung von Arbeitskräftepotentialen, Produktionskapazitäten und Geldressourcen. Diese Annahmen sind durch die kapitalistische Praxis jedoch nicht gedeckt. Ein konjunkturelles Auf und Ab gehört zum kapitalistischen Alltag. Angesichts der Massenarbeitslosigkeit, aber ebenso aus ökologischen Gründen kann es gesamtwirtschaftlich rational sein, durch entsprechende staatliche Rahmensetzung Arbeitsplätze auch in Branchen zu schaffen, in denen das Land einen komparativen Nachteil hat (z.B. Obst- und Gemüseanbau). So erhielten mehr Menschen die Möglichkeit selbstbestimmten Lebens. Die gesamtfiskalischen Kosten der Arbeitslosigkeit ließen sich senken und die Umwelt würde weniger belastet, weil die Transporte betreffender Güter aus entfernten Gebieten entfielen.

Drittens: Es gibt heute längst keine Garantie mehr, daß die Arbeitslosen der Branchen, die wegen komparativer Nachteile aufgegeben werden, in den Branchen Arbeit finden, die wegen ihres komparativen Vorteils florieren. Das war aber eine Grundannahme Ricardos. Der Strukturwandel in der Wirtschaft führte zu einem rapide sinkenden Anteil von Beschäftigten im primären Agrar- und im sekundären Industriesektor. Die hier Freigesetzten kommen nicht alle und schon gar nicht zu vergleichbaren Lohn- und Sozialstandards im tertiären Dienstleistungssektor unter, obwohl dessen Anteil an der Gesamtbeschäftigung in allen OECD-Ländern stark gestiegen ist.

Viertens: Im klassischen Theorem spielen Transportkosten keine Rolle. Mit steigenden Energiepreisen wird es nicht nur vom versorgungs- und sicherheitspolitischen, sondern auch vom ökonomischen Standpunkt aus rational, energieintensive lebenswichtige Güter mit Ressourcen des eigenen Landes oder regionaler, auch grenzüberschreitender Wirtschaftsverbünde zu produzieren.

Fünftens: Ricardo ging von der internationalen Immobilität des Kapitals bei hoher Mobilität der Güter aus. Er sprach von der Schwierigkeit, die das Kapital bei der Suche nach profitableren Investitionsmöglichkeiten hat, sich von einem Land ins andere zu bewegen. In der heutigen Welt aber kann das Kapital ungehindert über die nationalen Grenzen fließen. Arbeitskräfte dürfen oder wollen das in den meisten Fällen nicht. Der freie Fluß von Kapital hat zur Folge, daß Investitionen durch absolute Rentabilität entschieden werden, nicht durch komparativen Vorteil.

Ich fasse Samuelsons Einwurf als Warnung vor den Folgen spontanen, vom einzelwirtschaftlichen Nutzen bestimmten Herangehens an die weltweite Arbeitsteilung und den internationalen Austausch auf. Er wirbt für eine gesamtwirtschaftliche

Sicht. Die sozialen und ökologischen Konsequenzen gewinnmaximierenden unternehmerischen Handelns müssen in die Berechnung des gesamtwirtschaftlichen Nutzens des internationalen Austauschs eingehen. Dazu gehören die massenhafte Freisetzung von Arbeitskräften, Druck auf die Löhne mit negativen Effekten für die Binnenkaufkraft, Unterlaufen von sozialen Mindeststandards oder Umweltschäden durch lange Transportwege. Selbst wenn die Terms of Trade positiv sind, können sie von Kosten bzw. Verlusten auf anderen Gebieten überlagert werden. So von Aufwendungen für Arbeitslose und arbeitende Arme (Working poor), für teure öffentliche Investitionen in eine Infrastruktur, die vorrangig Außenhandelszwecken dient (Hafenanlagen, Containerbahnhöfe und -umschlagplätze, vielspurige Autobahnen und dergleichen) oder für den Umweltschutz, wenn es beispielsweise um die Beseitigung der Meeresverschmutzung durch Öltanker und Frachtschiffe geht. Die Internalisierung solcher sozialen und ökologischen Kosten, also deren Einbeziehung in eine betriebswirtschaftliche Kalkulation, würde das gesamtwirtschaftliche Dilemma offenbaren, zu dem die Senkung von Arbeits- und Umweltstandards im Zuge des globalen Wettbewerbs der Unternehmen führen kann. So wie sich das Bruttoinlandsprodukt insgesamt als Wohlstandsindikator unzureichend eignet, muß auch der statistisch ausgewiesene Außenbeitrag einer genaueren Prüfung unterzogen werden, wenn die wirtschaftliche Effektivität des internationalen Austausches beurteilt werden soll.

Man kann Samuelsons spektakuläre Wortmeldung auch als Warnung vor einer Vernachlässigung regionaler Wirtschaftskreisläufe und überhaupt des Binnenmarktes in Ländern mit hoher Bevölkerungszahl verstehen. In Deutschland z. B. mit seinen 82 Millionen Einwohnern macht der Außenbeitrag ganze fünf Prozent des BIP aus. Die Vorteile einer regionalen Wirtschaft für Beschäftigung, Ökologie und Demokratie dürfen nicht länger unterschätzt werden. Vor allem aber – das scheint mir am wichtigsten – legt der amerikanische Ökonom den Finger darauf, daß die Industrieländer nicht mehr wie in der Vergangenheit von der technologischen Rückständigkeit der Länder der Dritten Welt und des früheren Ostblocks profitieren können. Auch lassen sich Vorteile aus dem internationalen Handel künftig nicht einfach via Lohnkonkurrenz oder Arbeitszeitverlängerung ohne Lohnausgleich sichern. Die Industrieländer müssen in Schul- und Berufsausbildung, in Forschung, Entwicklung, Wissenschaft und Kultur investieren, um beim Export aus technologischem Vorsprung einen ökonomischen Vorteil zu ziehen. Gerade auf diesem Gebiet aber ist Deutschland in den vergangenen Jahren zurückgefallen. Es belegt laut jüngster Pisa-Studie unter 31 Ländern einen schlechten Mittelplatz bei Kenntnissen der Schüler in Mathematik oder beim Lesen. Mit 43 Prozent ist die Quote derer, die pro Jahrgang eine Fachhochschul- oder Hochschulreife erwerben, geringer als im Durchschnitt der zur Organisation für Zusammenarbeit und Entwicklung gehörenden Länder (51 Prozent). Die staatlichen Bildungsausgaben und die Aufwendungen der Wirtschaft für Berufsausbildung zusammengenommen, bleibt Deutschland mit einem Anteil von 5,3 Prozent am BIP unter dem OECD-Mittelwert von 5,6 Prozent. Das wird Langzeitfolgen für die technologische Entwicklung haben.

Die Orientierung auf gesamtwirtschaftliche Effekte läßt sich in Ökonomien, in denen privates Eigentum vorherrscht, nicht dekretieren. Um Einschränkung des Freihandels durch Mengenkontingente oder Zölle kann es nicht gehen. Aber ohnmächtig müssen sich nationale Regierungen und die Weltgemeinschaft dennoch nicht geben. Ob Afheldts Idee der »Aufteilung des Weltmarktes in großregionale Märkte, ... um für die unterschiedlichen Volkswirtschaften dieser Erde genau passende Regeln aufzustellen«, ein brauchbarer Weg wäre, muß weiter debattiert werden.[81] Persönlich halte ich verstärktes regionales Wirtschaften für eine der unverzichtbaren Zukunftsstrategien. Das kann im Rahmen von Landkreisen, Amtsbezirken oder Bundesländern geschehen und schließt Ländergrenzen überschreitende Kooperation ein.

Kein Ende von Politik

In einer Fernseh-Talkshow zu den bundesdeutschen Arbeitsmarkt- und Sozialreformen glaubte Thüringens Ministerpräsident Dieter Althaus mit einem »schlagenden« Argument zu punkten: Bei den Reformen die Globalisierung auszublenden wäre so, als würde man sich von der Erdanziehung lösen wollen. Dieser Vergleich wird auch von anderen gern bemüht. Originell finde ich ihn nicht, eher deplaziert, gar peinlich. Er läuft darauf hinaus, die Handlungsfähigkeit der Regierenden als von einem ausschließlich ökonomisch und extern bestimmten Vorgang zu definieren. »Wir würden ja gern eine andere Politik machen, aber die Globalisierung nötigt uns, dem Unabänderlichen ins Auge zu sehen«, so der überwiegende Tenor. Friedhelm Hengsbach, Leiter des Oswald von Nell-Breuning-Instituts, sieht darin eine neoliberale »Kampfformel«, um Druck auf Belegschaften und breite Bevölkerungsschichten auszuüben. Sie sollen auf Lohnforderungen verzichten, zu unbezahlter Mehrarbeit bereit sein und den Abbau sozialer Leistungen hinnehmen. Zugleich gelte Globalisierung nationalen Regierungen als »Alibiformel«, um eigene Handlungsdefizite gegenüber dem weltwirtschaftlichen Umfeld zu rechtfertigen.[82]

Ein Naturgesetz, wie immer wieder versucht wird zu suggerieren, ist die Globalisierung nicht. Sie ist auch kein Werk anonymer Mächte, sondern Ergebnis menschlicher Entscheidungen und folglich lenkbar. Das bedeutet gleichwohl nicht, sie als objektive Tendenz ignorieren oder sich ihr entziehen zu können. Sie muß im nationalen wie im internationalen Rahmen als politische Gestaltungsaufgabe angenommen werden. Eine Rückkehr zu abgeschlossenen Lebens- und Wirtschaftsräumen ist nicht erstrebenswert. Das steht selbst beim globalisierungskritischen Netzwerk Attac nicht zur Debatte. Dies brächte Verzicht auf Vorteile, die sich aus der Internationalisierung ergeben können. Aber Globalisierung läßt sich nicht auf einen Sachzwang reduzieren, dem die Menschheit sich hilflos ausgeliefert fühlen muß. Ihre Chancen nutzbar zu machen und gleichzeitig schärfere Spaltungen und Ausgrenzungen zu verhindern, setzt globales Handeln, Global Governance, ebenso voraus wie einzelstaatliches Engagement.

Vordringlich ist ein angemessener institutioneller Rahmen für die Finanzmärkte. Dazu gehört eine bessere Transparenz von Kapitalbewegungen, das Austrocknen von Steueroasen sowie der Kampf gegen Steuerflucht und Geldwäsche. Besonderes Gewicht kommt der Eindämmung kurzfristiger spekulativer Devisentransaktionen zu. Ein Instrument dafür hat der amerikanische Wirtschafts-Nobelpreisträger James Tobin bereits 1978 vorgeschlagen. Seine Idee: Man belege den Devisenumtausch, also den Wechsel von der einen in die andere Währung, mit einer geringfügigen Steuer, der Tobin-Tax. Das

Ergebnis wird sein, daß diejenigen, die kurzfristig und mit hohem Einsatz von der einen zur anderen Währung springen und auf kleinste Unterschiede in den Devisenkursen spekulieren, durch diese Abgabe in ihrem Eifer gebremst werden. Die Währungsspekulation wird unattraktiver. Die Transaktionskosten steigen und die Renditeerwartungen sinken. Das internationale Finanzsystem wird dadurch vor abrupten Schwankungen bewahrt und stabilisiert. Volkswirtschaftlich sinnvolle langfristige Devisentransaktionen, z.B. zur Finanzierung eines normalen Handelsgeschäftes, werden davon nicht beeinträchtigt. Außer der Stabilisierung von Finanzmärkten kann die Tobin-Tax einem weiteren Ziel dienen. Sie eignet sich zur Mobilisierung von Mitteln für die Armutsbekämpfung in Entwicklungsländern, für die Eindämmung von Aids oder für Maßnahmen gegen den drohenden Klimawandel. Bei täglichen Devisentransaktionen in Höhe von 1,5 Billionen US-Dollar rund um den Erdball ließen sich bereits mit einem relativ niedrigen Steuersatz reiche Finanzquellen erschließen. Selbst der Devisenspekulant George Soros fragt: »Warum soll es eine Mehrwertsteuer auf materielle Güter, aber keine Steuer auf Geldgeschäfte geben?«[83]

Kritiker dieses Konzepts machen geltend, daß die Erhebung der Tobin-Tax einen multilateralen Ansatz und die Bereitschaft erfordert, die Steuer zumindest auf den wichtigsten Börsenplätzen der Welt zu erheben. Sie hegen Zweifel an der Unterstützung eines solchen Vorhabens durch die US-amerikanische Regierung, ohne deren konstruktive Mitwirkung kein durchschlagender Erfolg absehbar sei. Von der Hand zu weisen sind diese Einwände nicht, nur sind sie kein Freibrief für Abwarten oder gar Kapitulation. Ein von der Bundesministerin für wirtschaftliche Zusammenarbeit und Entwicklung Heidemarie Wieczorek-Zeul in Auftrag gegebenes Gutachten[84] kommt zu dem Schluß, daß eine Tobin-Tax sinnvollerweise für eine Gruppe von Ländern eingeführt werden könnte, die zusammen eine Zeitzone ausmachen. Eine Zeitzone wird durch die EU als Ganzes unter Einbeziehung des weltweit wichtigsten Finanzplatzes London sowie des Nicht-EU-Finanzplatzes Zürich gebildet. Steuerpflichtig wären mit ihren Umsätzen alle Devisenhändler/Banken, die an den betreffenden Finanzplätzen akkreditiert sind. In Europa mit der Erhebung einer solchen Abgabe zu beginnen, war im Jahre 2002 auch eine Empfehlung der Enquete-Kommission des Deutschen Bundestages zum Thema: »Globalisierung der Weltwirtschaft – Herausforderungen und Antworten«[85]. Die ersten Länder der Euro-Zone haben ihre Bereitschaft dazu bereits bekundet. Die französische Nationalversammlung sprach sich im November 2001 für die Tobin-Tax aus. Das belgische Parlament nahm Mitte 2004 ein Gesetz zur Einführung einer solchen Steuer an.

Am 26. Dezember 2004 wurden Thailand, Sri Lanka, Indonesien und andere Teile Südasiens von einem schweren Seebeben mit anschließender verheerender Flutwelle (Tsunami) heimgesucht. Angesichts des menschlichen Leids und der unermeßlichen Zerstörungen wiederholte der französische Außenminister den Pariser Vorschlag, eine internationale Steuer auf Kapitalbewegungen zu erheben, um die Entwicklung der armen Staaten zu finanzieren.[86] Der französische Präsident Jacques Chirac nahm das Weltwirtschaftsforum Ende Januar 2005 in Davos zum Anlaß, als Ergänzung zur Globalisierung einen stärkeren Kampf gegen die Armut zu fordern. Er warb für eine globale Solidaritätsabgabe auf Finanztransaktionen und forderte Abgaben auf Flugbenzin und -tickets.

Selbst bei einem Tobin-Steuersatz von einem Promille, so Chirac, könnte das jährlich 10 Milliarden US-Dollar (acht Milliarden Euro) erbringen. Persönlich rechne ich mit der europaweiten Installation einer Devisenumsatzsteuer in den nächsten zehn bis fünfzehn Jahren. Das wäre ein Einstieg in die Re-Regulierung der internationalen Finanzmärkte.

Damit Entwicklungsländer die internationale Arbeitsteilung besser als Quelle zur Steigerung ihrer Wirtschaftsleistung nutzen können, dürfen sie nicht einem von Industriestaaten erzwungenen Tempo der Liberalisierung ihres Handels und Finanzwesens unterworfen werden. Sie brauchen Spielräume und mehr Chancen z. B. im Export von Textilien und Agrarprodukten. Ein Fortschritt wäre auch die Einbindung privater Finanzakteure (Großbanken, Versicherungsgesellschaften, Pensions- und Investmentfonds) in die Vorbeugung und Bewältigung von Finanzkrisen. Wenn diese sich an den Kosten beteiligen müßten, die ihre Anlagestrategien verursachen, würde das die Bereitschaft zu sehr riskantem Verhalten bremsen.

Global Governance umfaßt Anstrengungen zur Stabilisierung der Weltwirtschaft. Beitragen kann dazu eine Verpflichtung der internationalen Handels- und Finanzinstitutionen (Welthandelsorganisation, Weltbank, Internationaler Währungsfonds), universell gültige Menschenrechte sowie soziale und ökologische Mindestnormen in ihren Regelwerken zu verankern. Das meint vordringlich Verbot von Kinder- und Zwangsarbeit, Gleichbehandlung von Frauen, Anerkennung der Rolle von Gewerkschaften, Internationalisierung des Wettbewerbsrechts, um die Vermachtung wichtiger Weltmärkte zu verhindern, und Forcierung der Entschuldung der ärmsten Länder. Notwendig ist dafür eine grundlegende Revision der Leitungs- und Aufsichtsstrukturen in den Lenkungsinstitutionen der Weltwirtschaft. Trotz des Widerstandes der US-Administration, die ihr faktisches Veto-Recht beim IWF nicht aufgeben will, und der Weigerung anderer Industriestaaten, zugunsten von Entwicklungsländern auf Stimmrechte zu verzichten, darf von dieser Forderung nicht abgelassen werden.

Auch Integrationsgemeinschaften wie die EU können gedrängt werden, in der Zügelung des weltweit agierenden Kapitals eine ihrer Hauptaufgaben zu sehen. Eine illusionäre, unrealistische Vorstellung ist das nicht. Man braucht sich nur in Erinnerung zu rufen, daß aufgrund massenhafter Proteste und einer aufklärenden Öffentlichkeitsarbeit z. B. das Global-Player-freundliche Multilaterale Investitionsabkommen (MAI) gestoppt werden konnte. Auch das Allgemeine Abkommen über den Handel mit Dienstleistungen (GATS), mit dem Bereiche öffentlicher Daseinsvorsorge für den ruinösen weltweiten Wettbewerb geöffnet werden sollen, stößt in vielen Ländern auf entschiedene Ablehnung breiter Bevölkerungskreise und politischer Kräfte. In der EU gilt nach jahrelangem Tauziehen eine Zinssteuervereinbarung, die 12 Mitgliedsstaaten zu Kontrollmitteilungen und einem grenzüberschreitenden Datenaustausch über Zinserträge veranlaßt. Dies soll das Aufspüren und die Besteuerung von Fluchtgeldern erleichtern.

Folgende weitere Maßnahmen könnten dazu beitragen, die Marktradikalität auf dem Kontinent einzuschränken und politisches Handeln in gesamtgesellschaftlichem Interesse zu stärken:

- Verhinderung von Steuer- und Sozialdumping durch europäisch abgestimmte Steuer- und Sozialpolitik, insbesondere Vereinbarung von Mindestlöhnen, Mindestsozialstandards und Mindeststeuern für Kapitalgesellschaften;

- Initiierung eines neuen europäischen Arbeitszeitstandards mit Schutz vor überlangen Arbeitszeiten durch Absenkung der wöchentlichen Höchstarbeitszeit in der EU-Arbeitszeitrichtlinie von 48 auf 40 Stunden und schrittweise Reduzierung der tariflichen Wochenarbeitszeit;
- Entwicklung einer internationalen und europäischen Kontrolle der Kapitalkonzentration via Fusionen und Übernahmen bei Stärkung gewerkschaftlicher Rechte.

Auch auf einzelstaatlicher Ebene müssen Globalisierungskonsequenzen beherrschbar gemacht, besser noch prophylaktisch in »gute« Bahnen gelenkt werden. Besonderen Schutz durch den Staat verdienen öffentliche Güter: Wasser-, Abwasser- und Energieversorgung sowie Müllentsorgung als Teile der Infrastruktur, aber auch Umwelt, persönliche Sicherheit und Kultur, zu denen alle Bürger gleichberechtigten und erschwinglichen Zugang haben müssen. Bei der geplanten europaweiten Ausschreibung des öffentlichen Personennahverkehrs und anderer zur Daseinsvorsorge gehörenden Dienstleistungen gilt es, Lohn- und Sozialdumping zu verhindern. Vor Liberalisierung zu schützen sind bisher nach dem Solidarprinzip gesicherte öffentliche Güter wie Bildung und Gesundheit. Nur so läßt sich die Teilhabe aller daran unabhängig von den Einkommensverhältnissen gewährleisten.

Das »Argument«, nationale Wirtschaftspolitik könne sich faktisch nur noch auf Weltmarktanpassung beschränken und beschäftigungspolitisches Engagement sei lediglich in vorgegebenen Bahnen möglich, läßt sich entkräften. Ein Vergleich zwischen Frankreich und Deutschland in den Jahren 1997/98 bis 2001, also in der ersten Zeit der Amtsperiode der Regierungen Jospin und Schröder, zeigt, daß sehr wohl Spielräume für nationale Beschäftigungspolitik bestehen. So erzielte die auf Belebung der binnenwirtschaftlichen Nachfrage gerichtete Politik Frankreichs deutlich bessere Ergebnisse als die einseitige Exportorientierung Deutschlands. Im Nachbarland wuchs das BIP in der genannten Zeitspanne um 12,6 Prozent gegenüber 7,7 Prozent hierzulande[87], und der jährliche Beschäftigungszuwachs (einschließlich Teilzeitarbeit) betrug im Mehrjahresdurchschnitt (1997/98 bis 2000) in Frankreich 1,42 Prozent und in Deutschland 1,16 Prozent.[88] Wesentlichen Anteil an dem französischen Trend hatte die 1998 ohne Lohneinbußen eingeführte 35-Stundenwoche. Dies hatte nach Angaben der früheren Arbeitsministerin Martine Aubry zur Schaffung von 300000 bis 400000 Arbeitsplätzen geführt. Die meisten Franzosen halten das noch immer für eine kostbare Errungenschaft. Umfragen im Februar 2005 zufolge wollen 77 Prozent der abhängig Beschäftigten an ihrer Wochenarbeitszeit von derzeit 35,6 Stunden (inklusive Überstunden) nichts ändern. Das steht ganz im Gegenteil zu Bestrebungen der jetzigen Chirac-Regierung, die damalige Arbeitszeitregelung zu lockern.[89] Ein inzwischen revidiertes Arbeitszeitgesetz schafft zwar die 35-Stundenwoche nicht ab, sieht aber eine Verlängerungsmöglichkeit bis auf 48 Stunden bei entsprechend höherer Bezahlung vor. Wahlweise kann auch das jährliche Kontingent an Überstunden von bisher 180 auf 220 erhöht werden.

Eine gravierende Globalisierungsfolge für hoch industrialisierte Staaten wie Deutschland ist, daß schlecht ausgebildete und gering qualifizierte Arbeitskräfte durch Zuwanderung billiger ausländischer Arbeitskräfte sowie die Einfuhr von Gütern und Diensten aus sogenannten Niedriglohnländern unter Konkurrenzdruck geraten. Wichtiger denn je ist daher für junge Leute eine solide Ausbildung. Bildung ermöglicht gesellschaftliche Teilhabe, Bildungsdefizite vergrößern die Gefahr von Ausgrenzung. Für geringer Qualifizierte muß ein gesetzlicher Anspruch auf Weiterbildung kodifiziert werden.

Zusammenzudenken gilt es stets Globalisierung und Regionalisierung. Im globalen Wettbewerb steigt die Sehnsucht der Menschen nach Heimat im engeren Sinne. Das gebietet, die lokalen und regionalen Chancen für Wirtschaft, Arbeit und Ernährung bestmöglich zu nutzen. Die Konsumwelt scheint einfach geworden zu sein. »Geiz ist geil«, lautet die Werbebotschaft. Wer nicht billig kauft, wird belächelt und gilt als vorgestrig. Ein Markt aber, in dem der Preis das alleinige Argument ist, wird mittelfristig nur noch von großen Ketten und global operierenden Konzernen dominiert. Kleine und mittlere Unternehmen müssen über kurz oder lang aufgeben, weil sie dem Preisdruck nicht dauerhaft standhalten können. Dadurch gehen Arbeitsplätze und Wertschöpfung verloren. Global Player saugen Kaufkraft auf und schöpfen Gewinne ab, ohne diese in der Region zu reinvestieren. Qualifizierte Arbeitsplätze werden nur in geringem Maße geschaffen. Kommunen erhalten weniger Steuereinnahmen und können selber immer weniger investieren. Die Einkaufslandschaft wird mit jeder Laden- oder Geschäftsschließung monotoner, die Marktmacht der Konzerne größer. Das ist eine fatale Kette.

Wenn Verbraucher ihr Geld nicht in globalen Billigmärkten oder Konzernfilialen ausgeben, sondern bei Händlern der Region, bleibt es den dortigen ökonomischen Kreisläufen erhalten. Die Produzenten und Händler investieren, schaffen Arbeitsplätze, und es entsteht neue Kaufkraft. Diese Idee aber muß erst einmal im Bewußtsein der Bevölkerung wurzeln, und es sind erfolgreiche Beispiele wichtig, die zur Nachahmung reizen. Ein Modellprojekt ist im Landkreis Neumarkt in der

Oberpfalz in Vorbereitung. Organisiert wird der Zusammenschluß vieler Produzenten, Verarbeiter, Händler und Dienstleister. Sie schmieden eine regionale Allianz und erzeugen ein WIR-Gefühl. Das kann in einer Genossenschaft geschehen. Jeder Teilnehmer bleibt geschäftlich selbständig. Doch bekommt er mit anderen zusammen eine Plattform, auf der Vorteile des regionalen Wirtschaftens praktiziert und popularisiert werden. Dadurch entstehen Chancen für neue Netzwerke. Auch als Kunde kann man also mit dem eigenen Kaufverhalten soziale Verantwortung wahrnehmen. Damit schließt sich der Kreis zu der eingangs zitierten Botschaft von Samuelson.

Fazit

Nach dem Ende der Systemkonfrontation ist die Welt nicht sicherer geworden: Nicht vor Kriegen, Terror und Klimakatastrophen, auch nicht vor Finanzkrisen, Massenelend und Korruption. Neben die altbekannte Klassifizierung kapitaldominierter Gesellschaften – US-amerikanischer Hire- und Fire- oder Turbokapitalismus, britischer Aktionärskapitalismus, italienischer Familienkapitalismus, dänischer Volksheim-Kapitalismus, schwedischer Wohlfahrtsstaat oder deutscher Mitbestimmungs- bzw. »rheinischer« Kapitalismus – sind nach der marktwirtschaftlichen Transformation früherer sozialistischer Länder weitere Differenzierungen getreten: der periphere Kapitalismus in den mittel-osteuropäischen Ländern und der Funktionärskapitalismus in Rußland. Sie sind gewissermaßen »nachholende« Formen einer profitmaximierenden Wirtschaftsordnung mit hoher sozialer Brutalität gegenüber eigentumslosen Menschen, insbesondere abhängig Beschäftigten,

Rentnern, Kranken und Arbeitslosen. In den Nationalstaaten westlicher Prägung schreitet eine Anpassung an das angloamerikanische Kapitalismusmodell mit einer weitgehenden Relativierung sozialer Absicherungen voran. Damit einher geht die zunehmende Delegitimierung des politischen Systems, das vor allem auf sozialer Einbindung des Kapitals beruhte.

Der Begriff »moderner Kapitalismus« taugt nicht als verallgemeinernde Beschreibung des Resultats, das aus dem Ende der bipolaren Weltordnung hervorgegangen ist. Die verschiedenen Kapitalismen werden in der globalisierten Wirtschaft miteinander in Wettstreit treten. Gemeinsam ist ihnen die Verdrängung der Volks- durch die Geldherrschaft. Es bleibt zu hoffen, daß immer mehr Menschen in den »alten« und den »neuen« kapitalistischen Ländern die gegenwärtige Entwicklung nicht als das Ende der Geschichte hinnehmen.

Vom »rheinischen« zum reinen Kapitalismus

»Was jetzt geschieht, ist Erzkapitalismus, und dafür bin ich am 4. November '89 nicht auf den Alex gegangen.« Diese zornigen Worte hörte ich im Jahre 15 nach der Massendemonstration im Herzen Berlins einen Teilnehmer an der Mai-Kundgebung sagen. Als Einzelmeinung läßt sich das nicht abtun. Demoskopische Umfragen, aber auch das Wahlverhalten machen deutlich, wie verbreitet diese Ansicht in Ostdeutschland ist. Mit dem Kollaps des Realsozialismus auf deutschem Boden veränderte sich unaufhaltsam auch die Verfaßtheit der alten Bundesrepublik. Gedanken daran, daß es zu einer derartigen Wende kommen könnte, wurden 1989/90 von den meisten in Ost und West verdrängt.

Ende der 40er Jahre war die *soziale* Marktwirtschaft als Abrechnung mit der nationalsozialistischen Zwangswirtschaft und gleichzeitig als Gegenpol zur Zentralverwaltungswirtschaft sowjetischen Typs kreiert worden.[90] Sie wurde zum Synonym des altbundesdeutschen, auch »rheinisch« genannten Kapitalismus. Über die Grenzen der BRD hinaus erwarb die Sozialbindung der Marktwirtschaft sich im Urteil breiter Bevölkerungsschichten mehrere Dekaden lang einen Bonus. Doch welch seltsame Fügung! In Konfrontation mit sowjetischer Politik geboren, war auch das Siechtum der sozialen Marktwirtschaft unaufhaltsam, als die Kreml-Führung für ein paar Milliarden D-Mark ihr Nachkriegsfaustpfand DDR preisgab, bedingungslos die deutsch-deutsche Vereinigung hinnahm und dem Zerfall des eigenen Imperiums sowie der Auflösung des Ostblocks zusah. Der Sozial- oder Wohlfahrtsstaat, einst eine zivilisatorische Errungenschaft, gilt inzwischen als Kostenfaktor und wird als Wachstumsbremse diskreditiert. Alles soll sich rechnen.

Im Mittelpunkt dieses Kapitels steht die Frage, wie das einst gezähmte Kapital seine Zügel abwirft und der Sozialstaat praktisch zur Abwicklung freigegeben wird. Auseinandersetzen will ich mich allgemeinverständlich mit verbreiteten Denkfehlern, Mythen und Legenden und so zu der vom Nestor der europäischen Sozialwissenschaften Pierre Bourdieu geforderten »ökonomischen Alphabetisierung der Massen« beitragen.

Sozialstaat – Verfassungsauftrag und Realität

»Die Bundesrepublik Deutschland ist ein demokratischer und sozialer Bundesstaat.« So steht es in Artikel 20, Absatz 1 des Grundgesetzes. Er gehört zu dessen Kernbestand und nicht zum verzichtbaren Beiwerk. Auch eine üblicherweise verfassungsändernde Zweidrittelmehrheit in Bundestag und Bundesrat kann ihn dank der »Ewigkeitsgarantie« in Artikel 79, Absatz 3 nicht außer Kraft setzen.

Eigenständiger politischer Wert

Das gesellschaftliche Bewußtsein über den Zusammenhang von sozialer Gerechtigkeit, Demokratie, Freiheit und Frieden war in der Nachkriegsentwicklung grundlegend für einen politischen Neuanfang. Die Weimarer Republik hatte gelehrt, daß mit einer blinden Unterwerfung der Gesellschaft unter die Gesetze des Marktes kein stabiles demokratisches Gemeinwesen aufgebaut werden kann. Um die Lehren der Geschichte zu sichern, haben die Verfassungsgeber in Artikel 20, Absatz 4 Vorsorge getroffen: »Gegen jeden, der es unternimmt, diese Ordnung zu beseitigen, haben alle Deutschen das Recht zum Widerstand.« Verläßliche soziale Sicherungssysteme, Hilfe für die Schwachen, Tarifautonomie und Mitbestimmung geben dem einzelnen die politische Gewähr, sich nicht allen Zumutungen seitens der Wirtschaft unterwerfen zu müssen und selbst aktiv an der Gestaltung der Gesellschaft teilnehmen zu können. Sie sind daher zugleich wesentliche Elemente einer freiheitlichen demokratischen Gesellschaft. Mit einer ausgleichend wirkenden Steuerpolitik soll der Sozialstaat dafür sorgen, daß ökonomische Wertschöpfung in gesellschaftliche Wohlfahrt transformiert wird. Auch ist er verpflichtet, im Bereich der Daseinsvorsorge Leistungen zu Gunsten des einzelnen zu erbringen.

Im Ost-West-Konflikt war der bundesdeutsche Sozialstaat Teil der Legitimationsgrundlage des Kapitalismus. Der langjährige Arbeits- und Sozialminister der Kohl-Regierung, Christdemokrat Norbert Blüm, bekennt freimütig: »Wir mußten beweisen, daß wir sozialer sind als der Sozialismus.«[91] Hilfreich waren dabei jahrzehntelang günstige Bedingungen: Stetiger Zuwachs des Bruttosozialprodukts, Zunahme der arbeitsfähigen Bevölkerung, anhaltende Nachfrage auf den In- und Auslandsmärkten, preiswertes Öl, billige Atomkraft und Verzicht auf Beteiligung an Präventivkriegen. Zu einem beträchtlichen Teil darauf gründeten soziale Verheißung und Wirklichkeit des Wirtschaftswunders, keineswegs einzig – wie gemeinhin suggeriert – auf ureigene Werte und Potenzen des Kapitalismus. Jetzt, da die Umstände sich kardinal geändert haben, muß der »Sieger« im Systemwettbewerb den Offenbarungseid leisten und die, die ihm 1990 zujubelten, sehen sich enttäuscht. Kurz vor dem 15. Jahrestag des Mauerfalls drückte »Der Spiegel« das so aus: »Die Ostbürger müssen erkennen, daß sie mit ihrer Revolution nicht nur den eigenen Staat abgeschafft haben, sondern auch die alte Bundesrepublik. Denn die war nicht zuletzt ein Reflex auf die DDR … Der Sozialstaat wurde unter anderem deshalb so üppig ausgebaut, damit auch die Westdeutschen sich gut versorgt fühlen durften. Dieser Druck ist weggefallen.«[92] Als Umkehrschluß füge ich hinzu: Die Westbürger müssen erkennen, daß ohne äußeres Gegengewicht und bei schwächelnden Gewerkschaften als möglichem inneren Korrektiv das Kapital wieder zügellos wird und die individuelle Freiheit auf die Freiheit am Markt schrumpft.

In Deutschland hat der Sozialstaat ältere und mächtigere Wurzeln als die Demokratie. Den Grundstein hatte Ende des 19. Jahrhunderts Otto von Bismarck mit der Renten-, Kranken- und Unfallversicherung gelegt. Damals waren allerdings nur zehn Prozent der Beschäftigten in die Rentenversicherung einbezogen. Für ihre Beiträge erhielten sie allenfalls ein Zubrot. Das Lebensnotwendige konnte damit nicht abgedeckt werden. 1927 kam die Arbeitslosenversicherung als weiterer Baustein im Sozialstaat hinzu und 1995 schließlich die Pflegeversicherung. Mit Ausnahme der Unfallversicherung – für sie kommt allein der Unternehmer auf – und der Pflegeversicherung, an der dieser nicht beteiligt ist, wurden die Beiträge für die anderen drei Säulen der Sozialversicherung paritätisch, das heißt hälftig vom Unternehmen und hälftig vom Beschäftigten bezahlt. Sie waren und sind bis heute lohnzentriert und stiegen zwischen 1970 und 2004 von 26,5 auf 41,9 Prozent. Im Jahre 2005 belaufen sie sich auf 41,3 Prozent (vgl. Grafik 3). Diese Lasten drücken. Für die Unternehmen schlagen die Beiträge als Lohnnebenkosten zu Buche, für die abhängig Beschäftigten bilden sie wie Steuern einen Abzug vom Bruttolohn.

Grafik 3: Beitragssätze zur Sozialversicherung (in Prozent des beitragspflichtigen Bruttoarbeitsentgelts)

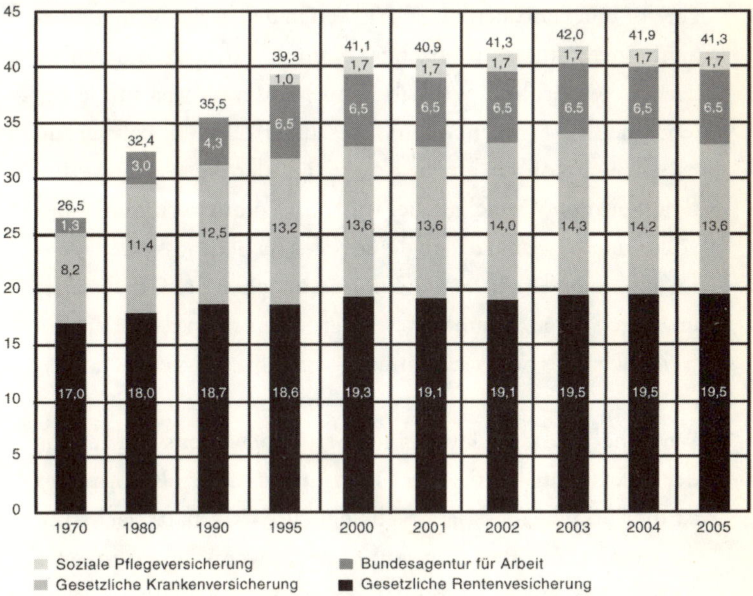

Quelle: Jahreswirtschaftsbericht 2005

Tatsächlich ist das Finanzvolumen des Sozialstaates im Laufe der Zeit stetig angewachsen. Flossen vor 40 Jahren zehn Prozent der Wirtschaftsleistung durch die Kassen der Sozialversicherung, so sind es gegenwärtig 18 Prozent oder 400 Milliarden Euro jährlich.[93] Die Summe ist zweifellos gigantisch und daher Zielscheibe der Sozialstaatskritik.

Aufgekündigte Parität

De jure ist der Sozialstaat fest verankert. De facto aber sieht es zunehmend anders aus. Der Staat sei der Verpflichtung zur Förderung sozialer Gerechtigkeit sowie zum Schutz der Bürger vor den zentralen Lebensrisiken in den vergangenen Jahrzehnten so umfassend nachgekommen, daß er nun daran zu zerbrechen drohe. »Wir haben über unsere Verhältnisse gelebt«, heißt es lapidar und undifferenziert. Die Globalisierung habe einen Konkurrenzdruck erzeugt, der die Wettbewerbsfähigkeit der Wirtschaft bedroht, und die Alterung der Bevölkerung führe dazu, daß die sozialen Sicherungssysteme unfinanzierbar werden, ja die Zukunftsfähigkeit der Gesellschaft in Frage stellen. Schmerzliche Reformen seien daher unausweichlich. Der Sozialstaat müsse »umgebaut« werden. So lautet die gängige Formel bei den Exponenten von Politik und Wirtschaft. In das gleiche Horn stoßen Wissenschaftler aus der Mainstream-Gilde. Der Hintergrund für den Reformeifer ist die Tatsache, daß bei bescheidenem Wirtschaftswachstum die Profite und Renditen nur steigen, wenn die Lohn- und Gehaltseinkommen einschließlich der Sozialleistungen weiter gesenkt werden. Auf dem Wege ist die rot-grüne Regierung unter Beifall von Union und FDP kräftig vorangeschritten. Besonders in Hartz IV sieht Gabriele Gillen »die Wende vom Sozialstaat zum Almosenstaat«.[94]

Auf die Herausforderungen in den Sozialversicherungssystemen reagiert die Politik einzig mit einer schrittweisen Aufkündigung des über mehr als ein Jahrhundert entwickelten Bismarckschen Modells der solidarisch-paritätischen Finanzierung. Danach sollten die Gesunden für die Kranken, die Jungen für die Alten, die Besserverdienenden für die Einkommensschwächeren, die im Arbeitsleben Stehenden für die bereits Ausgeschiedenen aufkommen. Und die Kosten hatten – wie gesagt – zu gleichen Teilen die Beschäftigten als »Arbeitnehmer« und die Unternehmen als »Arbeitgeber« zu tragen. Bei den Beiträgen letzterer handelt es sich dem Grunde nach um Lohnanteile, die den Beschäftigten vorenthalten werden. Eine Absenkung der Unternehmensbeiträge müßte daher gerechterweise zu einer entsprechend höheren Lohnauszahlung an die Betriebsangehörigen führen, damit diese die Mittel ihrerseits in die Sozialkassen einzahlen oder in eigener Verantwortung und Entscheidung für ihre Versicherung einsetzen könnten. Genau das aber geschieht nicht. Die Versicherten werden stärker be- und die Unternehmen entlastet.

Eine grundlegende Abkehr vom System der umlagefinanzierten Sozialversicherung hat die rot-grüne Bundesregierung mit dem Einstieg in die Privatisierung der Rente über die teilweise Einführung des Kapitaldeckungsverfahrens eingeleitet. Begründet wurde dies damit, daß die paritätisch finanzierte gesetzliche Altersvorsorge wegen der demografischen Entwicklung eine Lebensstandard-sichernde Funktion nicht dauerhaft erfüllen könne. Diese Behauptung steht unbewiesen im Raum, weil sie politisch beeinflußbare Faktoren schlichtweg ausblendet. Ich komme darauf an anderer Stelle zurück. Tatsächlich aber führt die »Riester-Rente« – benannt nach dem bei ihrer Etablierung amtierenden Bundesminister für Arbeit und Soziales – erstens zu einer Absenkung des Versorgungsniveaus der gesetzlichen Rente gegenüber dem früheren System. Zweitens macht sie das Erreichen der angestrebten Rentenhöhe von der Kursentwicklung internationaler Finanzmärkte abhängig. Dieses Modell gleicht einer Profitscheffellizenz für private Versicherungsunternehmen, macht aber die Rente keineswegs verläßlich.

Den Wirtschaftsverbänden, die täglich über zu hohe Lohnnebenkosten klagen und den Standort Deutschland in Gefahr sehen, geht das alles noch nicht weit genug. Für Arbeitgeberpräsident Hundt ist eine Rentenkürzung kein Tabu mehr. Er schlägt vor, die sogenannte Sicherungsklausel zu streichen, die Abstriche am Niveau der Altersbezüge gesetzlich verbietet. Alternativ müsse überlegt werden, den von der Rentenversicherung gezahlten Beitrag zur Krankenversicherung der Ruheständler zu senken.[95] Ihn kümmert weder, daß Einzahlungen in die Rentenkasse Eigentumsansprüche begründen, noch fordert er von Regierung, Kreditinstituten und Unternehmen eine konzertierte Aktion zum Erschließen anderer Maßnahmen der Aufwandsreduzierung als nur Lohn- und Lohnzusatzkostensenkung.

Ähnlich wie bei der Renten- wird in der Gesundheitspolitik verfahren. Laut dem »Gesundheitsmodernisierungsgesetz« der rot-grünen Bundesregierung werden die Versicherten ab 1. Juli 2005 für Zahnersatz allein herangezogen und zwar mit einem Sonderbeitrag von 0,9 Prozent. Sie haben den bisherigen Anteil der Unternehmen von 0,45 Prozent mitzutragen. Vom Jahr 2007 an soll auch das Krankengeld aus der gesetzlichen Krankenversicherung ausgegliedert werden. Beides zusammen erspart den Betrieben 4,5 Milliarden Euro Lohnzusatzkosten. »Ich hoffe, das wird dort auch bemerkt und zu Einstellungen führen«, so die heuchlerische Erwartung von Bundeskanzler Schröder.[96] Daß seine Annahme sich als ebenso trügerisch erweisen würde, wie vieles andere vordem, darauf konnte man Wetten abschließen. Die Versicherten jedenfalls haben im Ergebnis genannter Maßnahmen eine Beitragssatzerhöhung von einem Prozent zu schultern. Hinzu kommen die Praxisgebühr sowie erhöhte Zuzahlungen für verschreibungspflichtige Medikamente, für Kuren und Krankenhausaufenthalte. Berücksichtigt man die Kosten, die den Versicherten durch die Gesundheitsreform aufgebürdet worden sind, dann beteiligen sich die Unternehmen heute nur noch mit einem Anteil von 38 statt 50 Prozent.

Mit den Hartz-Reformen wurde die Arbeitslosenversicherung ihres Charakters beraubt. Unabhängig davon, wie lange jemand eingezahlt hat, fällt er lebensaltersabhängig nach 12- bzw. 18monatiger Arbeitslosigkeit in das auf Sozialhilfeniveau zurückgeschnittene Arbeitslosengeld II und damit in die Armut. Diese Leistungskürzung kommt für langjährig Versicherte einer Enteignung gleich. Sie soll Spielraum für eine Senkung der Unternehmensbeiträge schaffen. Mit der Möglichkeit für Arbeitslose, sich per Gründung einer sogenannten Ich-AG selbständig zu machen, wird ein Anreiz geschaffen, das System der Arbeitslosenversicherung zu verlassen.

»Überarbeit« der einen – »Müßiggang« der anderen

Einem Irrglauben gleicht die nicht wenig verbreitete Annahme, Arbeitslosigkeit in Deutschland als Massenerscheinung sei eine Folge des Beitritts der »maroden« DDR zur Bundesrepublik. In Wahrheit war sie im Westen bereits seit Anfang der 70er Jahre treppenförmig angestiegen (vgl. Grafik 4). Mit jedem konjunkturellen Abschwung nahm die Zahl der registrierten

Erwerbslosen zu, zwischen 1973 und 1982 von knapp 300 000 auf 2,2 Millionen. Nach leichtem Rückgang auf zwei Millionen 1989 und 1,88 Millionen 1990 schnellte die gesamtdeutsche Arbeitslosigkeit 1992 auf rund drei und bis 1997 auf 4,4 Millionen Personen empor. Sie sank anschließend auf etwas unter vier Millionen und bewegt sich seit 2003 wieder auf dem vorherigen hohen Niveau, wenn Änderungen in der Definition ausgeschaltet werden. Zählt man die in der Statistik nicht mehr erfaßten Teilnehmer von Trainingsmaßnahmen hinzu, erreichte die Arbeitslosigkeit 2004 den höchsten Stand seit der Vereinigung. Im Januar 2005 überschritt sie erstmals in der Geschichte der Bundesrepublik die magische Marke von fünf Millionen. Dies war die unrühmliche Spitze seit 1933. Anders als mit der »industriellen Reservearmee« des 19. Jahrhunderts gelang es in den jüngeren Aufschwungphasen nie mehr, die vorher Freigesetzten wieder in den Arbeitsprozeß zu integrieren.

Grafik 4: Registrierte Arbeitslose in Deutschland 1970–2004 (in Millionen)

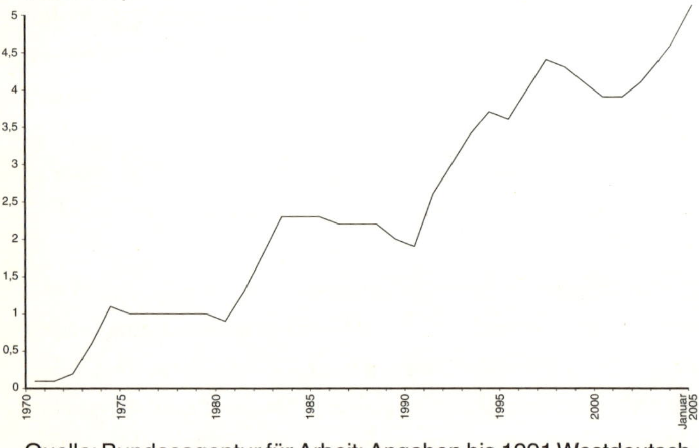

Quelle: Bundesagentur für Arbeit; Angaben bis 1991 Westdeutschland, ab 1992 Gesamtdeutschland

Die tatsächliche Zahl der Arbeitslosen ist weitaus höher als die registrierte. Sie umfaßt neben der offenen auch die verdeckte Arbeitslosigkeit (Teilnehmer an Arbeitsbeschaffungs- und Strukturanpassungsmaßnahmen sowie an beruflicher Weiterbildung, Personen im vorzeitigen Ruhestand, Arbeitslosenäquivalent der Kurzarbeiter) und die Stille Reserve (nicht arbeitslos gemeldete Personen, die aber eine Arbeit aufnehmen würden). Zusammengenommen ergab sich 2004 im Bundesgebiet eine Beschäftigungslücke von 7,9 Millionen gegenüber 5,4 Millionen im Jahre 1991. Auf das Erwerbspersonenpotential von 45,3 Millionen bezogen, betrug die Arbeitslosenquote real demnach mehr als 17 Prozent gegenüber der für 2004 offiziell ausgewiesenen Jahresdurchschnittsrate von 10,5 Prozent. Auf neun Millionen Unterbeschäftigte und eine entsprechende Unterbeschäftigungsquote von 20 Prozent kommt Ulrich Blum, Präsident des Instituts für Wirtschaftsforschung Halle. Er bezieht – nicht unlogisch – auch diejenigen in die Zählweise ein, die ohne unternehmensbezogene Subventionen beispielsweise in Ich-AGs oder der Kohleförderung erwerbslos wären.[97]

Gesamtwirtschaftlich bedeutet eine anhaltend hohe Arbeitslosigkeit, daß die Begabungsreserven in der Gesellschaft und damit auch Wachstumsmöglichkeiten zur Verbesserung des allgemeinen Lebensstandards nicht ausgeschöpft werden. Sofern es nicht gelingt, jenen Personen, die in einer Abschwungphase ihren Arbeitsplatz verlieren, in der darauf folgenden Aufschwungphase neue Beschäftigungsmöglichkeiten zu eröffnen, führt dies dazu, daß sich die konjunkturelle Arbeitslosigkeit zunehmend verhärtet und schließlich in eine strukturelle übergeht. Deren Bekämpfung fällt um so schwerer, je länger sie andauert, zumal die Qualifikation der aus dem

Arbeitsprozeß Gedrängten sich im Zeitablauf entwertet. Zu den gesamtwirtschaftlichen Folgen hoher Arbeitslosigkeit gehören ebenfalls fiskalische Belastungen in Form von Lohnersatzleistungen sowie Sozialhilfe und Wohngeld einerseits und Mindereinnahmen bei Steuern und Sozialbeiträgen andererseits. Laut Berechnung des Nürnberger Instituts für Arbeitsmarktforschung betrugen die gesamtfiskalischen Kosten der Arbeitslosigkeit im Zeitraum 1997 bis 2003 jährlich zwischen 70 und 85 Milliarden Euro (vgl. Tabelle 8). Für die betroffenen Personen und ihre Familien führt das Ausgeschlossensein aus dem Erwerbsleben zu erheblichen finanziellen Einbußen, zu Verlust an gesellschaftlicher Teilhabe, Auflösung sozialer Bindungen und Demütigung. Das trifft mit besonderer Härte die Langzeitarbeitslosen. Deren Anteil an den Erwerbslosen belief sich 2004 in Ostdeutschland bereits auf 43,6 und in Westdeutschland auf 35,3 Prozent.[98] Der britische Ökonom und Sozialpolitiker William Beveridge, der sich in der ersten Hälfte des vergangenen Jahrhunderts mit Studien zur Arbeitslosigkeit einen Namen machte, sah neben den materiellen Einschränkungen »zwei weitaus größere Übel: 1. Arbeitslosigkeit erzeugt in den Menschen das Gefühl, nicht gebraucht, nicht gewollt und ohne Vaterland zu sein; 2. Arbeitslosigkeit läßt die Menschen in Furcht leben und aus Furcht entspringt Hass.«[99]

Tabelle 8: Gesamtfiskalische Kosten der Arbeitslosigkeit 2003 (Kostenanteile in Mrd. Euro)

Arbeitslosengeld/-hilfe	40,1
Sozialhilfe/Wohngeld	4,0
Mindereinnahmen Steuern	15,9
Mindereinnahmen Sozialbeiträge	22,7
Gesamt	82,7

Quelle: Institut für Arbeitsmarktforschung (IAB)

Ein beträchtlicher Teil der Erwerbspersonen, seit Anfang des neuen Jahrtausends nahezu ein Fünftel, ist in Deutschland »zum Müßiggang gezwungen«, um ein Marx'sches Sprachbild aufzugreifen. Die Statistik weist aus, daß es sich dabei nicht etwa überwiegend um Ungelernte bzw. Personen mit geringer Qualifikation oder Ältere handelt. Im Gegenteil! Zwei Drittel der registrierten Arbeitslosen verfügen über eine abgeschlossene Ausbildung. Darunter besitzen 10 Prozent einen Fachschul-, Fachhochschul- oder Universitätsabschluß. Die Hälfte der zwangsweise zum »Müßiggang« Verdammten ist zwischen 30 und 50 Jahre, also in einem Alter, das zu den potentiell leistungsfähigsten Lebensabschnitten gehört. Ein Drittel der Erwerbslosen ist länger als zwölf Monate ohne Beschäftigung und damit langzeitarbeitslos. Von den 55- bis 64jährigen ist nur noch ein gutes Drittel erwerbstätig. Das ist im Ländervergleich der OECD nach Frankreich und Italien der niedrigste Wert (vgl. Grafik 5, S. 138). Unter den Erwerbstätigen gibt es besonders wenig über 60jährige. In dieser Altersgruppe sind viele – vor allem Frauen – bereits via Vorruhestandsregelungen oder Arbeitslosigkeit aus dem Berufsleben ausgeschieden.

Der Hauptgrund für das international schlechte Abschneiden Deutschlands ist politischer Natur. In anderen Ländern machte man sich frühzeitig darüber Gedanken, wie durch altersgerechte Arbeitsbedingungen und Weiterbildung der Verbleib Älterer im Betrieb auch zu dessen Nutzen gesichert werden kann. In der Bundesrepublik aber wurde eine Strategie der vorzeitigen Aussonderung durch Frühverrentung betrieben. Die Kohl-Regierung beschloß auf Kosten der Steuerzahler entsprechende finanzielle Anreize, und besonders die großen Unternehmen machten davon kräftig Gebrauch, ohne die frei-

Grafik 5: Anteil der Erwerbstätigen unter den 55- bis 64-Jährigen im internationalen Vergleich (in Prozent)

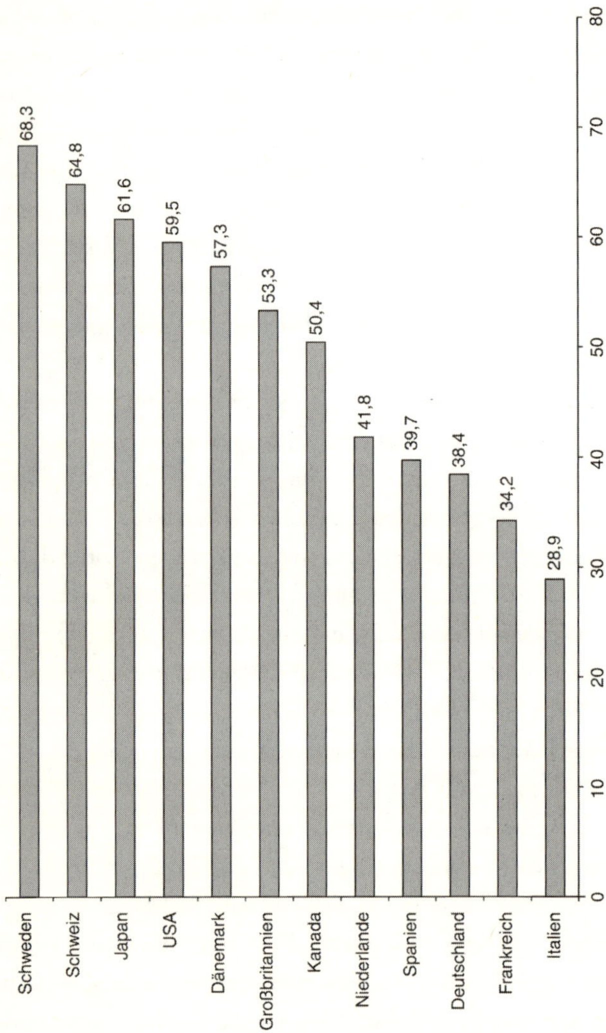

Quelle: OECD 2003

werdenden Arbeitsplätze mit Jüngeren zu besetzen. Die Ausgrenzung von Millionen aus dem Erwerbsleben ist abgesehen von den persönlichen Schicksalen die widersinnigste Verschwendung an Fähigkeiten und Fertigkeiten, an intellektuellem und kreativem Potential, die in einer Gesellschaft denkbar ist. Der jährliche Verlust an Wertschöpfung beläuft sich auf einen dreistelligen Milliardenbetrag, und die Grundlagen der Sozialstaatsfinanzierung werden zunehmend ausgehöhlt.

Immer noch behaupten Arbeitgeber, sie würden ja ältere Arbeitnehmer einstellen, wenn sie bei schwächerer Auftragslage nicht an den Kündigungsschutz gebunden wären. Das ist substanzloses Gerede, denn die Schröder-Regierung hat für Personen über 50 den Kündigungsschutz so gut wie aufgehoben. Menschen ab 50 können für zwei Jahre befristet eingestellt werden. Ab dem 52. Lebensjahr kann jederzeit geheuert und jederzeit gefeuert werden. Auch nach diesem Zugeständnis an die Arbeitgeber kann von Einstellungswellen keine Rede sein, wie der Kanzler einräumen mußte.[100]

Anhaltend rückläufig ist die Zahl sozialversicherungspflichtig Beschäftigter. Ende 2004 betrug sie nach Angaben der Nürnberger Bundesagentur für Arbeit noch 26,09 Millionen, das heißt 453 000 weniger als 2003, gegenüber 27,75 Millionen bei Antritt der Regierung Schröder im Herbst 1998. Außer der Arbeitslosigkeit hat das vielfältige weitere Ursachen. Rasant ist der Anstieg bei den Mini- und Ein-Euro-Jobs sowie den sogenannten Ich-AGs. 7,6 Millionen Menschen gingen 2004 einer geringfügigen Beschäftigung nach. Da zahlreiche von ihnen mehrere solcher nicht existenzsichernder Arbeitsverhältnisse haben, kann von über acht Millionen Mini-Stellen ausgegangen werden. Eine Vielzahl davon entstand nicht zusätzlich, sondern durch sozialbeitragssparende Umwandlung vorheriger Vollzeitstellen mit dem Ergebnis, daß die Sozialversicherungen Einnahmeausfälle von gut 10 Milliarden Euro verbuchten. Typisch ist das für den Einzelhandel, wo 227000 reguläre Arbeitsstellen im Jahre 2004 weggefallen sind und im gleichen Zeitraum die Zahl der Minijobs um 176000 auf 835000 gestiegen ist. Einen massiven Zuwachs verzeichnen auch andere Arten prekärer Beschäftigung. Die Informations- und Datenverarbeitungstechnologien haben die klassische Form von Arbeit revolutioniert. Sie wird flexibilisiert, in ihrer räumlichen, zeitlichen und vertraglichen Dimension zerstükkelt. So gibt es immer mehr Teilzeit-, Leiharbeits- und Tele-Arbeitsverhältnisse sowie Arbeit ohne Vertrag. Das gilt nicht nur für einfache, sondern auch für anspruchsvollere Tätigkeiten. Typisch für die computerisierte Arbeitswelt sind nicht die hochqualifizierten Programmierer, sondern die belastenden, normierten und schlecht bezahlten Tätigkeiten in den Call-Centern oder an den elektronischen Kassen der Supermärkte.

Es spricht Bände über das Wesen einer profitorientierten Gesellschaft, wenn der Nicht- bzw. Unterbeschäftigung eines Teils der erwerbsfähigen Bevölkerung Überarbeit eines anderen Teils gegenübersteht. In Deutschland verlagert sich die Arbeit trotz Zunahme von Teilzeit- und Minijobs auf immer weniger Menschen. 2004 sank die Zahl der Erwerbstätigen auf 38,86 gegenüber 39,14 Millionen im Jahre 2000. Diejenigen aber, die noch einen Arbeitsplatz haben, trauen sich trotz Krankheit kaum zum Arzt zu gehen und erbringen sogar Überstunden. In den 90er Jahren leistete jeder abhängig Beschäftigte im Schnitt pro Jahr 65 bezahlte Stunden Mehrarbeit. Dieser Umfang hat sich zwar im Jahre 2004 vor allem wegen anhaltender Konjunkturschwäche auf 45,6 Stunden reduziert, es wird jedoch wieder mit einem Anstieg gerechnet. Laut

Bundesagentur für Arbeit entspricht das gesamtwirtschaftliche bezahlte Überstundenvolumen einem Beschäftigungsäquivalent von gut einer Million Personen. Wenn gegen eine einfache mathematische Umrechnung auch Einwände berechtigt sind, so verschafft sie doch einen Eindruck von der Spanne erschließbaren Potentials an Erwerbsarbeitsplätzen. Das schätzungsweise dem bezahlten nicht nachstehende Quantum an unbezahlten Überstunden ist dabei noch nicht mitgerechnet.

Angesichts genannter Fakten sind Forderungen von Wirtschaftsvertretern und Politikern nach genereller Verlängerung der Wochen- und Lebensarbeitszeit geradezu widersinnig. Das trifft auch auf die Erwartung zu, die Beschäftigungskrise ließe sich mit verschärften Zumutbarkeitsregelungen für von Arbeitslosen anzunehmende Tätigkeiten lösen. Schon mit einer einzigen Relation läßt sich dies ad absurdum führen: Die Zahl der gemeldeten offenen Stellen steht zu der der registrierten Arbeitslosen seit Jahren in einem Verhältnis von 1:20.[101]

Job statt Beruf

Besonders makaber ist die hohe Arbeitslosigkeit junger Leute. Der Hauptgrund dafür ist, daß sie keine Lehrstelle fanden. Die Berufsausbildung hatte im Vorkriegsdeutschland und auch in der Zeit der Existenz zweier deutscher Staaten international einen hervorragenden Ruf. Das Zusammenwirken von Theorie und Praxis, von Lernen und Arbeiten, von Berufsschule und Betrieb im »dualen System« galt als Gütesiegel. Nachwuchsqualifizierung gehörte in großen Unternehmen ebenso wie in Handwerksbetrieben zur Selbstverständlichkeit. Der Anteil Jugendlicher ohne abgeschlossene Lehre war marginal.

Eineinhalb Jahrzehnte bereits hält eine besorgniserregende Entwicklung an. In vielen Regionen übersteigt die Ausbildungsplatznachfrage das betriebliche Angebot. Laut Angaben des Bundesministeriums für Bildung und Forschung bildeten Mitte 2005 hierzulande noch ganze 30 Prozent aller Betriebe aus. Großunternehmen reduzierten den Umfang der Lehrstellen stärker als den der Beschäftigten. Sie wollen Kosten sparen. Nach eigener Aussage »kaufen sie sich fertig Ausgebildete am Markt« oder setzen auf Zuwanderung von Fachkräften aus dem Ausland. Mittelständler klagen über konjunkturelle Einbrüche und Unsicherheiten bei der langfristigen Personalplanung. Klein- und Kleinstunternehmen – in den neuen Ländern dominieren sie – erfüllen oft nicht die vom Gesetz vorgegebenen formalen Kriterien für die Nachwuchsqualifizierung oder können sich diese wegen ihrer Ertragslage nicht leisten. In Ostdeutschland findet Berufsausbildung daher überwiegend außer- oder überbetrieblich und staatlich subventioniert statt. Unzählige Jugendliche lösten und lösen ihr Ausbildungsproblem durch Abwanderung in westdeutsche Regionen, in denen Lehrlingsnachfrage besteht.

Seit über einer Dekade wächst in den alten und neuen Ländern die Zahl der zunächst unvermittelten Schulabgänger. 2003 – es war in dieser Hinsicht das bislang schwierigste Jahr – betraf das 35 000 Jugendliche. 45 000 befanden sich in Warteschleifen und 15 000 in Schulungsmaßnahmen. 2004 und 2005 sah die Lage ungeachtet des zwischen Regierung und Arbeitgeberlager geschlossenen Ausbildungspaktes nicht wesentlich besser aus. Im Zeitraum von Oktober 2004 bis April 2005 unterschritt die Zahl der Lehrstellen das Vorjahresniveau um neun Prozent.[102] Gezwungenermaßen nimmt ein Teil jener jungen Leute, die ohne berufliche Qualifikation sind, irgendeine Beschäftigung auf. Sie »jobben«. Gedankenlos beginnt im deutschen Sprachgebrauch der Terminus »Job« alltäglich zu werden. Er ist dabei, den Begriff »Beruf« zu verdrängen. Was zunächst nur als weitere Amerikanisierung der Umgangssprache erscheinen mag, transportiert in Wahrheit ein Stück Übersee-Praxis. US-Firmen investieren nur sehr begrenzt in die berufliche Ausbildung. Sie setzen auf Anlernen, was auch dem Prinzip »Heuern und Feuern« entgegenkommt, auf Spezialistenanwerbung aus dem Ausland und auf die erzwungene Bereitschaft Arbeitssuchender zum Nomadisieren: immer irgendeiner Gelegenheitsbeschäftigung hinterherziehen. Der Job ist eine meist zeitweilige Erwerbstätigkeit zur Sicherung der sozialen Existenz. Im Jobben wird die Vermarktung menschlicher Arbeitskraft besonders deutlich. Beruf hingegen ist nicht nur Job, sondern viel mehr: Fachkompetenz, soziale Souveränität, Voraussetzung für Disponibilität, Persönlichkeitsentwicklung und aktive Lebensgestaltung. Ein Berufsabschluß erleichtert zeitlebens die Übernahme auch artfremder Tätigkeiten.

Die schwarz-gelbe und die rot-grüne Bundesregierung überließen das Ausbildungsgeschehen seit 1990 weitestgehend dem Markt. Die anschwellende Lehrstellennachfrage geburtenstarker Jahrgänge war voraussehbar, und die Lehrstellenmisere zwischen Elbe und Oder kam nach dem Schleifen großer Betriebe nicht überraschend. Dennoch verzichteten die Kohl- und die Schröder-Regierung auf wirksame steuernde Eingriffe. Sie beließen es bei kurzatmigen Entlastungsaktionen und fruchtlosen Appellen an Industrie- und Handelskammern sowie Unternehmerverbände. Das Recht auf freie Berufswahl, ein Grundgesetzgebot, ist so zur Leerformel geworden. Den Landesregierungen waren Kritiken aus der Wirtschaft an nachlassender

Ausbildungsreife vieler Lehrstellenbewerber lange bekannt. In ihrer Verantwortung liegende Fördermaßnahmen für Lernschwache oder die Einführung eines polytechnischen Unterrichts, wie z. B. in der DDR üblich gewesen, blieben aus. Große Teile der Wirtschaft haben angesichts fortschreitender Globalisierung die Sozialpflicht des Eigentums, die das Engagement für die Nachwuchsqualifizierung einschließt, zur Worthülse gemacht. Jene, die sonst gern den völligen Rückzug des Staates aus der Wirtschaft und mehr Privatisierung fordern, sehen tatenlos zu, wie Ausbildungsplatzdefizite allein durch staatliche Sonderprogramme gemildert und die Kosten dafür sozialisiert werden.

Die demographische Entspannung der Lehrstellennachfrage ab 2007 entbindet die Politik nicht von ihrer Verantwortung. Auch künftig wird die flächendeckende Versorgung mit betrieblichen Ausbildungsplätzen über rein marktwirtschaftliche Regelmechanismen nicht erreichbar sein. Die Berufsbildung muß vielmehr unabhängig gemacht werden von konjunkturellen Schwankungen. Unmittelbare Impulse für Beschäftigungs- und Lehrstellenangebote lassen sich über kräftige öffentliche Investitionen erzielen. Auch ein Lastenausgleich, eine sogenannte »Ausbildungsplatzumlage«, darf regierungsseitig nicht nur angedroht bleiben, wenn es nach verbalen Zusagen wieder zum Rückzug vor allem großer Unternehmen aus ihrer Qualifizierungspflicht kommt. Dies hätte nichts mit einer Strafsteuer zu tun, sondern wäre ein solidarischer Fonds, der Betriebe unterstützt, die ausbilden, und in den jene einzahlen, die nicht oder nicht entsprechend ihrer Wirtschaftskraft ausbilden. Unternehmen in anteiligem Bundes- oder Landeseigentum sind in die Ausbildungspflicht zu nehmen. Bei der Vergabe öffentlicher Aufträge gilt es, ausbildende Betriebe zu bevorzugen. In tarifvertraglichen Vereinbarungen gehört die Zahl anzubietender Ausbildungsplätze geregelt. Größere Aufmerksamkeit verdienen auch die Verbundausbildung bzw. regionale Bündnisse zur Lehrstellenschaffung. So könnte der besonders in Ostdeutschland noch lange spürbare Verlust hochwertiger betrieblicher Ausbildungsplätze teilweise kompensiert werden.

Wer der Jugend Zukunft sichern will, muß sich für solide Schul-, Berufs- und Weiterbildung einsetzen. Das erhält als Vorsorge für eine im wesentlichen nicht vorhersehbare Zukunft einen mit der Vergangenheit nicht vergleichbaren Stellenwert. Dabei geht es nicht nur um Bildung, die Menschen auf einen speziellen Arbeitsplatz vorbereitet, den es drei Jahre später vielleicht nicht mehr gibt. Es geht um Vermittlung von Grundkenntnissen, Selbstbewußtsein, sozialer Kompetenz und Training der Fähigkeit, sich zu informieren, zu kommunizieren und sich zu präsentieren.

Neue Armut

Zu Beginn des 21. Jahrhunderts stellt sich angesichts vorgenannter Fakten die soziale Frage in der Bundesrepublik Deutschland neu. Im Wachsen ist die Zahl der Menschen, die als arm gelten. Sie haben weniger als 60 Prozent des hiesigen mittleren Haushaltseinkommens zur Verfügung, leben also unter der von der Europäischen Union definierten Armutsgrenze. Für einen Alleinstehenden waren das 2003 monatlich knapp 940 Euro. Für eine Familie mit zwei Erwachsenen und zwei Kindern bedeutet das nach offiziellen Angaben ein Monatsbudget von 1 970 Euro. Zwischen 1998 und 2003 erhöhte sich der Anteil der Armen von 12,1 auf 13,5 Prozent der Bevölkerung. 1992 hatte er »nur« 10,5 Prozent betragen.[103] Besonders betroffen sind Alleinerziehende, Familien mit mehr als drei Kindern und Migranten. Zunehmend sind unter 18-Jährige auf Sozialhilfe angewiesen. Ihre Zahl belief sich 2003 auf 1,1 Millionen und stieg infolge der Hartz-IV-Regelungen zu Beginn des Jahres 2005 auf zwei Millionen. Sie müssen nicht nur in jungen Jahren viel entbehren. Sie leiden wegen geringerer Bildungschancen oft noch als Erwachsene unter den Folgen der Armut in Kindheitstagen. So sind ihre Aussichten, eine Gymnasialempfehlung zu bekommen, etwa dreimal geringer als die von Sprößlingen aus finanziell bessergestellten Elternhäusern. Ihre Chance, ein Studium aufzunehmen, ist sogar 7,4fach kleiner. Die gesellschaftlichen Folgekosten einer Armutssozialisation werden von der Politik verdrängt.

Längst schützt ein Ganztagsjob nicht mehr vor Verarmung. Arbeitende Arme waren lange Zeit als »Working Poor« eine vor allem aus den USA bekannte Erscheinung. Dort sind 17 Prozent derer, die sich und ihre Familien mit Hilfe von Suppenküchen ernähren, Vollzeitbeschäftigte.[104] Inzwischen breitet sich auch in Deutschland der Niedriglohnsektor aus, der ebenso wie die Millionen Minijobs keine Existenzsicherung ermöglicht. 2004 mußten sich im Westen 12,1 und im Osten 9,5 Prozent aller Vollzeitbeschäftigten mit einem Arbeitsentgelt abfinden, das unterhalb der Armutsgrenze liegt.[105] Voranschreitet, um mit Marx zu sprechen, die »relative Verelendung« der unselbständig Beschäftigten. Der Anteil ihrer Löhne und Gehälter am Bruttoinlandsprodukt sinkt, wie wir gleich sehen werden. Besonders beschämend für ein reiches Land ist jedoch, daß »absolute Verelendung« nicht als Klassenkampfjargon denunziert werden kann, sondern auf der

Straße sichtbar wird, in Berlin, Hamburg, Frankfurt am Main und anderswo. An solche Bilder dachte zu Wendezeiten kaum jemand. Nach Angaben der Evangelischen Kirche in Deutschland versorgten im Jahre 2004 Suppenküchen und Obdachloseneinrichtungen in 380 Städten bundesweit eine halbe Million Menschen in Not mit Lebensmitteln. Darunter ist die Zahl der Kinder deprimierend hoch. Auf absolutem Niveau nicht vergleichbar, aber in der Relation zutreffend entsteht eine dritte Welt in der ersten. Dieser Trend wird sich verstärken, wenn die rot-grünen Arbeitsmarktreformen trotz ihrer desaströsen Wirkung auf die Binnenkaufkraft keiner Revision unterzogen werden. Schon 2002 galten 2,19 Millionen Haushalte in West- und 940000 Haushalte in Ostdeutschland als überschuldet, waren also nicht mehr in der Lage, geborgtes Geld fristgerecht zurückzuzahlen und die fälligen Zinsen aufzubringen (vgl. Tabelle 9, S. 148). Oft war Arbeitslosigkeit dafür der Hauptgrund. Die Zahl privater Insolvenzen steigt. Durch die Hartz-IV-Regeln werden noch mehr Menschen, die zu Zeiten sicher geglaubter Beschäftigung auf Pump gekauft hatten, in finanzielle Bedrängnis geraten. Besonders für die neuen Bundesländer gleicht die gesamte Agenda 2010 einem Treibsatz für Verarmung.

Fassungslos hat mich ein Erlebnis gemacht, das ich Anfang März 2005 als Teilnehmerin an einer von der PDS-Bundestagsabgeordneten Gesine Lötzsch eingeladenen Besuchergruppe im Bundesministerium für Familie, Senioren, Frauen und Jugend hatte. Eine arbeitslose Mittdreißigerin in der Runde wollte wissen, ob man sich im Hause von Ministerin Schmidt vorstellen könne, wie Menschen im Osten – mit 331 Euro im Monat unter der Armutsgrenze und ohne Aussicht auf einen Job – zurechtkommen sollen. Darauf die uns empfangende

Oberamtsrätin aus dem Referat Öffentlichkeitsarbeit: Bedürftigkeit wird häufig dadurch ausgelöst, daß Familien ihren Haushalt nicht ordentlich führen. Armut ist nicht in erster Linie eine Folge der verfügbaren Geldsumme, sondern meist Ergebnis der Unfähigkeit, mit Geld umzugehen. Es seien doch überwiegend die weniger Gebildeten, die mit der Einteilung Probleme hätten. Welcher Zynismus sprach aus dieser Antwort, um nicht zu sagen, welche Unverschämtheit! Tage später stieß ich darauf, daß das nicht eine vielleicht unbedachte Äußerung einer Mitarbeiterin war, sondern Sprachregelung ihrer Chefin. Ministerin Renate Schmidt hatte im Gastbeitrag einer Zeitung geschrieben: »Armut hat nicht nur mit Geld zu tun. … Entscheidend ist, ob eine Familie es versteht, mit Geld gut umzugehen.«[106]

Tabelle 9: Zahl überschuldeter privater Haushalte in Deutschland (in Mio.), 1989 bis 2002 (Schätzungen)

	1989	1994	1997	1999	2002
Ost	–	0,5	0,58	0,87	0,94
West	1,2	1,5	2,1	1,9	2,19
Insgesamt	–	2,0	2,68	2,77	3,13

Quelle: Lebenslagen in Deutschland. Der 2. Armuts- und Reichtumsbericht der Bundesregierung. Berlin 2005, Bundestagsdrucksache 15/5015, S. 45 und Bundesministerium für Familie, Senioren, Frauen und Jugend, Material für die Presse, Oktober 2004

Abzusehen ist, daß Armut zu dauerhaften Gesundheitsschäden führt. Ein Jahr nach Einführung der so genannten Praxisgebühr ließ die Bilanz aufhorchen: Die Menschen suchen seltener den Arzt auf. Laut Kassenärztlicher Bundesvereinigung ging die Zahl der Behandlungsfälle innerhalb eines Jahres um insgesamt 8,7 Prozent zurück. Augen-, HNO- und

Hautärzte sowie Gynäkologen, Urologen und Chirurgen verzeichneten zweistellige Rückgänge.[107] Ausgeblieben waren nicht nur Patienten mit kleinen Erkältungen und anderen Bagatellbeschwerden, sondern auch die wirklich Kranken. Viele kämen nicht mehr in die Praxen, obwohl es medizinisch geboten wäre. Vor allem arme Patienten würden von der Praxisgebühr und den hohen Zuzahlungen für verordnete Medikamente abgeschreckt, berichten kassenärztliche Vereinigungen. »Laufend kommen Patienten mit verschleppten Krankheiten, weil sie die zehn Euro nicht hatten«, sagt eine in Berlin-Friedrichshain praktizierende Allgemeinmedizinerin. Bei älteren Menschen müsse sie häufiger als früher die Diagnose Lungenentzündung stellen. Oft reiche auch das Geld nicht, um für die ganze Familie Gebühr aufzubringen. Daher würden einige Patienten zugunsten eines Angehörigen auf den Arztbesuch verzichten.[108]

Altersarmut, in der Nachkriegszeit zumeist beschränkt auf Menschen, die aus unterschiedlichen Gründen keiner Erwerbstätigkeit nachgegangen waren oder durch Krankheit bzw. Unfall ihre Arbeitsfähigkeit verloren hatten, erfaßt inzwischen neue Schichten. Zunehmend verabschieden sich Berufstätige wegen Arbeitslosigkeit gezwungenermaßen vorzeitig in den Ruhestand. Seit Mitte der 90er Jahre trifft das in Westdeutschland auf ein Fünftel aller Rentenneuzugänge zu (vgl. Tabelle 10, S. 150), in Ostdeutschland liegt der Anteil noch weit darüber. 2003 war es mit 435 000 Personen in der gesamten Bundesrepublik bereits fast die Hälfte der Neurentner, die einen solchen Hintergrund hatte, wie der Verband deutscher Rentenversicherungsträger ermittelte.[109] Trotz gravierender Folgen für die Betroffenen steigt diese Zahl. Bestraft werden die jüngeren Ruheständler lebenslang doppelt. Ihnen fehlen Beiträge bis zum 65. Lebensjahr, und die Rente wird ihnen für jeden vorgezogenen Monat nochmals um 0,3 Prozent gemindert. Wer sich wegen Arbeitslosigkeit mit 60 in die Rente verabschiedet, muß einen Abschlagssatz von 18 Prozent verkraften und findet sich leicht unterhalb der Armutsschwelle wieder. Männer und Frauen, die zum Ende der DDR auf ein langes Arbeitsleben zurückblicken konnten und im vereinten Land berentet wurden, haben heute ein vergleichsweise gutes Einkommen. Davon können die angesichts exorbitanter Arbeitslosigkeit in den neuen Ländern lange vor Erreichen des offiziellen Ruhestandsalters aus dem Arbeitsleben Ausgeschlossenen nur noch träumen.

Tabelle 10: Anteil der Rentenneuzugänge wegen Arbeitslosigkeit (in Prozent) an der Gesamtzahl der Rentenfälle (Westdeutschland)

1960	1970	1980	1990	1995	2000	2002
1,8	1,9	6,4	10,6	19,3	22,9	20,5

Quelle: Statistisches Bundesamt / Deutsches Institut für Altersvorsorge

Aus Politiker- und Wirtschaftskreisen ist stereotyp zu hören: «Wir jammern in Deutschland auf hohem Niveau. Wir nennen Armut, was eigentlich Ungleichheit ist.« Den Ostdeutschen wird süffisant geraten, sich mal die Lebensumstände ihrer früheren Klassenbrüder und -schwestern in Rußland oder Bulgarien anzusehen, dann müßten sie sich glücklich schätzen. Dazu stelle ich dreierlei fest: Erstens sind Armut in Deutschland und Armut in Sudan oder Bangladesch, Sibirien oder Anatolien keine Synonyme. Hier muß niemand verhungern oder verdursten, es gibt Schulpflicht und eine lebensrettende medizinische Versorgung. Armut ist regional zu definieren und für Europa so auch durch die EU geschehen. Zweitens müssen ungleiche Einkommens- und Vermögensverhältnisse nicht per se ungerecht sein. Sie sind es aber dann, wenn sie keinen adäquaten Bezug zu Arbeitsleistung, zu Bildung und Verantwortung haben, wenn die einen Einkommen leistungslos erzielen und die anderen unverschuldet und zunehmend dauerhaft von Erwerbsarbeit als Haupteinkommensquelle und Möglichkeit gesellschaftlicher Teilhabe ausgegrenzt sind. Drittens kann die sich bei steigender gesamtwirtschaftlicher Wertschöpfung im Zeitverlauf ständig weiter öffnende Schere zwischen Arm und Reich weder ökonomisch begründet noch sozial gerechtfertigt werden. Ungleichheit wird zu einem erheblichen Teil durch Ungerechtigkeit generiert. Diese zu bekämpfen ist eine politische Herausforderung.

Überzeugend finde ich die Argumentation von Henning Ritter: »Armut wird … nicht nur an dem gemessen, was einer hat oder nicht hat, sondern auch daran, wo und in welcher Gesellschaft er arm ist. Und nicht zuletzt an dem, wie viel Reichtum es in der betreffenden Gesellschaft gibt. Aufschlußreicher als die statistische Definition der Armut ist für deren nähere Beurteilung der in der Gesellschaft vorhandene Reichtum.«[110]

Republik für Reiche

»Wir haben über unsere Verhältnisse gelebt.« »Wir leben von der Substanz.« »Wir müssen den Gürtel enger schnallen, um den Wirtschaftsstandort Deutschland zu sichern.« Solche Behauptungen und Beschwörungen dröhnen uns täglich aus dem Politiker- und Unternehmerlager entgegen. Auch dem Zeitgeist verhaftete Wirtschaftswissenschaftler stimmen in diesen Chor ein. Die Antwort, wer das ist – »*Wir*« – und ob das pauschale

Urteil belegt werden kann, bleiben sie schuldig. »Gefühlte« Ungerechtigkeit reicht nicht, um die Thesen zu entkräften. Statistische Indikatoren aber sprechen eine klare Sprache.

Die Lohnquote, also der Anteil der an unselbständig Beschäftigte ausgezahlten Löhne und Gehälter am Bruttoinlandsprodukt, hat sich seit über einer Dekade anhaltend reduziert, und zwar von 74,7 Prozent 1993 auf 70 Prozent im Jahre 2004. Spiegelbildlich stieg der Anteil der Gewinn- und Vermögenseinkommen, das heißt die Gewinnquote. Während die Bruttolöhne und -gehälter in Deutschland zwischen 1995 und 2004 jährlich um 1,5 bis 1,6 Prozent zunahmen, sind die Reallöhne im gleichen Zeitraum um 0,9 Prozent zurückgegangen. Das heißt, die Preise stiegen schneller als die Arbeitseinkommen. Damit liegt die Bundesrepublik laut Europäischer Kommission an letzter Stelle der 15 alten EU-Länder, wo die Reallöhne in der genannten Dekade im Durchschnitt um 7,4 Prozent zulegten. Die Spanne reicht dabei von zwei Prozent in Italien über 8,4 bzw. 11,9 Prozent in Frankreich respektive Holland bis gut 25 Prozent in Großbritannien und Schweden.

Die Bundesrepublik ist auf dem Wege zu einem Massensteuerstaat. Die von den Beschäftigten zu entrichtende Lohnsteuer und die von breiten Bevölkerungsschichten zu zahlende Mehrwertsteuer erbrachten 1991 zusammen 50,9 Prozent des Steueraufkommens, 2004 waren es bereits 55,5 Prozent. Demgegenüber verringerte sich der Anteil der Steuern auf Gewinne und Vermögen sowie auf Einkommen aus selbständiger Tätigkeit im gleichen Zeitraum von 13,8 auf 8,6 Prozent (vgl. Tabelle 11).

Dieser Trend ergab sich aus der massiven Senkung des Spitzensatzes in der Einkommensteuer von 53 auf 42 Prozent so-

Tabelle 11: Anteil der Steuerarten am Gesamtaufkommen (in Prozent)

Jahr	Massensteuern		Steuern auf Gewinne und Vermögen		
	Lohnsteuer	Mehrwertsteuer	Veranlagte Einkommensteuer	Körperschaftsteuer	Kapitalertragsteuer
1991	34,8	16,1	6,8	5,2	1,8
1995	37,0	25,9	1,8	2,4	3,8
1999	31,7	26,5	2,4	5,3	4,0
2000	31,2	24,5	2,6	5,4	4,7
2001	31,7	24,9	2,0	- 0,1	7,1
2002	31,9	25,4	1,8	0,7	5,5
2003	32,1	24,8	1,1	2,0	4,0
2004	30,2	25,3	1,3	3,2	4,1

Quellen: Deutsche Bundesbank, eigene Berechnungen

wie des Körperschaftsteuersatzes von 45 (bzw. 30 Prozent bei ausgeschütteten Gewinnen) auf einheitlich 25 Prozent. Außerdem wird seit 1997 darauf verzichtet, Vermögensteuer zu erheben. Kapitalgesellschaften, gut Verdienende sowie Vermögensbesitzer können sich mit dem Freibrief der Regierung zunehmend aus der Finanzierung des Staates zurückziehen. Für sie wurde die rot-grüne Steuerreform des Jahres 2000 zum bisher größten Entlastungsprogramm in der Geschichte der Bundesrepublik. Zu einer Rücknahme ihrer Ansprüche an den Staat hat das nicht geführt. Sie profitieren wie eh und je von massensteuerfinanzierter Bildung, Grundlagenforschung, Kultur, öffentlicher Sicherheit und Verkehrsinfrastruktur. Die steuerlichen Erleichterungen für die unteren Einkommensgruppen (auf 7664 Euro angehobener Grundfreibetrag und von 25,9 auf 15 Prozent abgesenkter Eingangssteuersatz) werden hingegen weitgehend durch verschärften Sozialabbau kompensiert oder gar überkompensiert (vgl. Grafik 6).

Grafik 6: Entwicklung der Einkommen- und Körperschaftsteuersätze von 1998 bis 2005

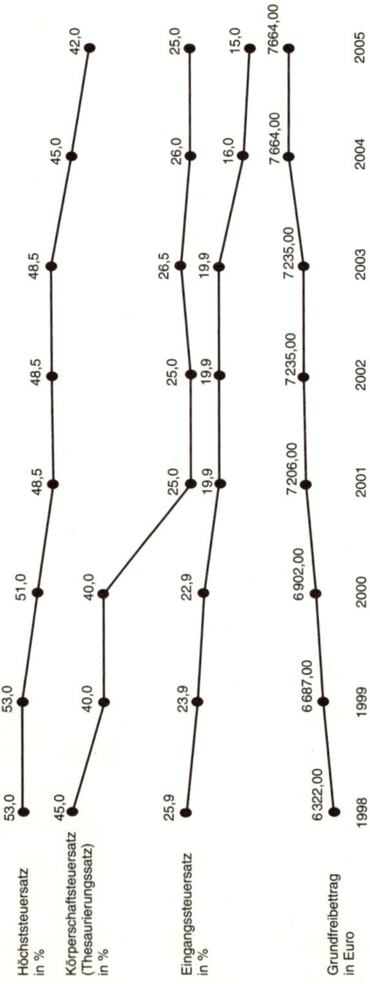

Quelle: Bundesministerium der Finanzen, Monatsbericht 07/2004

Stattgefunden hat eine Reichtumspflege ungeahnten Ausmaßes. Die Schere zwischen Arm und Reich öffnet sich weiter. Laut jüngstem Bericht der Bundesregierung über »Lebenslagen in Deutschland«, kurz »Armutsbericht«, besäße jeder Haushalt 133000 Euro, wäre das Geld auf deutschen Konten gleichmäßig verteilt. Tatsächlich aber entfielen auf die vermögensstärksten 20 Prozent der privaten Haushalte rund zwei Drittel des gesamten Nettogeldvermögens, das sich 2003 auf etwa fünf Billionen Euro belief. Das reichste Zehntel hortet sogar 47 Prozent davon. Das sind zwei Prozent mehr als vor sechs Jahren (vgl. Grafik 7). 1,6 Millionen Bürger besitzen über 500000 Euro. 1998 war es noch eine halbe Million weniger.

Grafik 7: Verteilung des Nettogeldvermögens – Vergleich zwischen den unteren 50 Prozent und den oberen 10 Prozent der Haushalte

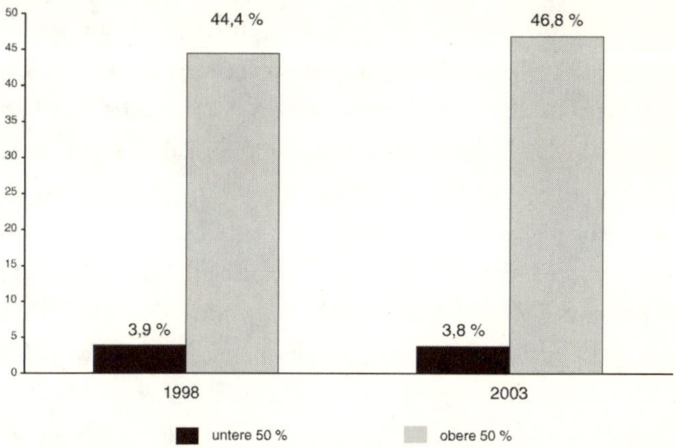

Quelle: Armuts- und Reichtumsbericht 2005

Über Zins- und Zinseszinseffekte wächst das Vermögen derer, die ohnehin viel besitzen. Die Hälfte der Haushalte hingegen vereint nur knappe vier Prozent des Geldvermögens auf sich. Das ist gegenüber 1998 eine nochmalige Verschlechterung. Die Angabe, wie viele Milliarden Euro die Bundesbürger jährlich auf die hohe Kante legen, täuscht über die wahren Verhältnisse hinweg. Das ärmste Viertel der Bevölkerung ist nicht nur ohne Rücklagen, sondern zum Teil verschuldet. Von einer sozial homogenen Gesellschaft kann in Deutschland keine Rede sein.

Demokratie gefährdet

Wenn Arbeitslosigkeit und Armut zunehmen, sich die soziale Unsicherheit verfestigt, dann schwinden die sozialen Grundlagen der Demokratie. Es reicht nicht, das Recht auf politische Beteiligung der Bürger an der Regelung der sie in der Kommune betreffenden Angelegenheiten und an den Geschicken des Landes formal in Gesetzen festzuschreiben. Es muß auch materiell durch den Sozialstaat gesichert werden. Laut Umfragen der Forschungsgruppe Wahlen von Ende 2004 hält eine Bevölkerungsmehrheit in der Bundesrepublik die Demokratie für die beste Staatsform. Aber 43 Prozent der im Westen und 65 Prozent der im Osten Befragten zeigten sich unzufrieden damit, wie sie Demokratie in Deutschland erleben. Das ist ein alarmierendes Zeichen, aber nicht verwunderlich. Das Netz sozialer Sicherheit ist für viele Millionen brüchig geworden. Die Sorge um den eigenen und den Lebensunterhalt der Familie beherrscht den Alltag, schmälert die Möglichkeit und beeinträchtigt die Fähigkeit zur demokratischen Mitwirkung. Gesellschaftliche Teilhabe ist wesentlich über Erwerbsarbeit vermittelt. Arbeitslose sehen oft keinen Weg mehr, sich in die Gesellschaft einzubringen. Das heißt: Ohne einen starken Sozialstaat gibt es auch keine vitale Demokratie.

Gelitten hat das Image der Demokratie bei immer mehr Menschen, weil Politiker vor den Wahlen das eine sagen und nach den Wahlen das andere tun. So versprachen die Vertreter von Rot-Grün vor der Bundestagswahl 2002, auf keinen Fall Arbeitslosen- und Sozialhilfe zusammenlegen zu wollen, den Kündigungsschutz nicht zu lockern, eine Ausbildungsplatzumlage einzuführen... Alles Schall und Rauch! Wem kann man überhaupt noch trauen? Eine Frage, die auch an meine Partei gerichtet wird. In Berlin, wo die PDS am Senat beteiligt ist, warb sie vor der Abgeordnetenhauswahl 2001 unter anderem prononciert damit, im Falle der Übernahme von Regierungsverantwortung mehr Geld für die Bildung bereitstellen zu wollen. Geworden ist daraus zur großen Enttäuschung ihrer Anhänger nichts. Abgeschafft wurde unter anderem die Lernmittelfreiheit, und Universitäten müssen erhebliche Mittelkürzungen verkraften. CDU/CSU wehrten sich in der Opposition jahrelang gegen das Vorhaben von Rot-Grün, die Eigenheimzulage zu streichen. Negative Wirkungen für einkommensschwächere Häuslebauer und die ohnehin notleidende Bauwirtschaft wurden ins Feld geführt. Mitte 2005 – die Union witterte im Fall vorgezogener Bundestagswahlen die Chance auf Regierungsübernahme – entdeckte sie plötzlich die Streichung dieser Subvention als Quelle zur Gegenfinanzierung weiterer Unternehmensteuersenkungen. Die SPD-Granden vereitelten jahrelang die Wiedererhebung einer Vermögensteuer und senkten obendrein massiv den Spitzensteuersatz für Gutbetuchte. Als sie den Vertrauensschwund in der Bevölkerung spürten und den Machtverlust vor Augen hatten, kam ein Steuerzuschlag für Reiche ins Gespräch.

Demokratie, im Lexikon als »Herrschaft des Volkes« beschrieben, wird im praktischen staatsbürgerlichen Erleben zunehmend von der »Herrschaft des Geldes«, der »Plutokratie« verdrängt. Pluto ist der griechische Gott des Reichtums und des Überflusses, ein Plutokrat jemand, der durch Reichtum politische Macht ausübt. Lobbyisten machen sich durch fette Spenden und Gratifikationen Repräsentanten von Parteien gewogen. Mehr Geld bedeutet auch mehr politischen Einfluß. Und an Geld mangelt es den Vertretern der Großindustrie und der Banken wahrlich nicht. Die Bürger hingegen werden zunehmend von Entscheidungsprozessen ausgeschlossen. Gewählte, laut Grundgesetz nur ihrem Gewissen verpflichtete Mandatsträger lassen sich – von Ausnahmen abgesehen – durch Fraktionszwang disziplinieren. Die wenigen Abgeordneten, die sich dem von ihrer Führung vorgegebenen Abstimmungsverhalten verweigern, erhalten bei den nächsten Wahlen kaum Chancen auf einen aussichtsreichen Listenplatz. Etliche Parlamentarier von SPD und Bündnis 90/Grüne bekamen das wegen ihres ablehnenden Votums zur Kriegsbeteiligung der Bundeswehr auf Geheiß der obersten Parteiführung in den Landesverbänden bei der Listenaufstellung für die Bundestagswahl 2002 zu spüren. So wurde unter anderem Hans-Christian Ströbele, einem Urgestein der Grünen, in Berlin ein aussichtsreicher Listenplatz verweigert. Als Direktkandidat gewann er dann in Friedrichshain-Kreuzberg das Mandat.

Literatur-Nobelpreisträger Günter Grass sieht die Demokratie in Deutschland durch wachsende Ohnmacht der Politik gegenüber der Wirtschaft gefährdet. »Die Parlamentarier sind durch diesen Einfluß nicht mehr frei in ihren Entscheidungen.«[111] Die Bundesrepublik sei durch diese Entwicklung weit mehr gefährdet als durch Rechtsradikalismus. Der Bundestag sei von den mächtigen Wirtschaftsverbänden, den Banken und Konzernen abhängig, die keiner demokratischen

Kontrolle unterliegen. So mißrate das Parlament zur Filiale der Börse. Als Beispiel für die Vormacht der Ökonomie nennt der Schriftsteller die Gesundheitsreform, bei der nicht der Bundestag, sondern »die Pharmaindustrie und die von ihr abhängigen Verbände der Ärzte und Apotheker« darüber entschieden hätten, wem die Reform nützlich zu sein habe.[112]

Eine von der Verfassung nicht gedeckte ungebremste Machtfülle haben sich besonders die großen Parteien angeeignet. Das Grundgesetz lädt sie zur Mitwirkung an der politischen Willensbildung des Volkes ein. Diesen Auftrag haben sie bis zum Vorrecht ausgeweitet, Rundfunkintendanten und Sparkassendirektoren, Hochschullehrer oder Bundesrichter nach ihrem Willen und Geschmack zu bestellen. Den höchsten Preis für die Vorherrschaft der Parteien zahlt inzwischen das Parlament. Gesetze werden formell zwar vom Bundestag und seinen Ausschüssen, in der Substanz aber von allerlei Kommissionen, Räten und Expertenrunden gemacht. Regierungsmitglieder kaufen für horrende Summen Gutachten bei interessengeleiteten privaten Beraterfirmen und Sachverständigen. Durch niemanden legitimiert, haben diese größeren Zugang zur Macht als die meisten gewählten Parlamentarier. Von Interessenvertretern der Rentner, Kranken, Arbeitslosen oder Sozialhilfeempfänger – die Volkssolidarität oder der Arbeitslosenverband sind nur Beispiele – ist nicht einmal kostenloser Rat gefragt.

Gegen üppige Bestechungsgelder werden unter Umgehung geltenden Rechts lukrative öffentliche Aufträge vergeben. Kleinen Einkommensbeziehern werden tiefe soziale Einschnitte per Gesetz verordnet. An Besitzer großer Vermögen und Spitzenverdiener, so die Konzernmanager oder in Berlin die Chefs der BVG bzw. von Wohnungsbaugesellschaften, richten Politiker nur verhalten den moralischen Appell, ein wenig Maß zu halten. Sich schamlos bereichernde Konzernbosse weigern sich, ihre Bezüge offenzulegen, engagieren im Falle von Anklagen die teuersten Rechtsbeistände, gehen bei Gerichtsprozessen zumeist straffrei aus und lachen sich über den Volkszorn eins ins Fäustchen. Das war bei Deutsche-Bank-Chef Ackermann und dem Ex-Vorstand von Mannesmann, Esser, ebenso der Fall wie bei den Landowskys in der Berliner Bankenaffäre.

Wenn die Auswüchse der »Parteiendemokratie« gekappt werden sollen, müssen Inhaber von Regierungsämtern und Mandatsträger immer wieder daran erinnert werden, von wem sie ihren Auftrag haben und wem sie verantwortlich sind. Die Aushöhlung der sozialen Grundlagen der Demokratie können nur die Bürger selbst verhindern.

Legenden und Fakten

Solidarische Versicherung: unbezahlbar?

Als Hauptargument für den Abschied von der paritätisch finanzierten sozialen Sicherung sowie vom Solidarprinzip und für das Umlenken zu mehr Eigenvorsorge werden stoisch Abnahme und Alterung der Bevölkerung in Deutschland bemüht. Vor allem der »Altenquotient« muß herhalten.

Betrachtet man das Verhältnis zwischen Personen im Rentenalter und solchen im erwerbsfähigen Alter zwischen 15 und 65 Jahren, so scheint sich die Lage tatsächlich dramatisch zuzuspitzen. Die genannte Relation verändert sich je nach angenommener Geburtenhäufigkeit, Lebenserwartung und Außenwanderung von 1:4 im Jahre 2003 bis 2050 auf etwa 1:2. Das wäre ohne Zweifel eine tickende Zeitbombe für die Versicherungssysteme. Was aber sagen die Zahlen über die reale Belastung der Gesellschaft aus? Ist Panik gerechtfertigt? Gibt es nicht andere »Stellschrauben« als die Aufkündigung der Parität und der Solidarität? Doch, es gäbe sie, würde die Politik sich nicht getrieben von den Arbeitgeberverbänden am Mythos »demographische Entwicklung« festklammern.

Zunächst: Nicht jeder zur Berechnung des Altenquotienten gezählte Erwerbsfähige ist gegenwärtig auch erwerbstätig. Die Fakten sind weiter vorn bereits dargestellt worden. Von den 15- bis 65jährigen waren 2003 nur knapp 69 Prozent beschäftigt. Norbert Reuter, Volkswirt an der Rheinisch-Westfälischen Technischen Hochschule Aachen und bei der Dienstleistungsgewerkschaft ver.di zuständig für Wirtschaftspolitik, macht daher eine einleuchtende Rechnung auf: De facto stehen aktuell nur 2,7 Erwerbstätige einer Person im Rentenalter gegenüber. Das ist zu dem immer wieder genannten Verhältnis von 4:1 ein beträchtlicher Unterschied. Mit Blick darauf kann also von einer künftigen Verdopplung der »Alterslast« keine Rede sein. Hätten alle registriert bzw. verdeckt Arbeitslosen und solche in der Stillen Reserve 2003 die Chance auf einen Arbeitsplatz gehabt, wären nicht 38,7, sondern 46,2 Millionen erwerbstätig gewesen. Statt 69 hätten dann 83 Prozent der Erwerbsfähigen ihr Brot mit eigenen Händen verdienen und in die Sozialversicherungskassen einzahlen können. Ein Abbau der Arbeitslosigkeit bis 2010 würde nach Reuter bedeuten, daß sich das Verhältnis von Rentnern zu Erwerbstätigen trotz anhaltender Alterung der Bevölkerung von 1:2,7 zu Beginn dieses Jahrtausends auf 1:2,8 erst einmal verbessern (!) würde. Erst nach 2015 würde die Relation die des Jahres 2003 unterschreiten. Anno 2020 läge sie unwesentlich schlechter bei 1:2,5 und 2030 bei

1:1,9. Bis 2050 käme es zu einer weiteren Abnahme auf 1:1,6. Danach entschärft sich die Lage aller Voraussicht nach ohnehin kontinuierlich, da dann die geburtenschwachen Jahrgänge ins Rentenalter treten.[113] Eine Verdopplung der Erwerbstätigenbelastung bis 2050 kann demnach nur suggerieren, wer von einer Verstetigung der derzeitigen Massenarbeitslosigkeit ausgeht.

Ein eindeutiges Bild über die anfallenden Lasten erhält man nur, wenn die Zahl der Erwerbstätigen zu der aller Nicht-Erwerbstätigen ins Verhältnis gesetzt wird. Zu letzteren gehören nicht nur die Personen im Rentenalter, sondern auch die im noch nicht erwerbsfähigen Alter, also Kinder und Jugendliche. In einer alternden Gesellschaft stehen mehr »Belastungen« durch Ruheständler »Entlastungen« infolge einer geringeren Zahl junger Leute gegenüber. Ein erfreulicher Trend ist das nicht, aber er schlägt nur zu Buche, wenn die Gesellschaft bis weit in die Zukunft so kinder- und familienunfreundlich bleibt wie sie gegenwärtig ist. Immerhin könnten bis zur Mitte des Jahrhunderts zwei Generationen Erwerbsfähiger heranwachsen!

Noch ein Faktum darf nicht unberücksichtigt bleiben: der Produktivitätsanstieg. Er ermöglicht es, daß jeder Erwerbstätige in der Perspektive in der gleichen Zeit ein höheres Produktionsergebnis erzielt als gegenwärtig. Durch ein wachsendes Sozialprodukt pro Kopf können steigende Einkommen und Renten erwirtschaftet werden, ohne daß sich reale Mehrbelastungen der Erwerbstätigen ergeben. So wurde z. B. im Jahre 2003 im alten Bundesgebiet mit nur noch gut 80 Prozent der Arbeitsstunden des Jahres 1960 ein mehr als dreifach so hohes Bruttoinlandsprodukt erzeugt. Auch bei einer sich künftig verschlechternden Relation zwischen Erwerbstätigen und Rentnern können also steigende Sozialleistungen finanziert werden ohne real zusätzliche Belastung der in Arbeit Stehenden. Norbert Reuter stellt dazu ebenfalls eine Rechnung an: Anno 2003 hatten 38,7 Millionen Erwerbstätige ein BIP von 2,1 Billionen Euro erwirtschaftet. Bei 82,5 Millionen Einwohnern entsprach das einem Wert pro Kopf von 25 440 Euro. Eine abnehmende Zahl von Menschen im erwerbsfähigen Alter zöge nur dann ein sinkendes BIP pro Kopf nach sich, wenn die Arbeitslosigkeit bis 2050 auf dem hohen Niveau vom Beginn des Jahrhunderts verharrte und die Produktivität stagnierte. Dann würde das BIP pro Kopf auf nur noch rund 22 400 Euro sinken. Einschränkungen wären unvermeidbar.

Beide Annahmen sind jedoch höchst unwahrscheinlich. Reuter unterstellt dagegen den nicht unrealistischen Fall einer jährlichen Produktivitätssteigerung pro Erwerbstätigen von 1,5 Prozent. Wenn die Arbeitslosigkeit auf dem Stand von 2003 verharrte und wie damals nur 69 Prozent der 15- bis 65jährigen erwerbstätig wären, würde das von ihnen erwirtschaftete BIP pro Kopf der Bevölkerung bis 2050 um gut 75 Prozent auf 45 150 Euro steigen. Man könne aber, so Reuter, zusätzlich von Erfolgen bei der Bekämpfung der Arbeitslosigkeit ausgehen. Die Zahl der Erwerbstätigen würde bis 2050 trotz Bevölkerungsrückgangs nur auf 36,5 statt auf 30,3 Millionen sinken und das BIP pro Kopf sogar um 111 Prozent auf 54 470 Euro pro Kopf steigen.

Aus dieser Projektion läßt sich schlußfolgern: Nicht die demographischen Verhältnisse sind allein oder überwiegend ausschlaggebend für die Belastungen des erwerbsfähigen Teils der Bevölkerung. Entscheidend sind vielmehr Wachstum und Verteilung des Bruttosozialprodukts, die Produktivität, die Reallohnentwicklung, die Beschäftigungshöhe sowie die Besteuerung von Kapital und Arbeit. Eine höhere Belastung des Einzelnen in der langen Zukunft ist nicht zwangsläufig.

Arbeitszeit: zu kurz?

Deutschland ist Freizeitweltmeister. Im internationalen Vergleich zu kurze Arbeitszeiten sind eine Hauptursache für das seit Jahren vor sich hin dümpelnde Wirtschaftswachstum. Dadurch wird auch der Beschäftigungsaufbau behindert.

Das jedenfalls behaupten stereotyp Vertreter des Arbeitgeberlagers, unterstützt von maßgeblichen schwarz-gelben Politikern. Aber auch namhafte Wissenschaftler reden ihnen zum Munde. Nach Hans-Werner Sinn z.B. ist Wachstum über Arbeitszeitverlängerung der Königsweg. Er plädiert für eine Ausweitung der regulären Arbeitszeiten um etwa 10 Prozent. »Wir nutzen die Maschinen besser aus, und es ist ein Wachstumsschub möglich, ohne daß man mehr Kapital investieren muß. Wachstum über Arbeitszeitverlängerung ist praktisch zur Hälfte belohnt durch ein Geschenk des lieben Gottes. Es ist so, als würde man umsonst einen Kapitalstock geschenkt bekommen.« Diese Aussage vom Chef des IFO-Instituts München war am 9. November 2004 in der »Frankfurter Allgemeinen Zeitung« zu lesen. Schon in seinem Buch »Ist Deutschland noch zu retten?« hieß es: »Die wöchentliche Arbeitszeit müßte von 38 auf 42 Stunden erhöht werden, wo sie vor 30 Jahren bereits einmal lag.« Einige »Strategen« scheuen sich nicht, die 50-Stundenwoche ins Gespräch zu bringen. Wer Zweifel an der vorgetragenen Argumentation anmeldet, ihr gar widerspricht, wird bestenfalls mitleidig dem

Gewerkschaftslager zugerechnet, meist aber als ökonomisch inkompetent stigmatisiert. Dennoch, Fakten bleiben Fakten.

Im europäischen Vergleich der tariflichen Wochenarbeitszeit lag Deutschland-West 2004 mit 37,5 Stunden im Mittelfeld und Deutschland-Ost mit 39,1 Stunden im oberen Drittel der Länderskala (vgl. Grafik 8, S. 166). Die tatsächliche Wochenarbeitszeit pro männlichen Vollzeitbeschäftigten betrug laut Mikrozensus 2004 des Bundesamtes für Statistik im Schnitt 40,3 Stunden im Westen sowie 40,1 Stunden im Osten.[114] Sie erreichte damit gut den 40stündigen EU-Durchschnitt.

Bei der Jahresarbeitszeit der Vollzeitbeschäftigten liegt Deutschland mit 1760 Stunden ebenfalls im Mittelfeld. In Großbritannien (1962 h) wird länger, in den Niederlanden (1716 h), in Italien (1695 h) und Frankreich (1689 h) deutlich kürzer gearbeitet. Die durchschnittlichen Urlaubstage laut Tarif sind hierzulande mit 29,1 stattlich. Nur Schweden, die Niederlande und Dänemark liegen darüber. Allerdings verfielen im Jahre 2004 rund 75 Millionen Urlaubstage, das heißt 2,2 Tage pro Erwerbstätigen. Die Furcht vor Arbeitsplatzverlust läßt immer mehr Menschen von sich aus auf einen Teil der ihnen zustehenden bezahlten freien Zeit verzichten. Nach Angaben des wirtschafts- und sozialwissenschaftlichen Instituts der gewerkschaftseigenen Hans-Böckler-Stiftung bedeutete das für die Arbeitgeber ein Geschenk von neun Milliarden Euro. Gegenüber den Urlaubstagen schlagen die gesetzlichen Feiertage in der Bundesrepublik mit 10,5 weitaus geringer zu Buche als in den meisten anderen Ländern.

Ein weiteres Faktum rundet das Bild über die Länderarbeitszeitvolumina ab: Deutschland gehört neben Österreich und der Schweiz in Europa zu den Staaten mit dem niedrigsten streikbedingten Arbeitszeitausfall. Zwischen 1991 und 2000

Grafik 8: Wochenarbeitszeiten in Europa 2004 (in Stunden)

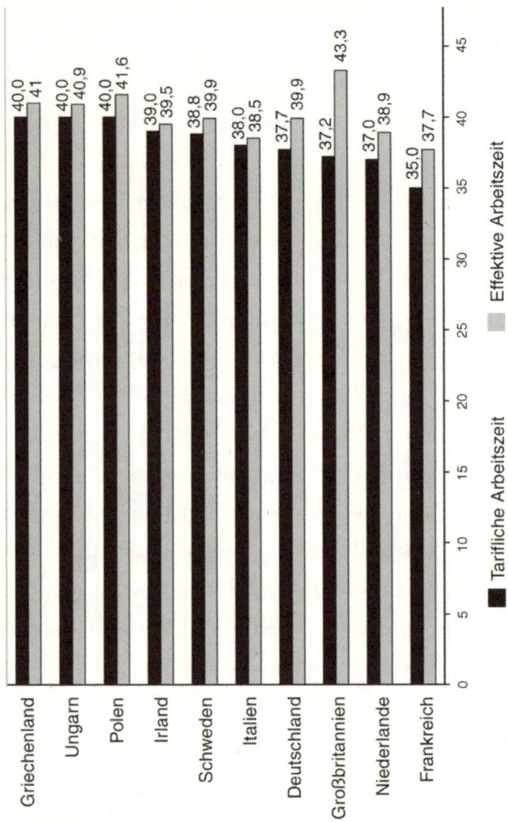

Quellen: IAB, Eurostat, WSI

gingen pro 1000 Beschäftigten 11 Arbeitstage verloren, hat die Internationale Arbeitsorganisation (ILO) ermittelt. In Schweden waren es 31, in Frankreich 78, in Italien 130, in Dänemark 171, in Spanien 327 und in Island gar 399 Arbeitstage. Und schließlich: Die Zahl der Krankheitstage von Beschäftigten hat sich seit 1990 fast halbiert. Wurden damals noch 25 sogenannte Arbeitsunfähigkeitstage registriert, waren es 2004 nur noch 13.

Mit knapp 3,6 Prozent befindet sich der Krankenstand inzwischen auf dem niedrigsten Niveau seit Einführung der Lohnfortzahlung anno 1970. Das dürfte den Arbeitgebern nach Schätzung des Gesundheitsministeriums eine Milliarde Euro an Einsparungen gebracht haben. Schon 2003 betrug die Entlastung 1,5 Milliarden Euro.[115]

Ich habe all diese Fakten angeführt, um zu zeigen, daß ein internationaler Vergleich nominaler Wochenarbeitszeiten keine Schlüsse über das tatsächlich geleistete Arbeitsvolumen zuläßt. In einer Robinson-Crusoe-Welt, in der jeder für sich arbeitet und später den selbst gefangenen Fisch oder die gesammelten Früchte ißt, wären die Folgen klar: Wenn der Einzelne einen Tag zusätzlich dem Fischfang oder der Beerensuche widmet, statt am Strand zu liegen, ist am Ende mehr zu essen da. In einer modernen Wirtschaft ist das Problem aber komplexer. Der produzierte Reichtum eines Landes hängt weder allein noch vorrangig von der individuellen Arbeitszeit ab. Wie wäre sonst erklärbar, daß er in Deutschland in den vergangenen viereinhalb Dekaden unaufhaltsam anstieg und heute pro Erwerbstätigen dreimal mehr produziert wird als 1960, obwohl die mittlere Jahresarbeitszeit pro Beschäftigten seitdem um ein Drittel gesunken ist? Entscheidend ist die Produktivität je geleisteter Arbeitsstunde und die ist in Deutschland mit 106,8 Euro überdurchschnittlich hoch. In Großbritannien, dem europäischen Land, in dem nominal am längsten gearbeitet wird, liegt sie mit 85,5 Euro weit darunter, in den Staaten mit kürzeren als den deutschen Arbeitszeiten darüber (Niederlande: 116,9 Euro, Frankreich: 117,9 Euro). Auch diese Angaben der Europäischen Statistikbehörde Eurostat bekräftigen: Arbeitszeitvergleiche allein eignen sich nicht zu Aussagen über die internationale Wettbewerbsfähigkeit.

Nicht belegbar ist, daß verlängerte individuelle Arbeitszeit in jedem Fall zu steigendem gesellschaftlichem Arbeitsvolumen führt. Nur wenn letzteres wächst, gibt es die Chance auf Beschäftigungszunahme. In der Bundesrepublik jedoch hat das Arbeitsvolumen aller Erwerbstätigen beständig abgenommen. Im Jahre 2003 betrug es noch 55,3 Milliarden Stunden gegenüber 59,2 Milliarden Stunden in 1991. War dieser Rückgang um sieben Prozent etwa durch zu kurze Wochenarbeitszeiten ausgelöst, wie man aus Sinns These schlußfolgern könnte? Kaum anzunehmen, daß der Münchner es nicht besser weiß, berichtet sein Institut doch jedes Quartal über die Auslastung der Produktionskapazitäten im verarbeitenden Gewerbe. Im Herbst 2004 lag diese im früheren Bundesgebiet bei 84, in den neuen Ländern und Berlin-Ost bei 82 Prozent. Seit Beginn der getrennten Erfassung im Jahre 1993 wich die Kapazitätsauslastung zwischen Elbe und Oder trotz dort um 100 Stunden längerer Jahresarbeitszeit und niedrigerer Bezahlung durchweg von der zwischen Elbe und Rhein nach unten ab. Unternehmen in Ost und West mit unterdurchschnittlicher Auslastungsquote klagten über Auftragsmangel. Sie ordneten Kurzarbeit an bzw. entließen Personal. Ob Maschinen laufen oder stillstehen, hängt letztlich nicht von der Länge der Arbeitszeit ab, sondern von Absatzchancen und Gewinnerwartungen der Unternehmen. Die aber waren und sind vor allem für binnenmarktorientierte Firmen schlecht.

Angesichts rückläufigen Arbeitsvolumens und anhaltend hoher Erwerbslosenzahl für die (Noch-)Beschäftigten Arbeitszeitverlängerung zu erwägen, ja vehement zu fordern, ist aus gesamtwirtschaftlicher Sicht irrational. Ein einziges Motiv gibt dafür den Ausschlag und das ist einzelwirtschaftlicher Natur. Es soll länger gearbeitet werden ohne Lohnausgleich. Gebetsmühlenartig wird über zu hohe deutsche Löhne geklagt, die man auf diese Weise doch ganz elegant senken könnte. Massenarbeitslosigkeit und Zukunftssorgen der Beschäftigten erleichtern es den Wirtschaftsbossen, diese Strategie ohne entschiedene Gegenwehr der Betroffenen und ihrer Gewerkschaftsvertretungen umzusetzen. Doch was für Unternehmer, insbesondere Exporteure eine lukrative Aussicht ist – vorausgesetzt sie haben gefüllte Auftragsbücher –, löst für die Gesellschaft kein einziges Problem. Weder erhält die Binnennachfrage einen Impuls, noch sehen die Sozialversicherungskassen bei längerer Arbeitszeit ohne Lohnausgleich einen zusätzlichen Cent. Unternehmen mit schlechter Auftragslage werden eine verlängerte Arbeitszeit ohne Lohnkompensation sogar als Chance nutzen, ihr Personal schneller auszudünnen als bisher geplant.

Ich stimme mit Helmut Spitzley vom Bremer Institut Arbeit und Wirtschaft (IAW) voll überein, der zu dieser Problematik resümiert: »Wenn also ausgerechnet in Deutschland, dem Land mit überdurchschnittlicher Produktivität und erheblichen Export- und Leistungsbilanzüberschüssen die Arbeitszeiten verlängert würden, hätte dies unmittelbare Auswirkungen auf die Arbeitszeitregulierung in anderen Ländern. Es droht ein – von Deutschland initiiertes – wechselseitiges Hochschaukeln und eine Arbeitszeitverlängerungsspirale, deren Ende nicht absehbar ist.«[116]

Arbeit: zu teuer?

Lebendige Arbeit ist in Deutschland zu teuer. Immer mehr Unternehmen planen daher, ihre Produktion ganz oder in Teilen ins billigere Ausland zu verlagern. Bis 2015 kann das an die zwei Millionen Arbeitsplätze kosten. Zu stoppen ist das nur, wenn Löhne und Lohnnebenkosten gesenkt und die Arbeitszeitmodelle flexibilisiert werden. Auch Kündigungsschutz und Mitbestimmung schaden dem Standort.

So tönt es zur Begeisterung von Konzernbossen, CDU/CSU und FDP seitens privater Unternehmensberater und aus der orthodoxen Ökonomenzunft. Die Thesen sind zwar empirisch nicht abgesichert, aber sie verunsichern zunehmend Millionen um ihren Arbeitsplatz bangender Menschen. Welche Zusammenhänge aber verschweigen die Apostel einer Verzichtsökonomie? Sie vergleichen globusweit die Arbeitskosten je Stunde. Die weisen in der Tat zwischen Deutschland und anderen Ländern, insbesondere den neuen EU-Mitgliedsstaaten, aber auch China und Indien eine große Spannbreite auf. Das besagt jedoch nichts ohne den flankierenden Produktivitätsvergleich. In Deutschland wird im Schnitt das Vierfache wie in Polen verdient. Dafür ist auch die Pro-Kopf-Produktion gut viermal höher als im Nachbarland. Eine hohe Produktivität senkt die Lohnstückkosten. Diese geben an, wieviel Lohn (einschließlich Lohnnebenkosten) für eine Produkt- bzw. Dienstleistungseinheit bezahlt werden muß. Bei diesem für die internationale Wettbewerbsfähigkeit interessanten Parameter nimmt die Bundesrepublik eine sehr günstige Position ein. Seit mehreren Jahren bleiben die Zuwächse der Lohnstückkosten nicht nur hinter dem EU-Durchschnitt, sondern auch hinter dem der USA und anderer außereuropäischer Industrieländer zurück (vgl. Grafik 9). Schließlich wird außer acht gelassen, daß internationale Lohnvergleiche auch davon abhängen, wie in eine einheitliche Währung – z. B. US-Dollar oder Euro – umgerechnet wird.

Deutschland ist Exportweltmeister – noch vor den USA, obwohl dort dreieinhalbmal so viele Menschen erwerbstätig sind.

Ein Zehntel aller weltweit exportierten Güter trägt das Label »Made in Germany«. Wenn die hiesigen Arbeitskosten tatsächlich unverhältnismäßig sein sollen, wie erklärt sich dann die im Vergleich zu anderen Ländern nach wie vor starke internationale Konkurrenzfähigkeit? Diese Frage macht den neoliberalen Apologeten sehr wohl zu schaffen. Hans-Werner Sinn glaubt den Stein des Weisen gefunden zu haben. Er nennt die deutsche Exportexpansion in seinem schon erwähnten Buch einen Etikettenschwindel. In den Exporten steckten in wachsendem Maße Importe hochwertiger, in jedem Fall aber preiswerterer Materialien und Zulieferteile aus Billiglohnländern. Die durch Einfuhr zur deutschen Produktion beigesteuerte Wertschöpfung nähme zu, der inländische Wertschöpfungsanteil an den ausgeführten Waren entsprechend ab. Sinn sieht darin den Trend zur ›Basarökonomie‹. Aus dem traditionellen Herstellerland würde ein Händlerland. Die Exportstärke beruhe letztlich auf preiswerten Importen aus Gegenden mit niedrigeren Arbeitskosten. Das käme einem Job-Export gleich. Der ließe sich nur bremsen, wenn der Preis für lebendige Arbeit gesenkt und die Wirtschaft rascher dereguliert würde.

Grafik 9: Entwicklung der Lohnstückkosten seit 1995

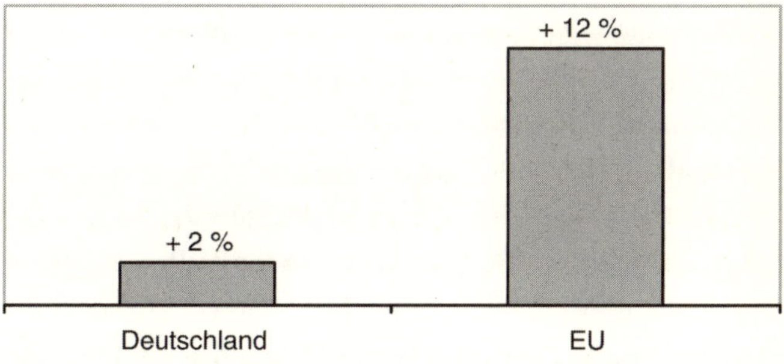

Quelle: Jahreswirtschaftsbericht 2003

So imposant die Begriffsschöpfung des IFO-Chefs ist – Beweiskraft hat sie nicht. Das Statistische Bundesamt kommt in einer 2004 vorgelegten Input-Output-Analyse über die Importabhängigkeit deutscher Exporte zu folgendem Ergebnis: Vorleistungsimporte zur Produktion von Exportgütern haben seit 1991 anteilig zwar von knapp 27 auf 39 Prozent zugenommen. Gleichzeitig aber konnte der gesamte Export ausgeweitet, der Ausfuhrüberschuß erhöht und somit die genannte Wirkung überkompensiert werden.[117] Fast zwei Drittel der Exportproduktion bestehen also aus deutscher Wertschöpfung. Das Bild eines ›Basars Deutschland‹, der gleichsam nur als Drehscheibe für ausländische Güter dient, ist demnach falsch. Der Begriff verunsichert Konsumenten und Investoren. Ihnen wird der Eindruck vermittelt, das Land schmücke sich bei seiner enorm guten Wettbewerbsfähigkeit mit fremden Federn.[118]

Das Drohen mit der Produktionsverlagerung wegen zu hoher Arbeitskosten verfehlt seine Wirkung nicht. Immer mehr Unternehmen gelingt es, die Löhne niedrig zu halten. Die Noch-Beschäftigten geben sich mit schlechteren Konditionen zufrieden. Sie greifen ihrerseits verstärkt zu Billigimporten, um ihre Kaufkraft aufzubessern. Durch weltweite Konkurrenz dreht sich – wie von Samuelson beschrieben – die Spirale der Arbeitnehmereinkommen ständig weiter nach unten. Die Renditen der Unternehmen steigen. In Zeiten des Shareholder-Kapitalismus schrauben die Finanzmärkte, sprich die institutionellen Anleger, die Mindestmarge ihrer Kapitalvermehrung immer weiter in die Höhe. 15 bis 25 Prozent gelten inzwischen als Muß. Die zu erreichen, scheint in Ländern mit niedrigen Löhnen und geringen Sozialstandards verlockend. Von Auslagerung betroffen sind praktisch alle Branchen. Nach dem Fall des Eisernen Vorhangs steht dem Kapital nun auch in Osteuropa ein Reservoir billiger Arbeitskräfte zur Verfügung. Besonders Konzerne und der klassische Mittelstand mit 100 bis 500 Beschäftigten verlegen zunehmend einfache Arbeiten sowie Teile ihrer Vorproduktskette in Niedriglohnländer oder drohen damit, dies zu tun. Für die Autoindustrie ist das längst typisch. Der Volkswagen-Konzern z.B. läßt die Audi-Motoren in Ungarn fertigen.

Weltweit werden auch Bürotätigkeiten und qualifizierte Dienstleistungen in Niedriglohnländer verlagert. Ein besonders kurioses Beispiel: New York läßt die Strafmandate für Falschparker in Ghana sortieren. Halbleiterhersteller Infineon vergab Teile der Buchhaltung nach Portugal und baut Zentren für das Chipdesign in Indien und China auf bzw. stockt diese auf. Standortschlachten werden als Steuersenkungs- und Lohndumpingwettbewerb ausgetragen.

Drei Fakten werden beim Drohen mit der Wegzugkeule ausgeblendet. Erstens sind es weniger als gemeinhin propagiert Kostenvorteile, die für das Auslandsengagement von Firmen den Ausschlag geben. Nach einer gemeinsamen Studie von Roland Berger Strategy Consultants und der European Business School, Oestrich-Winkel, die 120 der umsatzstärksten deutschen Konzerne in ihre Erhebungen einbezog, führte für 88 Prozent der Befragten das Streben nach zusätzlichem Wachstum zum Eintritt in die expandierenden Märkte Osteuropas, Asiens und Südamerikas. Neue Absatzpotentiale wollten 78 Prozent ausschöpfen. Für 71 Prozent ging es um frühe Marktpräsenz. Nur 40 Prozent gaben niedrige Produktionskosten als Grund an.[119] Die Löhne sind darunter lediglich ein Faktor. Der Wirtschaftsweise Peter Bofinger rät daher, »den Drohungen etwas furchtloser entgegenzuschauen. ... Wenn ein Unternehmen nach Osteuropa abwandern möchte, weil da die Löhne nur ein Zehntel der hiesigen betragen, bleibt es nicht hier, wenn die Löhne um ein Prozent gesenkt werden.«[120] Lohnkonkurrenz mit Osteuropa oder China anzustreben, wäre ein absurdes Unterfangen. Der Export würde noch stärker boomen und der Binnenmarkt mangels Kaufkraft kollabieren.

Zweitens gibt es bei hiesigen Firmen nicht nur die Tendenz, Deutschland als Wirtschaftsstandort zu verlassen. Nicht wenige Unternehmen brachen inzwischen ihre Zelte im Ausland wieder ab oder planen dies. Zwischen 1999 und 2001 z.B. kam auf drei wegziehende ein zurückkehrendes. Profitable Geschäftsmöglichkeiten hängen eben auch von anderen Faktoren ab als von Löhnen, Abgaben und Steuern. So ist die Arbeitsproduktivität hier hoch, die Infrastruktur im internationalen Vergleich hervorragend, die öffentliche Sicherheit ebenfalls. Die Entwicklung neuer und die Verbesserung etablierter Produkte ist am angestammten Ort oft vorteilhafter umsetzbar. Ein dichtes Netz leistungsfähiger Universitäten, Fachhochschulen und Forschungseinrichtungen bietet günstige Bedingungen für den Technologietransfer in die Wirtschaft. Produktionsausfall als Folge von Arbeitskämpfen ist selten, die Inflationsrate gering. Korruption kommt vor, ist jedoch nicht übliche Praxis wie an vielen Stellen Europas und der Welt. Solche Vorzüge wissen Unternehmen bei aller Kritik an der hiesigen Bürokratie zu schätzen. Das belegt die Entwicklungskurve deutscher Direktinvestitionen im Ausland. Nach steilem Anstieg ab 1995 erreichten sie um die Jahrtausendwende einen Spitzenwert und fielen 2004 wieder auf den relativ geringen Umfang von 1995 zurück (vgl. Grafik 10).

Drittens: Nach Deutschland fließt mehr ausländisches Kapital, als das Land verläßt. Nach einer OECD-Statistik stan-

Grafik 10: Deutsche Direktinvestitionen im Ausland (Neuanlagen) in Mrd. Euro

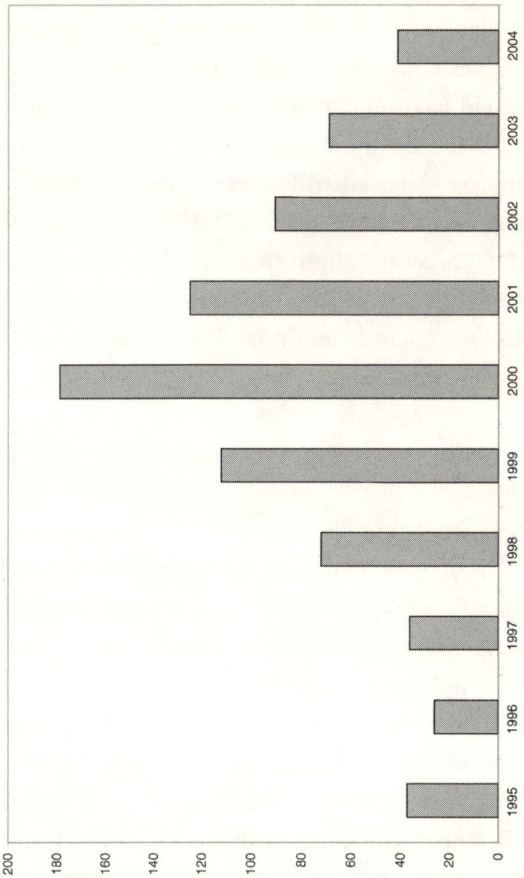

Quelle: Deutsche Bundesbank, Zahlungsbilanzstatistik

den im Jahre 2003 Zuflüssen von 12,9 Milliarden US-Dollar Abflüsse von 2,6 Milliarden Dollar gegenüber.[121]

Insofern gilt es, obengenannten Horror-Szenarien mit Fakten entgegenzutreten. Erstklassige berufliche Aus- und Weiterbildung, Auflegen innovativer Produktlinien und Aufbau von Arbeitsplätzen mit hoher Wertschöpfung sowie Kostenersparnis durch Senkung des Material- und Energieeinsatzes sind für den langfristigen Unternehmenserfolg wichtiger als kurzfristiges Lohnkostendumping.

Noch ein Faktum muß erwähnt werden, das in der öffentlichen Debatte um die angeblich zu teure Arbeit in Deutschland zumeist völlig außer Betracht bleibt: der Außenwert der Währung. Seit 1990 haben allein D-Mark- und Euro-Aufwertungen die Kostenposition für deutsche Firmen im internationalen Vergleich um mehr als 30 Prozent verschlechtert.[122] Jeder Lohnverzicht kann durch Währungsaufwertung rasch kompensiert werden.

Steuern: zu hoch?

In Deutschland sind die Steuern für Unternehmen im internationalen Vergleich zu hoch. Verbliebe ihnen nach Steuern mehr vom Gewinn, würden sie stärker im Inland investieren und weniger Arbeitsplätze ins Ausland verlagern. So käme es zu Beschäftigungserhalt und -ausbau.

Diese von Konservativen und Liberalen vertretene Argumentation kolportiert Positionen der Global Player und ist irreführend, weil undifferenziert. Auch läßt sie sich durch praktische Erfahrung nicht verifizieren. Es gibt in Deutschland nicht *die* »Unternehmenssteuer«. Im Gegensatz zu anderen Industrieländern sind die meisten hiesigen Firmen – 83 Prozent – als Personengesellschaften (z. B. Offene Handelsgesellschaft oder Gesellschaft bürgerlichen Rechts) bzw. Einzelunternehmen (Handwerk) organisiert. Sie müssen Einkommensteuer zahlen. Je nach Einkommenshöhe liegt der Tarif seit dem 1. Januar 2005 zwischen 15 und 42 Prozent (vgl. Grafik 11). Nur

Grafik 11: Einkommensteuerspitzensätze* im internationalen Vergleich

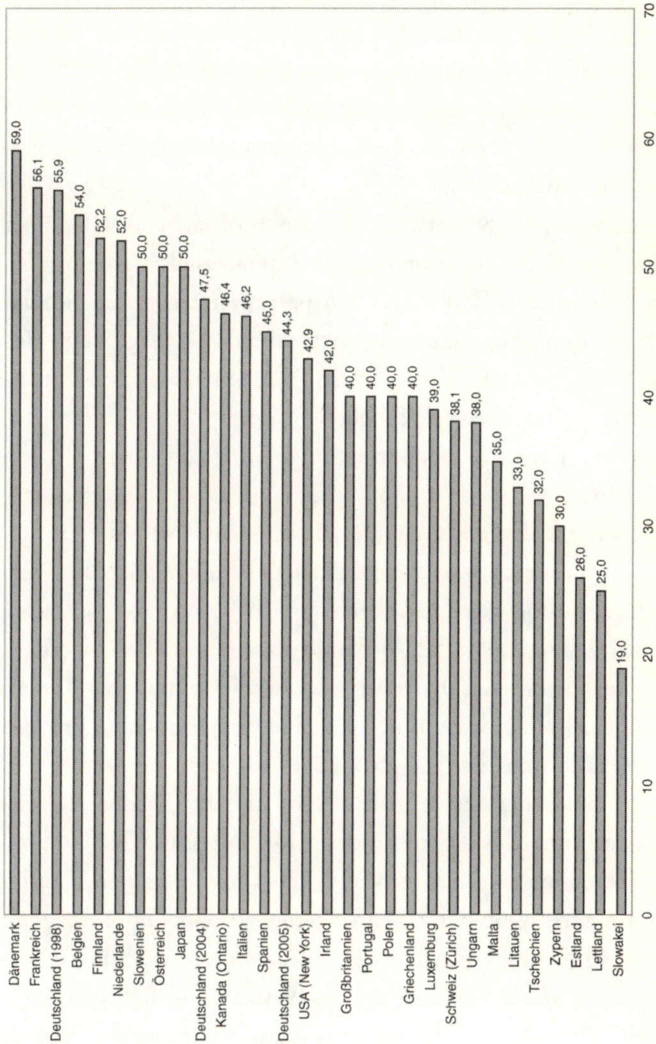

* Deutschland inkl. Solidaritätszuschlag

Quelle: Bundesministerium für Finanzen

17 Prozent der Unternehmen sind Kapitalgesellschaften (Aktiengesellschaften oder Gesellschaften mit beschränkter Haftung), haben also die für Ausländer interessante Rechtsform. Für sie gilt die Körperschaftsteuer von einheitlich 25 Prozent. Solch niedrige Sätze hat es bei beiden Steuerarten noch nie in der Nachkriegszeit gegeben. Auch international sind sie vergleichsweise moderat.

Wahr ist, daß Steuersätze allein kein ausreichendes Bild über die tatsächliche Belastung geben. Kapitalgesellschaften zahlen in Deutschland außer der Körperschaftsteuer den Solidaritätszuschlag und Gewerbeertragssteuer. Das ergibt eine nominale Gesamtbelastung von 38,7 Prozent. Das ist in Europa tatsächlich Spitze (vgl. Tabelle 12). Damit operieren die Global Player, um mit Nachdruck Entlastung zu fordern. Wovon sie allerdings nicht reden, ist die sogenannte Bemessungsgrundlage, also der Gewinn, auf den überhaupt Steuern gezahlt werden. Zahlreich sind Ausnahmetatbestände und Verkürzungsmöglichkeiten, durch die sich die effektive Belastung erheblich reduziert. So werden Konzerne trotz Rekordergebnissen für das Geschäftsjahr 2004 weniger Steuern abliefern als im Jahre 2000. Zum Beispiel sind immer noch 60 Prozent ihrer Gewinne mit Verlustvorträgen aus Vorjahren verrechenbar. Das animiert zum Aufkauf verlustreicher Betriebe zwecks Ausweitung des eigenen Portfolios. Beteiligungen können Unternehmen steuerfrei veräußern und Gewinne in Länder mit niedrigen Steuersätzen verschieben. Und kaum zu glauben: Es dürfen sogar inländische Aufwendungen für die Verlagerung von Arbeitsplätzen ins Ausland – so Kosten für Investitionsplanung, Abbau und Transfer der Jobs, laufende Verwaltung im Mutterunternehmen und Finanzierung der Tochter – steuerlich geltend gemacht werden. Allein letzteres bedeutet für Bund und Länder ein jährliches Minus von bis zu fünf Milliarden Euro.[123]

Tabelle 12: Tarifliche Grenzbelastung des Gewinns von Kapitalgesellschaften mit Körperschaftsteuer, Gewerbeertragsteuer und vergleichbaren Steuern im Ländervergleich, Anfang 2004 (in Prozent).

Irland	12,5
Lettland	15,0
Litauen	15,0
Ungarn	17,0
Polen	19,0
Slowakei	19,0
Schweiz (Kanton Zürich)	25,0
Slowenien	25,0
Portugal (Lissabon)	27,5
Tschechien	28,0
Norwegen	28,0
Schweden	28,0
Finnland	29,0
Dänemark	30,0
Großbritannien	30,0
Luxemburg	30,4
Italien	33,0
Österreich	34,0
Belgien	34,0
Niederlande	34,5
Griechenland	35,0
Spanien	35,0
Frankreich	35,4
Deutschland (einschl. Solizuschlag)	38,7
USA (Staat New York)	39,9
Japan	40,9

Quelle: Bundesministerium der Finanzen

Verschwiegen wird ebenfalls, daß das Gros der Mittel, die aus dem Bundeshaushalt für Forschungs- und Investitionsförderung bereitgestellt werden, auf Konzerne entfällt. Allein Daimler-Chrysler und Siemens erhielten z.B. im Jahre 2000 etwa 283 Millionen D-Mark Forschungszuwendungen durch das Bundesbildungs- und das Bundeswirtschaftsministerium. Das waren 30 Prozent der von diesen beiden Häusern in den entsprechenden Sachgebieten an die Wirtschaft ausgereichten Gelder. Noch nie wurden große Unternehmen von einer Bundesregierung für Forschungszwecke so stark gefördert wie von der rot-grünen. In den 90er Jahren hatten diese Zuwendungen jeweils um die 100 Millionen D-Mark betragen.[124] Die Konzerne haben sich also aus dem Steuertopf immer üppiger bedienen lassen, in den sie selbst relativ wenig hineintun. So ist der Anteil der Körperschaftsteuer am Gesamtsteueraufkommen seit 1960 von 10 auf drei Prozent gesunken. Aus dem vor allem durch Lohn- und Mehrwertsteuer gefüllten Topf wird auch all das finanziert, wovon die Global Player ebenfalls ganz selbstverständlich profitieren: Infrastruktur, Bildung, öffentliche Sicherheit. Ihre Klagen sind unberechtigt und maßlos.

Die Personengesellschaften sind in der Masse Klein- und Kleinstunternehmen sowie mittelständische Familienbetriebe. Ihnen kommen die abgesenkten Einkommensteuersätze sehr wohl zugute. Sie fühlen sich aber immer noch ungerecht behandelt, weil sie in der Spitze real stärker belastet sind als die Kapitalgesellschaften mit ihren zahlreichen Gestaltungsspielräumen. Dennoch ist für die meisten von ihnen die weitere Reduzierung der Einkommensteuertarife nicht das Hauptproblem. Der Umsatz des kleinen Blumenladens, des Architekturbüros, der Druckerei oder des Handwerksmeisters an der Ecke ist zu gering, um auch nur annähernd eine Gewinnbesteuerung von 42 Prozent zu erreichen. Diese Firmen leiden, da häufig auf lokalen und regionalen Absatz angewiesen, unter Auftragsmangel und schlechter Zahlungsmoral privater und öffentlicher Kunden sowie unter Eigenkapitalschwäche, Bankenrestriktionen bei der Kreditbeschaffung und unter Bürokratie. Das Überleben dieser Unternehmen hängt mehr denn je von der Binnenkaufkraft und einer Stärkung der Eigenkapitaldecke ab. Letzteres könnte der Staat dadurch unterstützen, daß er nicht entnommene, in der Firma für Investitionen verbleibende Gewinne bis zu einer bestimmten Größenordnung steuerlich begünstigt, sie also besser behandelt als ausgeschüttete Gewinne. Diesen Vorschlag hatte ich im übrigen bereits als Abgeordnete mehrfach im Bundestag unterbreitet. Stets wurde er mit Hinweis auf nicht verkraftbare Einnahmenausfälle für die öffentlichen Haushalte abgelehnt. Viele Gründe sprechen jedoch für eine solche Regelung: Nach den neuen, »Basel II« genannten Eigenkapitalrichtlinien würde sich die Bonitätsbewertung der Firmen verbessern. Die Betriebe wären wegen stärkerer Eigenkapitalausstattung weniger auf Kreditaufnahme angewiesen. Das würde ihre Zinsbelastung verringern. Handwerksunternehmen könnten diesen Vorteil an die Kunden weitergeben und ihre Leistungen günstiger anbieten. Ihre Umsätze stiegen, sie stünden auf stabilerer Basis und zahlten letztlich wegen steigender Gewinne wieder höhere Steuern. Der gleiche Effekt stellte sich ein, wenn kleine Firmen erst Umsatzsteuer abführen müßten, wenn die Kunden bezahlt haben und nicht schon bei Rechnungsstellung. Das würde ihre oft angespannte Liquiditätslage entschärfen und das Insolvenzrisiko verringern.

Wer glaubt, eine reduzierte Spitze in der Einkommen- und ein weiter abgesenkter Satz in der Körperschaftsteuer würden Wachstum und Beschäftigung beflügeln, hat aus der Geschichte nichts gelernt. Die Praxis zeigt, daß in zurückliegenden Jahrzehnten mit deutlich höheren Tarifen die Wirtschaftsdynamik kräftiger war als seit der rot-grünen Steuerreform mit ihren erheblichen Entlastungswirkungen für Großverdiener und Kapitalgesellschaften. Zwischen 2000 und 2004 erhielten Aktiengesellschaften und GmbH 60 Milliarden Euro Steuergeschenke. Zeitweise haben sie bei der Körperschaftsteuer sogar noch Erstattungen bekommen. Als Investitionsanreiz hat das nicht gewirkt. Wie Grafik 12 zeigt, sind die Investitionen zeitgleich mit den Steuersenkungen zurückgegangen.

Einen Investitions- und Beschäftigungsimpuls hatten bis Ende der 90er Jahre schon die mehrfachen Steuererleichterungen durch die Kohl-Regierung nicht ausgelöst. Ab 1. Ja-

Grafik 12: Entwicklung von Steuern, Gewinnen und Investitionen bei nichtfinanziellen Kapitalgesellschaften (in Mrd. Euro)

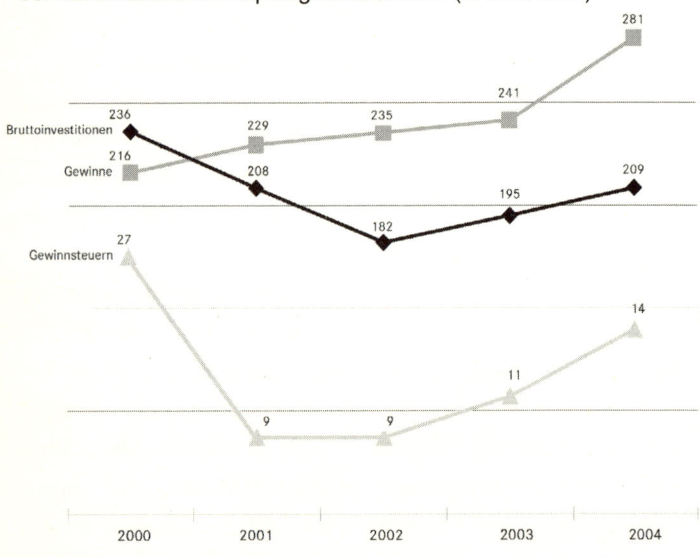

Quelle: Statistisches Bundesamt, Volkswirtschaftliche Gesamtrechnungen, eigene Berechnungen

nuar 1994 waren die Körperschaftsteuer von 50 auf 45 Prozent und der Spitzensteuersatz für gewerbliche Einkommen von 53 auf 45 Prozent gesenkt sowie die Vermögensteuer ab 1. Januar 1997 ausgesetzt worden. Schließlich wurde noch die Gewerbekapitalsteuer abgeschafft und der Solidaritätszuschlag auf die Einkommen- und Gewinnsteuer reduziert.

Die Beschäftigung aber folgte der neoliberalen Verheißung nicht. Von 1993 bis 1997 gab es einen Rückgang der Erwerbstätigen um knapp 400000, die registrierte Arbeitslosigkeit stieg von 3,4 auf 4,4 Millionen.[125] »Warum soll ein Unternehmer bei noch so günstigen Kostenbedingungen investieren, wenn mangels Absatz die Gewinnfreude nicht aufkommen will«, fragt der Wirtschaftswissenschaftler Rudolf Hickel von der Universität Bremen. Seine Antwort: »Die Produktions- und damit Beschäftigungschancen werden mangels Nachfrageerwartungen und damit zu realisierenden Gewinnen nicht genutzt bzw. weiterentwickelt. Da darf es auch nicht verwundern, daß vorhandene Gewinne nicht in Sachinvestitionen fließen, sondern großteils an den Spieltischen des internationalen Kasinokapitalismus eingesetzt werden.«[126]

Falsch ist die Behauptung, Deutschland habe im internationalen Vergleich eine zu hohe Steuerquote. Diese Quote bezeichnet das Verhältnis von Steuereinnahmen zum nominalen Bruttoinlandsprodukt. Tatsächlich betrug die hiesige Steuerquote 2002 (nach den Abgrenzungsmerkmalen der OECD) 21,7 Prozent und war damit eine der niedrigsten in Europa. Von den Staaten der EU wies nur die Slowakei mit 19,2 Prozent einen noch geringeren Satz auf. Unter Berücksichtigung der Abgabenquote (Lohnnebenkosten) ergab sich ein etwas anderes Bild. Hier lag die Bundesrepublik mit 36,2 Prozent international auf einem mittleren Niveau (vgl. Grafik 13).

Grafik 13: Steuer- und Abgabenquoten 2002 im internationalen Vergleich (in Prozent vom nominalen BIP)

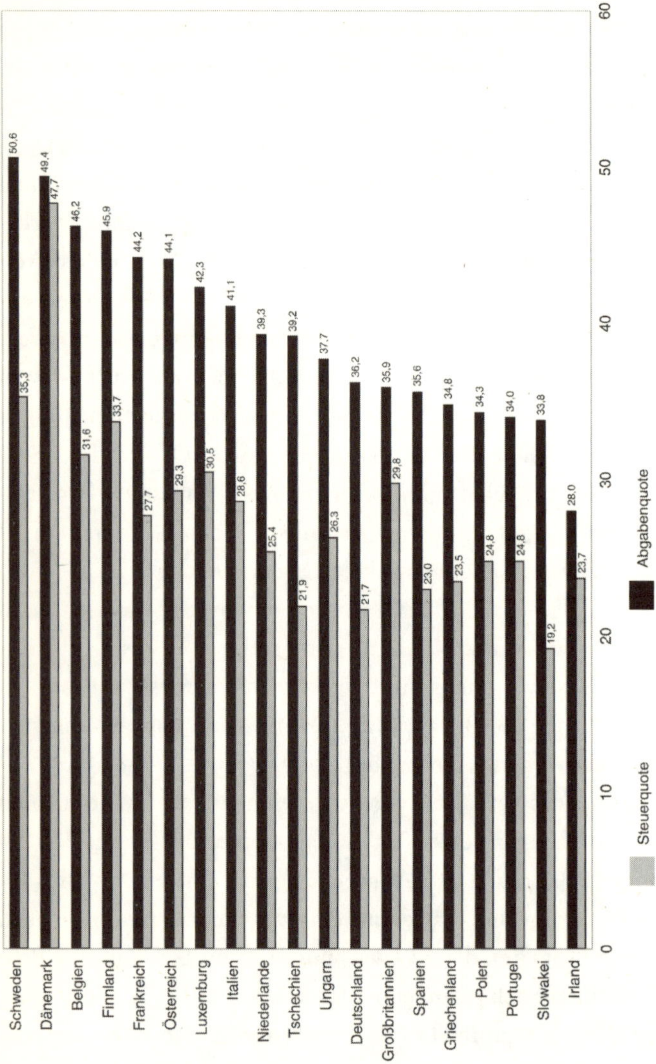

Quelle OECD, Revenue Statistics 2003

Bezogen auf die gesamte Volkswirtschaft gab und gibt es also kein Steuerlastproblem. Betrachtet man die Struktur des Aufkommens, so ist die Position Deutschlands durch deutlich unterdurchschnittliche Anteile der direkten und indirekten Steuern sowie den höchsten Anteil der Sozialabgaben gekennzeichnet. Letztere werden in einem Maße zur Deckung von Staatsausgaben herangezogen, wie das nirgendwo sonst der Fall ist. Diese Fehlentwicklung geht zum großen Teil darauf zurück, daß die deutsche Einheit über Sozialabgaben finanziert wurde. Richtig wäre es gewesen, dies über Steuern zu tun. »Jetzt wird der Sozialstaat für etwas an den Pranger gestellt, für das er gar nichts kann. Die hohen Sozialkosten sind nicht Ausdruck eines verschwenderischen Umgangs oder einer mangelnden Verantwortung der Versicherten. Die Politik hat den Sozialstaat mißbraucht, um die Einheit zu finanzieren, das ist der Grund für die hohen Abgaben.«[127]

Fazit

Nicht der Sozialstaat ist zu teuer und gefährdet die ökonomische Stabilität des Landes. Beschämend hoch ist vielmehr die Arbeitslosigkeit. Sie führt zu gesellschaftlichen Kosten und Einnahmeausfällen und gefährdet die finanzielle Stabilität des Sozialstaates. Wer die Sozialsysteme reformieren will, kommt nicht mit Reparaturschritten zu Lasten Arbeitsloser, Rentner, Kranker und abhängig Beschäftigter weiter, der muß an der Wurzel neu justieren. Den Sozialstaat mit seinen gesellschaftlichen und wirtschaftlichen Werten in der Substanz erhalten zu wollen, bedeutet nicht, all seine gewachsenen Strukturen zu konservieren. Ideologischer Radikalkritik kann keine defensive

Apologie, eine bloße Verteidigung des Bestehenden entgegengesetzt werden. Leistungsmängel, Finanzierungsprobleme und Gerechtigkeitsdefizite der sozialstaatlichen Sicherung sind evident, und neue Herausforderungen lassen sich nicht ignorieren. Das Kernproblem besteht in der Befreiung der Lohnarbeit von den alleinigen Finanzierungslasten des Sozialstaats. Die soziale Frage ist insofern eng mit der Systemfrage verbunden. Eine Wende wird sich aber nur dann anbahnen, wenn realistische, überzeugende Lösungsangebote Menschen massenhaft mobilisieren und ihnen Mut zur Veränderung machen. Wäre die These von der Alternativlosigkeit zur fortschreitenden Verstümmelung des Sozialstaates richtig, könnten wir uns Wahlen sparen und die Regierungsgeschäfte gleich dem IWF oder einem seiner Statthalter übertragen.

Alternativlosigkeit – ein Mythos

Der Diskurs über Alternativen kann sich nicht auf »Sozialisierung« statt »Privatisierung« beschränken. In solcher Polarisierung sehen die einen die Gefahr einer Wiederauflage von Fehlkonstruktionen und Schwächen des verblichenen Systems: Vergesellschaftung aller Produktionsmittel, Entmündigung der Betriebe durch eine übermächtige Zentrale, Mißachtung des Leistungsprinzips, Gleichmacherei, Demokratiedefizite. Andere fürchten, selbst zivilisatorische Errungenschaften der bürgerlichen Gesellschaft – Markt, individuelle Freiheiten, parlamentarische Demokratie, Rechtsstaat, Unabhängigkeit der Justiz – sollten über Bord geworfen werden. Mein Leitgedanke bei der Diskussion um Alternativen ist folgender:

Maßstab für das Funktionieren eines Gemeinwesens, gar einer ganzen Gesellschaft kann nicht die betriebswirtschaftliche Logik sein, also die Maximierung unternehmerischen Gewinns. Was einzelwirtschaftlich als rational und logisch erscheint, wirkt gesamtwirtschaftlich in der Tendenz häufig kontraproduktiv und sozial zerstörerisch. Am deutlichsten wird das in kapitalistischen Ländern an der Parallelität zwischen Explosion von Konzernprofiten und Exklusion von immer mehr erwerbsfähigen Menschen aus dem Arbeitsprozeß. Umgekehrt darf das nicht heißen, betriebliches Gewinnstreben zu delegitimieren. Wohin das führt, haben wir in der realsozialistischen DDR und anderen Ländern des Ostblocks schmerzlich erlebt. Es geht vielmehr um eine neue, gemeinwohlorientierte demokratische Regulationsweise der Wirtschaft, die sich betriebliches Gewinninteresse zunutze macht, es sowohl stimuliert, als ihm auch Grenzen zieht.

In diesem Kapitel soll der Frage nachgegangen werden, wie das natürliche Spannungsverhältnis zwischen betriebswirtschaftlicher Logik und gesamtgesellschaftlicher Vernunft produktiv gemacht und wie der Sozialstaat unter den veränderten globalen Bedingungen sowie angesichts der demografischen Entwicklung erneuert werden kann, statt ihn zu zertrümmern. Ich will Maßnahmen und Schritte vorschlagen, die in ihrer Gesamtheit neoliberalem Handeln entgegengesetzt und unter den obwaltenden Umständen alltagstauglich sind, für die sich Akteure abzeichnen und die den Einstieg in einen alternativen Entwicklungspfad bedeuten können. Das erfordert eine Renaissance makroökonomischen Denkens in der Wirtschaftswissenschaft und eine entsprechende Ausrichtung der Wirtschaftspolitik. Meine Überlegungen dienen der Antwortsuche auf nachstehende Fragen:

- Welche staatlichen Rahmensetzungen sind geeignet, die gesellschaftliche Profitdominanz einzudämmen?
- Ist Arbeit tatsächlich – wie es heißt – ein »knappes Gut«, um das wie um andere knappe Güter eine gnadenlose Wettbewerbsschlacht mit sich ständig verschlechternden Sozialstandards unvermeidbar ist?
- Wie soll das gesellschaftliche Zusammenleben gestaltet werden, wenn die soziale Integration, die Einbeziehung aller in den volkswirtschaftlichen Produktions- und Konsumtionsprozeß nicht über die Erwerbsarbeit gewährleistet ist?
- Wie läßt sich eine gerechte Verteilung des Sozialprodukts organisieren, wenn die Volkswirtschaft keine Wirtschaft für

das ganze Volk mehr ist und einem erheblichen Teil der Gesellschaftsmitglieder die Möglichkeit eines selbstbestimmten Lebens durch Erwerbsarbeit chronisch vorenthält?

- In welche Bahnen muß die wirtschaftliche Freiheit der einen gelenkt werden, damit sie die individuelle Freiheit der anderen nicht abschnürt?
- Wie können soziale Sicherungssysteme jenseits der Lohnarbeitszentriertheit solidarisch finanziert werden?

Für eine *Politische* Ökonomie

Die Ökonomie ist politisch. Das wußten die Klassiker des Marxismus. Politisch in dem Sinne, daß Wirtschaft einen Gesellschaftsbezug hat, daß in ihr divergierende Interessen aufeinander treffen. Mit der Neoklassik entstand eine scheinbar unpolitische Ökonomie, basierend auf dem »methodologischen Individualismus«. »Economics«, die reine Ökonomie, ist das Kontrastprogramm zur *Politischen* Ökonomie. In der akademischen Welt von heute ist die reine Lehre dominant.

Praxisferne der herrschenden Lehrmeinung

Innovative Unternehmer und risikofreudige Kapitalgeber in einem sich zurücknehmenden, möglichst abstinenten Staat – so sieht das Ideal des »modernen« Ökonomen aus. Für ihn sind Menschen und Dinge kaum unterscheidenswert. Der Mensch gilt als »Humanressource«, die sich rechnen muß. »Der Zusammenhang von Ökonomie und Gesellschaft ist vielen Volkswirtschaftsstudenten nicht klar«, bemängelte ein Heidelberger

Kommilitone 2004 im Rahmen der Attac-Sommerakademie in Dresden. Als Anhänger der »postautistischen Bewegung,« die gegen die vorherrschende neoklassische Theorie in der Wirtschaftswissenschaft auftritt, kritisierte er aus seiner studentischen Sicht, was massenhaft auch im betrieblichen Alltag erlebbar ist: »Mit ihrem einseitigen, praxisfernen, dem Leitbild der Mathematik folgenden Wissen, das sich auf die neoklassische Wirtschaftstheorie stützt, rücken Absolventen eines Volks- oder Betriebswirtschaftsstudiums später auf Entscheidungsposten in der Wirtschaft, entlassen Arbeiter und erhöhen ihre eigenen Gehälter.«[128]

Solches Gebaren ist mir Anfang der 90er Jahre wiederholt bei frisch diplomierten Betriebswirten begegnet. Als Berufseinsteiger bei der Privatisierungsbehörde mit einem traumhaften Salär ausgestattet, wickelten sie in Treuhand-Unternehmen langjährig beschäftigte Facharbeiter und Ingenieure ab. Ob die trotz hoher Qualifikation eine neue Arbeit finden und ihre Familien über Wasser halten könnten, war für sie eine abwegige Frage. Sie sprachen sogar stolz darüber, daß sie den im Osten üblichen »sozialen Touch« in der Ausbildung nicht mitgekriegt haben. Verschulung und »Verbetriebswirtschaftlichung« des Studiums sind typische und besorgniserregende Tendenzen. Statt des »allseitig gebildeten Menschen« wie es dem Humboldtschen Ideal entspricht, wird der »allseitig verfügbare Mensch« herangezogen. Für die Demokratie erwächst daraus die Gefahr, daß aus Bürgern Mitläufer ohne eigenes Urteilsvermögen werden.

Eine untergeordnete Rolle spielt in der neoklassischen Ökonomie auch die gesamtwirtschaftliche Nachfrage. Dem Staat wird geraten, ohne Rücksicht auf die Konjunktur zu sparen. Noch weniger beliebt sind bei »modernen« Ökonomen Fragen der Distribution, also der Verteilung von Einkommen und Vermögen. Dies sei mit Werturteilen verbunden und deshalb Angelegenheit der Politiker. Die neoklassischen Protagonisten fühlen sich als Hohepriester der Deutung des wirtschaftlichen Geschehens. Unter bevorzugter Nutzung mathematischer Formeln und Modelle geben sie vor zu wissen, was Märkte signalisieren, wie sie agieren und reagieren. Daß sie mit nahezu jeder Prognose des Wirtschaftswachstums oder der Arbeitslosenzahlen neben dem tatsächlichen Trend liegen, scheint sie nicht anzufechten. Auch zeugen die von Institut zu Institut meist höchst unterschiedlichen Voraussagen nicht gerade von Verläßlichkeit der Methoden. Nachstehende Grafik 14 (S. 192) faßt die BIP-Prognosen der sechs deutschen Wirtschafsforschungsinstitute für das Jahr 2005 zusammen.

Zwei Monate nach Bekanntgabe gab es bereits Korrekturen. Das RWI und das IHW senkten ihre Prognose für 2005 auf jeweils nur noch ein Prozent, das IfW und das HWWA auf magere 0,6 Prozent. Optimisten vom Dienst wie die Bundesminister Clement und Eichel hielten hingegen an ihren im Januar veröffentlichten Werten fest, bis sie sich Mitte April entschlossen, ihre Wachstumserwartung auf ein Prozent zurückzunehmen. Dieses Spiel wiederholt sich Jahr um Jahr.

Eine *Politische* Ökonomie lehnen die Neoklassiker ab. Befürworter oder gar Vertreter einer solchen Denkrichtung werden von ihnen mit dem Bannstrahl versehen. Dementsprechend werden die Universitäten nicht nur in Deutschland von den letzten Resten der *Politischen Ökonomie*, insbesondere des kritischen Marxismus, entsorgt. Das geschieht nicht wie nach der Wende in Ostdeutschland durch Kündigung von Ordinarien, sondern per Emeritierung mit anschließender

Grafik 14: BIP-Prognosen* der Wirtschaftsforschungsinstitute für Deutschland (Stand: Januar 2005)

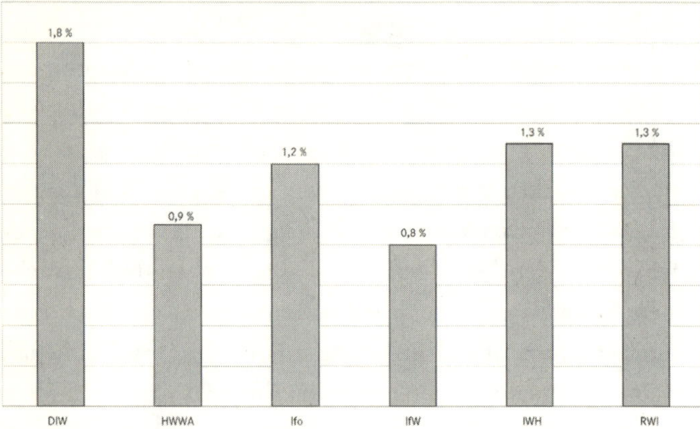

* Veränderung des BIP in Prozent gegenüber dem Vorjahr
DIW: Deutsches Institut für Wirtschaftsforschung, Berlin
HWWA: Hamburger Welt-Wirtschafts-Archiv, Hamburg
Ifo: Institut für Wirtschaftsforschung, München
IfW: Institut für Weltwirtschaft, Kiel
IWH: Institut für Wirtschaftsforschung, Halle
RWI: Rheinisch-Westfälisches Institut für Wirtschaftsforschung, Essen

Quelle: FAZ.NET

Stellenstreichung oder Neuberufung von Mainstream-Anhängern auf frei werdende Lehrstühle.

In die absolute Minderheit gedrängt sind auch die Anhänger des Keynesianismus. In den Katastrophenjahren nach der Weltwirtschaftskrise taugten die herkömmlichen Theorien nicht, um das Desaster zu verstehen oder gar zu beheben. Der britische Ökonom John Maynard Keynes präsentierte 1936 mit seiner »Allgemeinen Theorie der Beschäftigung, des Zinses und des Geldes«[129] ein Ensemble von Erklärungen. Seine Analyse: Arbeitslosigkeit verschwindet nicht automatisch, und um die Konjunktur in den Griff zu kriegen, kommt es nicht auf die Geldmenge an, sondern auf die Nachfrage nach Gütern. Daraus zog er den entscheidenden Schluß: Wo die Nachfrage fehlt, muß der Staat entweder durch Konjunkturprogramme oder durch Zinssenkungen einspringen. In der Alt-BRD schlug die große Stunde des Keynesianismus Mitte der 60er Jahre während der ersten Rezession der Nachkriegszeit. Der Ökonomieprofessor Karl Schiller (SPD) verordnete als Wirtschaftsminister im Einvernehmen mit Finanzminister Franz Joseph Strauß (CSU) eine Konjunkturpolitik wie aus dem makroökonomischen Lehrbuch. Der Staat kurbelte die Nachfrage an, und tatsächlich wurde der Marsch aus der Talsohle geschafft. Ein Aufschwung nach Maß schloß sich an. Mit dem Stabilitäts- und Wachstumsgesetz von 1967 feierte der Keynesianismus einen Triumph. Es war der in Paragraphen gegossene Beweis, daß Politik gestaltbar ist statt sie nur als Vollzieherin ominöser »Sachzwänge« zu sehen. Auch Institutionen wie der Finanzplanungsrat, die mittelfristige Finanzplanung und der Jahreswirtschaftsbericht wurden damals kreiert.

Natürlich geht es heute nicht um einen Aufguß politischer Empfehlungen der 30er oder der 60er Jahre. Aber ohne Referenz vor dem Altmeister der Konjunktursteuerung, ohne nachfragestützende Maßnahmen parallel zu angebotspolitischen läßt sich unter den Bedingungen einer profitorientierten Gesellschaft Massenarbeitslosigkeit nicht dämpfen. Albrecht Müller fand hierfür die prägnante Formel: »Synthese aus Angebotsökonomie und Keynes«[130]. So viel Pragmatismus ist selbst in den USA und in Großbritannien eine Selbstverständlichkeit, in Deutschland aber ein Tabu.

In TV-Talkshows und Interessenverbänden, auch in der

Wirtschaftspresse wird ehrfürchtig nahezu alles aufgegriffen, was aus Mündern neoklassischer Hohepriester strömt. Ob der schon häufiger zitierte Chef des IFO-Instituts München, Hans Werner Sinn, der ehemalige langjährige Präsident des Kieler Weltwirtschaftsinstituts, Horst Siebert, oder Klaus Zimmermann, Präsident des DIW Berlin – sie alle werden nicht müde, ihre orthodoxen Instrumente zu offerieren: Arbeitszeitverlängerung ohne Lohnausgleich als Weg zur »Rettung« des Standortes Deutschland, Kürzung von Feiertagen, Abschaffung des Kündigungsschutzes und Niedriglohnstrategien. Wer ihnen widerspricht, dem wird entgegengehalten, die Zeichen der Zeit nicht verstanden zu haben.

So wie in der DDR und anderen sozialistischen Ländern den Ökonomen viel zu lange zuvorderst die Aufgabe nachträglichen Begründens »weiser« Beschlüsse der SED-Führung zugedacht, besser zugemutet war, so übernehmen die Vertreter der »reinen« ökonomischen Lehre heute freiwillig die Rolle von »Vordenkern« neoliberaler Politik. Ihnen geht die von der Schröder-Regierung beschlossene Agenda 2010 zwar in die richtige Richtung, aber nicht weit genug. Im Hochschulwesen verbeamtet, unkündbar, gut besoldet und mit zahlreichen lukrativen Nebenjobs haben sie den Bezug zum millionenfachen Arbeitslosen- und Armen-Lebensalltag längst verloren. Sie sind Sprachrohre der Global Player und wollen nicht wahrhaben, daß ihre Vorschläge untauglich sind, um dem Grundübel Massenarbeitslosigkeit zu Leibe zu rücken. Vergleichbar einem erfolglosen Arzt wird nicht das Heilverfahren geändert, sondern die Dosierung unwirksamer oder gar schädlicher Medikamente erhöht.

»Wer Kosten senkt, ohne etwas für die Nachfrage zu tun – wer sich in einem sozialen Schrumpfstaat einrichtet, kann keine Innovationsdynamik zum Nutzen künftiger Generationen auslösen, der vererbt eine Ökonomie der Trostlosigkeit.«[131] Diesem Urteil von Rudolf Hickel schließe ich mich an. Hickel gehört wie z. B. auch Jörg Huffschmidt zu den überzeugten Anhängern einer *Politischen* Ökonomie. Ihre Namen stehen maßgeblich für die »Memorandum-Gruppe«, einen Kreis sozialkritischer Ökonomen, der seit 1975 jeweils parallel zum Jahresgutachten der von der Bundesregierung bestallten »Fünf Weisen« ein alternatives Memorandum zur wirtschafts- und sozialpolitischen Entwicklung der Bundesrepublik Deutschland vorlegt. Die Gruppe stellt in der öffentlichen Debatte eine feste Größe dar, findet bei der etablierten Politik aber offiziell kein Gehör, obwohl sich ihre Analysen als treffsicher und ihre Vorschläge als stichhaltig erweisen.

Wider die Sachzwangideologie

Der Neoliberalismus konnte als herrschende Ideologie des entfesselten Kapitalismus auf das Denken großer Teile der Gesellschaft Einfluß gewinnen, weil er sich den Mangel an Kenntnissen über wirtschaftliche Tatbestände und gesellschaftliche Grundzusammenhänge zunutze macht. Bourdieu hatte das „ökonomischen Analphabetismus« genannt. Den verdummenden Sachzwang-Argumenten müssen öffentlichkeitswirksam mobilisierende Alternativen entgegengesetzt werden. »Die Überwindung von ›Sachzwängen‹ beginnt im Kopf, indem sie als ideologische Denkzwänge durchschaut werden«, urteilt der Leiter des Instituts für Wirtschaftsethik St. Gallen, Peter Ulrich.[132] Viele Menschen spürten zwar intuitiv, daß am neoliberalen Ökonomismus – das sei der Glaube der ökonomischen

Logik an nichts als sich selbst – irgend etwas nicht stimmen kann. Sie fühlten sich jedoch dem geschliffenen Jargon der ökonomischen ›Sachlichkeit‹ argumentativ ohnmächtig ausgeliefert. Was Not täte, so der St. Gallener, wäre analog zur Staatsbürgerkunde eine zur Allgemeinbildung gehörende Wirtschaftsbürgerkunde. Ich finde diese Idee sehr angemessen.

Die Ökonomie eignet sich für die Anwendung mathematischer Methoden, weil es sehr viel Quantifizierbares und gewisse sich wiederholende Zusammenhänge gibt. Dadurch können Denkprozesse weitergetrieben werden als durch bloße verbale Logik. Doch eine exakte Wissenschaft wie z. B. die Mathematik oder die Physik ist die Volkswirtschaftslehre nicht. Sie wird ihrem Charakter als Sozialwissenschaft nicht gerecht, solange sie sich sklavisch von Dogmen und Axiomen leiten läßt und diese nicht dem Praxistest unterwirft: Die Staatsquote muß unter 40 Prozent gedrückt werden; die jährliche Neuverschuldung darf maximal 3 Prozent vom Bruttoinlandsprodukt betragen; eine Steuerentlastung für Unternehmen fördert deren Investitionsbereitschaft; eine einprozentige Senkung der Lohnnebenkosten führt zur Schaffung von 100 000 neuen Arbeitsplätzen; ab zwei Prozent Wirtschaftswachstum wird die Schwelle zum Beschäftigungsaufbau überschritten. Das sind einige der ideologischen Glaubenssätze. Mit ihnen soll begründet werden, warum jede Form einer nachfrageorientierten Politik falsch ist.

Verbreitet ist die Behauptung, Wachstum müsse immer zuerst vom Arbeitsmarkt kommen. Deshalb könne es nicht richtig sein, an Nachfrageankurbelung auch nur zu denken, um eine höhere Dynamik zu erreichen. Ein Blick auf die Statistik bezeugt allerdings, daß vom Arbeitsmarkt nie eine Belebung der gesamtwirtschaftlichen Nachfrage ausging. Zuerst sprang stets die Nachfrage an, mit einiger Verzögerung folgte dann der Arbeitsmarkt. Solche empirischen Zusammenhänge leugnen oder ignorieren die Apostel angebotsorientierter Reformen. Damit verliert die ökonomische Theorie an Glaubwürdigkeit.

Es gibt keinen anderen Weg, die Dominanz der neoklassischen Autisten zu brechen, als die praktische Untauglichkeit, das Versagen ihrer Rezepte empirisch durch ökonomische Daten und Fakten aus der Erfahrungswelt der Bürger zu belegen. Hilfreich kann auch der Diskurs zwischen Vertretern verschiedener Wirtschaftstheorien (Marxisten, Postkeynesianisten, Monetaristen, Neoklassiker, Anhänger der Komplextheorie ...) bei Sommer-Akademien, in speziellen Seminaren von Stiftungen, in Workshops für junge Leute oder ähnlichen Formen sein.

Auch in anderen europäischen Ländern spielt ein Großteil der von den Linken verfolgten strategischen Denkansätze im akademischen Betrieb derzeit kaum eine Rolle. Jüngere Generationen kennen daher die Grundlagen alternativer Politik sowie kritischer *Politischer* Ökonomie zu wenig. Die Europäische Linkspartei wäre gut beraten, den Aufbau eines Europäischen Instituts für Sozialforschung ins Auge zu fassen. Jene Disziplinen und theoretischen Ansätze könnten eine Heimstatt finden, die im offiziellen Wissenschaftsbetrieb kaum noch gefördert werden. Es könnte Weiterbildungsprogramme für Gewerkschafter und politische Mandatsträger sowie wissenschaftliche Informations- und Beratungsleistungen für die Linke Fraktion im Europa-Parlament und für sozialistische/kommunistische Fraktionen in den Parlamenten der EU-Mitgliedsstaaten anbieten. Ich bin mir der Schwierigkeiten bewußt, ein solches Projekt mit Leben zu erfüllen. Aber eine länderübergreifende Infrastruktur für eine Gegenöffentlichkeit zum neoliberalen Meanstream wäre hilfreich.

Vom Sinn des Wirtschaftens

Was ist eigentlich Ziel, was ist Sinn des Wirtschaftens? Diese Frage schlägt in der Öffentlichkeit immer dann Wellen, wenn der Börsenkurs eines Unternehmens im Gleichklang mit spektakulär angekündigtem Personalabbau in die Höhe schnellt. Oder wenn Konzerne sich in erzielten Milliardengewinnen sonnen und zur gleichen Zeit Tausende von Entlassungen für unverzichtbar halten. So gab Anfang 2005 Deutsche-Bank-Chef Ackermann einen Gewinnzuwachs nach Steuern von 87 Prozent bekannt und informierte bedenkenlos über das Vorhaben, weitere 6400 Stellen im In- und Ausland zu streichen. Er hat seinem Haus als Ziel eine Eigenkapitalrendite von 25 Prozent vor Steuern vorgegeben. 2004 seien erst 19 Prozent erreicht worden. Das sei das absolute Minimum, die besten Banken lägen weit darüber.[133] Der Mensch wird in solchen Praktiken und dahinter stehenden Denkweisen auf eine »Humanressource«, einen Kostenfaktor reduziert.

Während einige Vertreter des Arbeitgeberlagers meinen, Unternehmen dürften sich nicht allein vom Renditedenken leiten lassen, erkennen andere in einer solchen Aufforderung »ein verqueres Bild der moralischen Qualität des Unternehmertums in einer marktwirtschaftlichen Ordnung« und finden sogar, damit würde »dem Sozialismus das Wort geredet«.[134] Der Ruf nach sozialem Engagement der Unternehmen sei nichts anderes als das falsche Spiel mit der Moral, es sei Sozialismus durch die Hintertür, befindet der Chefökonom Deutschland von Barclays Capital.[135] Diese Diktion entspricht der Lehrmeinung des konservativen US-amerikanischen Wirtschaftswissenschaftlers Milton Friedman, der Generationen von Ökonomiestudenten geistig prägte. Sein Name steht für das Konzept der Konjunkturpolitik durch Geldmengensteuerung (Monetarismus) und Begrenzung staatlicher Regulierung. Schon Anfang der 60er Jahre warnte Friedman: »Es gibt nur wenige Tendenzen, die das Grundgefüge unserer freien Gesellschaftsordnung so nachhaltig unterminieren könnten, wie das Bestreben von Führungskräften der Großbetriebe, andere soziale Verantwortung zu übernehmen, als lediglich die Aufgabe, für ihre Aktionäre soviel Geld wie möglich zu verdienen.«[136]

Der Mensch als zentraler Bezugspunkt

Die Wirtschaft ist der Kernbereich der Gesellschaft. Dies zu leugnen oder für überhöht zu halten, wie es in linken Kreisen lange üblich war, ist töricht. Etwas anderes ist der im Kapitalismus übermächtige Trend zur Ökonomisierung aller Lebenssphären. Politische Verantwortungsträger messen ökonomischen Erfolg in erster Linie am BIP-Zuwachs, am Exportanteil des Landes oder am Umfang von Auslandsinvestitionen. Für das Unternehmerlager dokumentiert er sich zuallererst in wachsenden Gewinnen. Die Entwicklung von Beschäftigung und des Nettorealeinkommens der Arbeitenden gilt hingegen nicht als Erfolgsmaßstab. Das wirtschaftliche Resultat muß aber die Lebensbedingungen der Bürger verbessern. Nur dann hat es für das Gemeinwesen einen Nutzen. Wirtschaftlicher ohne sozialen Fortschritt ist Selbstzweck, ist gesellschaftlich parasitär.

Die Frage nach dem Sinn des Wirtschaftens schwingt mit, wenn Parteien darum streiten, ob es eine »rechte« und eine »linke« Wirtschaftspolitik gibt, und wenn der Sozialdemokrat Gerhard Schröder, bevor er Bundeskanzler wurde, meinte, es gäbe keine »linke« und keine »rechte,« sondern nur eine »gute« oder eine »schlechte« Wirtschaftspolitik. Diese Schlagworte besagen aber nichts. Ziel und Inhalt der Wirtschaftspolitik lassen sich immer nur vom Leitbild einer Gesellschaft her definieren, in der wir leben möchten und der die Wirtschaft dienlich sein soll.[137] Wirtschafts- ist immer auch Vollzug von Gesellschaftspolitik. Die Sinnfrage ist nicht ohne den zentralen Bezugspunkt »Mensch« beantwortbar. Soll er nur als Größe in der Produktion, als Ware am Arbeitsmarkt, also Mitglied einer Erwerbsgesellschaft bewertet oder als Fokus wirtschaftlicher Tätigkeit gesehen werden? Auch strategisch denkende konservative Politiker erkennen die Brisanz der um sich greifenden Kommerzialisierung. Wolfgang Schäuble z. B. mahnt in seinem neuen Buch: »Menschen sind mehr als Teilnehmer an Wirtschaftsprozessen, und eine Ökonomisierung unserer Gesellschaft würde letztere in ein Vakuum abgleiten lassen. Wenn man mit Menschen in den neuen Bundesländern spricht, dann merkt man oft eine seltsame Bestätigung dieser päpstlichen Botschaft.«[138]

Sinn des Wirtschaftens muß es sein, den Menschen gleiche Chancen der persönlichen Entfaltung und der Beteiligung am gesellschaftlichen Leben sowie möglichst viel Lebensqualität im weitesten Kontext zu sichern und dabei die begrenzten Naturressourcen zu schonen. Wirtschaft hat demnach eine dienende Funktion. Darauf läuft letztlich auch der Inhalt von Artikel 14, Abs. 2 des Grundgesetzes hinaus: »Eigentum verpflichtet. Sein Gebrauch soll zugleich dem Wohle der Allgemeinheit dienen.« Keine Eigentumsform ist von diesem Gebot ausgenommen. Folglich muß es darum gehen, dem nach höchstmöglicher Verwertung strebenden Kapital soziale und ökologische Grenzen zu setzen und darüber hinaus ethische Maßstäbe unternehmerischer Tätigkeit einzufordern. Der Gesellschaft sollen nicht Entwicklungstrends aufgezwungen werden, die von einer Profitmaximierungsstrategie vorgegeben sind. Falsch ist es aber, einzelwirtschaftliches Gewinnstreben mit Unmoral gleichzusetzen. Verwerflich ist, Gewinne dadurch machen zu wollen, daß man anderen Menschen die Existenzgrundlage entzieht und durch legale und illegale Tricksereien das heimische Steuersystem umgeht.

Wer sein Geld in die Gründung eines Unternehmens steckt, muß – nachvollziehbar – nach einer Eigenkapitalverzinsung streben, die der einer langfristigen Geldanlage bei einem Bankinstitut mindestens entspricht, denn auch die Risikoübernahme hat ihren »Preis«. Der landläufige Eindruck, nach Steuern ausgewiesener Gewinn stünde Unternehmenseigentümern ausnahmslos zur privaten Verwendung zu, speist sich zwar aus mannigfachen, darunter spektakulären Vorkommnissen solcher Art. Aber er verkennt, daß Erweiterungsinvestitionen, die Finanzierung von Forschungs-, Entwicklungs- und Ausbildungsaufgaben oder auch Sponsoring für soziale und kulturelle Zwecke in der Kommune ihre Quelle im Surplus haben. Ohne betriebswirtschaftliche Effizienz kann es keine volkswirtschaftliche Leistungsfähigkeit geben. Das eigentliche Problem in der kapitalistischen Gesellschaft ist nicht das betriebliche Gewinnstreben, sondern die maßlose Renditejagd, die fehlende leistungsgerechte Besteuerung, die Möglichkeit der Steuerhinterziehung und der spekulativen Gewinnanlage sowie die Öffnung aller Bereiche des gesellschaftlichen Lebens für den Kommerz.

Nach Karl Marx ist Ausbeutung Aneignung fremder Arbeit ohne Äquivalent.[139] Ist aber die Gewinnhöhe schlechthin mit Ausbeutung gleichzusetzen? Ich meine nein. Zunächst ist zu fragen, wie der Gewinn entsteht – durch wertschaffende Innovation sowie intelligente Kooperation, Organisation und Logistik oder aber durch Personalabbau, unbezahlte Überstunden, Lohndumping, leistungslose Geldvermehrung an den Finanzmärkten und ähnliche Praktiken – und des weiteren, wem er nach Besteuerung und Verwendung zugute kommt. Übersehen werden darf auch nicht, daß die Inhaber kleiner und mittlerer Betriebe zumeist selbst an der Wertschöpfung beteiligt sind und unter Bedingungen immer härter werdender Konkurrenz dabei firmenerhaltende Aufgaben zu übernehmen haben: Konzipierung und laufende Aktualisierung der Unternehmensstrategie, Kundengewinnung, Marktpflege, Nachwuchsheranbildung, Sorge um die Liquidität, Abwehr der Insolvenz. In Personengesellschaften ist der (kalkulatorische) Unternehmerlohn, also das Entgelt für den Arbeitseinsatz des Unternehmers, Bestandteil des ausgewiesenen Jahresergebnisses. Dies alles muß in linken Kreisen zur Kenntnis genommen werden. Vergütung unternehmerischer Tätigkeit ist nicht umstandslos Resultat von Ausbeutung. Darin steckt auch Anerkennung für produktive und damit wertschaffende Arbeit. Wenn allerdings Manager von Industriekonzernen, Privatbanken oder Investmentfonds Jahreseinkommen in Höhe vieler Millionen Euro beziehen, dann steht das nicht mehr im Verhältnis zu eigener Arbeitsleistung.

Im jüngsten PDS-Programm ist das Bemühen erkennbar, die auffällige Ökonomie-Abstinenz im früheren Politikangebot zu überwinden. Erstmals wird die Unternehmenslandschaft in ihrer ganzen Differenziertheit angesprochen. Diese

Landschaft umfaßt nicht nur einige tausend Aktiengesellschaften, zumeist Global Player, deren Manager dem Shareholder Value verpflichtet sind und durch marktwirtschaftlich exzessives Tun auffallen. Sie wird quantitativ dominiert von über drei Millionen kleinen und mittleren Unternehmen (KMU) mit Beschäftigtenzahlen von 1 bis 250 laut EU-Klassifizierung und 1 bis 500 nach deutscher Mittelstandsdefinition. Fast 90 Prozent aller Unternehmen sind dabei solche bis zu 20 Beschäftigten. Ihre Bedingungen und Probleme sind völlig andere als die von Großunternehmen. Sie sind in der Regel vom Eigentümer geführt, der langfristig denken muß, während der Konzernmanager sein Engagement zuvorderst auf die Laufzeit seines Vertrages ausrichtet.

Eine linke Kraft wie die PDS, die auf Verbindung von Freiheit und Gerechtigkeit, auf Umverteilung von oben nach unten, also auch Umverteilung von Macht und der für die politische Gestaltung notwendigen öffentlichen Finanzmittel zielt, muß sich mit ihrer Gesellschaftsstrategie auch an Inhaber von KMU wenden. Felder für gemeinsame Anliegen sind u.a.: Ablehnung verschwenderischen Umgangs mit Steuergeld, z.B. für Kriegsbeteiligung, Stärkung der Binnenkaufkraft, wovon für viele dieser Unternehmen die Auftragslage abhängt, Schutz vor schädlichen Globalisierungsfolgen wie Lohndumping und der häufig zur politischen Einflußnahme mißbrauchten Zusammenballung ökonomischer Macht. Besonders Existenzgründer und Kleinunternehmer stehen den unselbständig beschäftigten »Normalverdienern« sehr nahe, spüren wie diese das Diktat einer kleinen, jedoch immer mächtiger werdenden gesellschaftlichen Gruppe, der Repräsentanten des Großkapitals. Sie leiden unter Bürokratie, Subventionsbetrug und anderen Formen von Wirtschaftskriminalität. Natürlich wäre es verfehlt zu behaupten: Ein Kleinunternehmer denkt immer sozial, und ein Konzernboß ist per se ein skrupelloser Ausbeuter.

Ich habe mit zu den ersten gehört, die sich für einen festen Platz von KMU im wirtschaftspolitischen Konzept der PDS eingesetzt haben. Das war zunächst ein auf bitterer realsozialistischer Erfahrung beruhendes Engagement, denn die Liquidierung des industriellen Mittelstands in der DDR Anfang der 70er Jahre des vergangenen Säkulums hat ihrer wirtschaftlichen und gesellschaftlichen Entwicklung nachhaltig geschadet. Zugleich war es eine pragmatische Reaktion, ausgelöst durch das Alltagsgeschehen nach der Wende. Ich hatte die Zerschlagung volkseigener Kombinate und die tausendfache Abwicklung von Betrieben erlebt. Oft blieben nur Miniaturen übrig, die sich unter komplizierten Bedingungen neu auf heißumkämpften Märkten zurechtzufinden hatten. Verfolgt habe ich, wie arbeitslose Facharbeiter, Ingenieure und Hochschullehrer mangels anderer Perspektiven für sich und ihre Familien den einzigen Ausweg in der Selbständigkeit sahen und welche Unsicherheiten sie dabei auf sich nehmen mußten. Nach der deutschen Einheit empfand ich alsbald, daß die auf die neuen Länder übertragene Wirtschaftspolitik der Alt-BRD sich zwar verbal sehr mittelstandsfreundlich gab, in Wahrheit jedoch – und das bis heute – primär an den Interessen der Großunternehmen orientiert ist.

Dies alles veranlaßte mich, zusammen mit anderen 1994 den Offenen Wirtschaftsverband von klein- und mittelständischen Unternehmen, Freiberuflern und Selbständigen Berlin-Brandenburg e.V. (OWUS) zu gründen. Bis 1996 stand ich ihm vor und gehöre ihm weiterhin an. In den eigenen Reihen brachte mir das sowohl Zuspruch als auch Kopfschütteln ein, nicht selten mit der Bemerkung, KMU hätten nichts mit dem Profil einer sozialistischen Partei zu tun. Ich sehe das anders. Massenhaftes kleines Unternehmertum ist eine nicht wegzudenkende Realität, kein kleines Übel, kein Muttermal des Kapitalismus. Wer das bestreitet, ist lebensfremd. Eine Politik zugunsten kleiner und mittlerer Betriebe nützt nicht ausschließlich den Firmeninhabern, wie mitunter geargwöhnt. Sie ist auch im Interesse der dort Beschäftigten und der Gesellschaft insgesamt. Beitragen kann sie zur Zurückdrängung der Profitdominanz.

Einzelwirtschaftliche Rationalität und gesamtwirtschaftliche Vernunft

Ein Betrieb kann langfristig nur überleben, wenn er schwarze Zahlen schreibt, also Gewinn erzielt. Die Gesellschaft aber kann nicht wie ein Unternehmen nach dem Motto gemanagt werden: Alles muß sich rechnen. Es gibt Lebensbereiche, zu denen breite Schichten keinen chancengleichen Zugang fänden oder in denen es nicht zu technisch möglichen und sozial gebotenen Innovationen käme, würden diese vom Kommerz beherrscht, das heißt, müßten Erträge die Kosten decken und einen Surplus garantieren. Mittel für die öffentliche Daseinsvorsorge, Zuschüsse zur sozialen Sicherung, Aufwendungen für gemeinwohlorientierte Arbeit oder Subventionen für die Entwicklung erneuerbarer Energien, um nur Beispiele zu nennen, können ihre Quelle nur in erwirtschaftetem Mehrprodukt in anderen Bereichen haben. Nicht *betriebliches* Interesse an der Gewinnerzielung ist daher das Problem, sondern das *gesellschaftlich* ungezähmte Kapital.

Die PDS bezieht sich in ihrem Programm erstmals dezidiert

auf »unternehmerisches Handeln und Gewinninteressen«.[140] Darin werden »wichtige Voraussetzungen für Innovationen und wirtschaftliche Leistungsfähigkeit« gesehen. Aus der Sozialpflicht des Eigentums und ökologischer Verantwortung abgeleitete Rahmenbedingungen sollen das einzelwirtschaftliche Profitstreben in Richtung gesamtwirtschaftlicher Vernunft lenken. Diese Passage war und ist umstritten. Ich vermag darin allerdings nicht wie manche andere einen Kniefall vor kapitalistischer Profitgier oder ein neoliberales Andienen an privates Eigentum zu erkennen. Es handelt sich um Kenntnisnahme einer unternehmerischen Triebkraft. Übrigens müssen neben privaten Unternehmen auch Genossenschaften, kommunale und öffentliche Unternehmen – sie alle gehören zum von der PDS vertretenen Eigentumspluralismus – mit ihrem Ertrag mindestens den Aufwand decken, also den Finger auf jeden Posten legen, wie Bertolt Brecht das einst formulierte.

Der Widerspruch zwischen Zielen des Einzelunternehmens und solchen der Gesellschaft läßt sich nur durch eine adäquate Arbeitsmarkt-, Förder-, Steuer-, Umwelt- und Sozialpolitik sowie die Gewährleistung allgemeiner Versorgungssicherheit mit öffentlichen Gütern zu sozial verträglichen Konditionen auflösen. »Auf einen Nenner gebracht, geht es um eine andere als die heutige, nämlich demokratische, am Allgemeinwohl orientierte Regulationsweise der Wirtschaft, sowohl ›von oben‹ – mit staatlichen Mitteln, die Gesetzgebung eingeschlossen, als auch ›von unten‹ – aus der Gesellschaft heraus, indem verschiedene Formen gemeinschaftlichen und nicht profitorientierten Wirtschaftens praktiziert und gefördert werden.«[141]

Ob es in dieser Hinsicht bei Vorherrschaft privatkapitalistischen Eigentums Chancen und Spielräume gibt oder ob eine sich am Allgemeinwohl orientierende Regulationsweise der Wirtschaft ohne vergesellschaftetes Eigentum an Produktionsmitteln Illusion ist, das wird im linken Spektrum kontrovers diskutiert. Die zahlreichen Gruppierungen haben bislang keine schlagkräftige gemeinsame Botschaft. Manche zugespitzte Forderung gleicht eher einem psychologischen Ventil denn einem Impuls für konkretes Handeln, das zu Veränderungen führt. Meine Erfahrung ist: Mit wohlklingenden, in überschaubaren Zeiträumen jedoch utopischen Gesellschaftsvisionen spricht man zwar bestimmte Bevölkerungskreise an. Aber Massen lassen sich so nicht mobilisieren. Die rechnen nicht mit dem baldigen Entstehen einer revolutionären Situation und schlagartiger Veränderung der Macht- und Eigentumsverhältnisse. Sie wollen aber auch die herrschenden Zustände nicht einfach hinnehmen. Bei jeder Veranstaltung werde ich nach Konzepten gefragt, die den von Arbeitslosigkeit betroffenen bzw. bedrohten Menschen wieder eine Perspektive für stabile, existenzsichernde Beschäftigung eröffnen könnten, nach hier und heute gangbaren Wegen, um die fortschreitende Umverteilung von unten nach oben zu stoppen, oder nach Möglichkeiten zur sozialen Zügelung des Kapitals. Überzeugende Antworten darauf zu geben ist angesichts schwindenden Glaubens an die Gestaltbarkeit von Politik und zerrütteten Vertrauens in deren Exponenten eine schwierigere Aufgabe als Träume von einer alternativen Gesellschaft vorzustellen. Im Zentrum müssen Politikangebote stehen, die geeignet sind, die Sozialpflichtigkeit des Eigentums einzufordern, die Profitdominanz zurückzudrängen und so auf einen anderen gesellschaftlichen Entwicklungspfad hin zu lenken.

Ein theoretischer Diskurs zum Jahrhundertthema »Eigentum« ist hier nicht vorgesehen. Auch will ich in diesem Buch nicht darüber nachdenken, wie Eigentum als gesellschaftliches Verhältnis und konstituierend für eine Wirtschaftsordnung in zukünftigen Generationen verfaßt sein mag oder sein sollte. Ich werde mich auf den praktischen Umgang mit dem Eigentumsproblem in linker Politik der Gegenwart beschränken.

1. Die Frage, welcher Stellenwert privatem und öffentlichem Eigentum in der Wirtschaft zukommen soll, schien nach dem gescheiterten Realsozialismus in der Volksmeinung auf absehbare Zeit vorherrschend zugunsten der erstgenannten Form beantwortet zu sein. Die ökonomische Unterlegenheit der auf Staatseigentum beruhenden Wirtschaft hatte ihre Spuren im Bewußtsein der Bevölkerung hinterlassen. Das kann im linken Lager nicht ausgeblendet, darauf muß konstruktiv reagiert werden. So berechtigt verbale Schärfe gegen privatkapitalistisches Wirtschaften und der politisch-moralische Appell zum Schutz öffentlichen Eigentums vor dem Ausverkauf sind – sie vermitteln noch keine positive Begründung für Eigentum in öffentlicher Hand.[142] Dafür sind nachvollziehbare Argumente aus dem Alltagsleben der Bürger notwendig. Die Geschichte hat gezeigt, daß privates, auf maximale Verwertung setzendes Eigentum dem öffentlichen hinsichtlich betriebswirtschaftlicher Effizienz in der Regel überlegen ist. Beim Anlegen des volkswirtschaftlichen Maßstabes, das heißt unter Einschluß der sozialen und ökologischen Folgewirkungen profitorientierten Wirtschaftens, sieht das Bild differenzierter aus. Diese Erfahrung können Millionen Menschen täglich auch in diesem Lande machen. Daran gilt es anzuknüpfen.

2. Das Grundgesetz der Bundesrepublik erlaubt Enteignung, also eine Sozialisierung von Eigentum. Laut Artikel 14, Absatz 3 ist dies »nur zum Wohle der Allgemeinheit zulässig. Sie darf nur durch Gesetz oder auf Grund eines Gesetzes erfolgen, das Art und Ausmaß der Entschädigung regelt.« Und in Artikel 15 heißt es: »Grund und Boden, Naturschätze und Produktionsmittel können zum Zwecke der Vergesellschaftung durch ein Gesetz, das Art und Ausmaß der Entschädigung regelt, in Gemeineigentum oder in andere Formen der Gemeinwirtschaft überführt werden.« Bislang wird von diesen Optionen lediglich Gebrauch gemacht, wenn es um die Bereitstellung von Bauland für öffentliche Straßen, Autobahnen und Flughäfen auf privatem Grund und Boden geht. Dennoch sind sie der FDP ein Dorn im Auge. Ihr wirtschaftspolitischer Sprecher Rainer Brüderle forderte 2001 sogar, Grundgesetz-Artikel 15 komplett zu streichen. »Wir wollen nicht offen bleiben für sozialistische Experimente welcher Couleur auch immer«, war seine Rede.[143]

Die Linke müßte demgegenüber Vorschläge entwickeln, auf welche weiteren als die vorgenannten Fälle unter welchen Bedingungen die Vergesellschaftungsoption zum Wohle der Allgemeinheit Anwendung finden könnte. Wäre so ein Fall zum Beispiel gegeben, wenn Chemiekonzerne aus Profitgründen hochgiftige Abfallstoffe in Flüssen oder im offenen Meer verklappen und Mensch, Tier und Umwelt gefährden? Oder wenn Pharmakonzerne um der Marktanteile willen unzureichend getestete Medikamente in den Handel bringen und Gesundheitsschäden bei Anwendern in Kauf nehmen? Und was spricht dagegen, den immer noch rund 800 Millionen Hektar umfassenden »Rest« ehemals volkseigener Acker- und Waldflächen der DDR in Bundes- oder Landeseigentum zu belassen und langfristig an Bauern zu verpachten, statt ihn schließlich komplett zu verkaufen und Spekulationspotential zu schaffen?

3. Im Alltag der Bürger stellt sich die Eigentumsfrage kaum als Systemfrage, sondern sehr direkt auf anderen Ebenen. Soll zum Beispiel der öffentliche Nahverkehr privatisiert werden oder in der Hand der Kommune bleiben? Ist das Erheben der LKW-Maut eine originär staatliche Aufgabe, oder kann dieses Recht an ein Privatkonsortium verpachtet werden? Was würde die Privatisierung städtischer Krankenhäuser für die Gesundheitsversorgung der Bevölkerung bedeuten? Welche sozialen Auswirkungen hätte es, wenn der Dienstleistungssektor für den weltweiten Wettbewerb privater Anbieter geöffnet würde? Bei diesen Fragen geht es nicht in erster Linie um Vergesellschaftung im Sinne eines Systemwechsels. Es geht um Verhinderung der fortschreitenden Privatisierung von Gütern und Leistungen, die heute noch von der öffentlichen Hand angeboten werden und öffentlich-rechtlich organisiert sind. Jede Privatisierung von kommunalem, Landes- oder Bundeseigentum – aus welchen Gründen sie auch immer erfolgt – schränkt Steuerungsmöglichkeiten der jeweiligen Gebietskörperschaften ein und entzieht der demokratischen Mitwirkung Raum.[144]

Wenn ein Privater vorgibt, eine zum Beispiel von der Gemeinde bisher erbrachte Leistung günstiger anbieten zu können, ist zunächst zu prüfen, ob die in Aussicht gestellte Kostenersparnis nicht von der Kommune selbst realisiert werden kann. Weiter ist abzuschätzen, zu welchen Dauerbelastungen eine Privatisierung für die Allgemeinheit führen wird und ob der Einmalerlös für die klamme kommunale Kasse dazu in einem angemessenen Verhältnis steht. Werden die Löhne der Beschäftigten drastisch reduziert, dann spüren das nicht nur die Betroffenen, sondern ebenfalls der ortsansässige Einzelhandel, die Gastronomie und andere Bereiche. Es sinken die Lohn- und Mehrwertsteuereinnahmen, wovon auch die Kommune betroffen ist. Meist kommt Personalausdünnung hinzu, Urlaubstage und Pausenzeiten werden gekürzt. Der Streß für die Noch-Beschäftigten nimmt zu und damit die Gesundheitsgefährdung. Es bleibt nicht bei den anfänglichen Tarifen für die Müllentsorgung, die Straßenreinigung oder die Verkehrsleistung. Die Kosten für die privaten und gewerblichen Kunden steigen. Das Argument, diese und jene Einrichtung rechne sich für die Kommune nicht, muß also genau hinterfragt werden.

4. Grundsätzlich kann für die Beantwortung der Frage, welche Aktivitäten privat und welche öffentlich durchgeführt werden sollen, die Klassifizierung der Güterwelt hilfreich sein. Die Volkswirtschaftstheorie unterscheidet private (Individual-), öffentliche (Kollektiv-) und Mischgüter. Private Güter sind dadurch charakterisiert, daß ihre Nutzung durch bestimmte Wirtschaftssubjekte den gleichzeitigen Gebrauch durch andere ausschließt. Als Beispiele wären Haus- und Grundbesitz zu nennen. Öffentliche Güter hingegen stehen allen gleichermaßen zur Verfügung, niemand kann von der Nutzung ausgeschlossen werden. Ihr Konsum durch Einzelne schränkt den Konsum durch alle anderen nicht ein. Es gibt keine Rivalität. Das ist typisch für öffentliche Sicherheit (Polizei), Währungsstabilität, kulturelles und wissenschaftliches Erbe, Weltmeere, Flüsse, Naturparks, aber auch öffentliche Infrastruktur. Um Mischgüter handelt es sich, wenn das eine und das andere zutreffen kann, wie bei Versorgung mit sauberem Wasser, mit Bildungs-, Kultur- und Sportangeboten oder den Leistungen öffentlicher Krankenhäuser, der Wohnungsbaugesellschaften und des öffentlichen Personennahverkehrs. Für die politische

Praxis muß gelten, daß reine öffentliche Güter von der Privatisierung grundsätzlich auszuschließen sind. Solche Mischgüter, von deren Teilhabe bzw. Gebrauch trotz Rivalität niemand ausgenommen werden kann, sind vom Staat bereitzustellen, ohne daß er sie in jedem Fall in Eigenregie hervorzubringen oder zu betreiben hätte. Er kann sie bei Privaten aufkaufen und zu Konditionen, die nur er bestimmt, der öffentlichen Nutzung zuführen. Das ist besonders für die unteren Einkommensgruppen wichtig, stärkt den sozialen Zusammenhalt und die politische Stabilität der Gesellschaft.

Es wird zwischen den verschiedenen politischen Lagern, ja selbst innerhalb dieser immer Streit um die Zuordnung von Gütern und Leistungen zu der einen, anderen oder dritten Art geben. Immer werden Interessen eine Rolle spielen. Letztlich hängt die Positionierung vom jeweiligen Gesellschaftsbild ab.

5. Verfehlt ist es aus meiner Sicht, undifferenziert von »privatkapitalistischem Eigentum an Produktionsmitteln« zu sprechen und darin einen monolithischen Block zu sehen. Aufgabe von auf Alternativen setzenden linken Kräften muß es sein, Inhaber von kleinen und mittleren Unternehmen für eine demokratische Politik sozialer Ausgewogenheit, angemessenen wirtschaftlichen Wachstums und ökologischer Vernunft zu gewinnen. Das darf keine zeitweilige taktische Entscheidung sein, sondern ist eine strategische Voraussetzung für das Erreichen gesellschaftlicher Akzeptanz und von politischem Zuspruch. Antikapitalismus des demokratischen Sozialismus beschreibt kein Projekt flächendeckender Vergesellschaftung des Eigentums an Produktionsmitteln. Er richtet sich nicht gegen das Privateigentum schlechthin, sondern gegen die Privatisierung von Natur- und anderen öffentlichen Gütern, gegen den Ausverkauf öffentlichen Vermögens an Private, gegen Mono-

polmacht, die sich demokratischer Kontrolle entzieht und gegen soziale Enthemmung des Unternehmertums.

6. Zu den Forderungen der Linken an die Politik muß gehören, endlich die Folgen bisheriger Privatisierungen kritisch zu überprüfen. Zu denken geben die desaströsen Erfahrungen Großbritanniens mit den privatisierten Eisenbahnen. Diese sind für die Nutzer teurer und zugleich technisch unsicherer geworden. Nicht ohne Grund hat die britische Regierung eine Rückverstaatlichung eingeleitet. Sie kaufte den privaten Unternehmen den Gleiskörper wieder ab, brachte ihn in ein quasi-öffentliches Unternehmen ein und stellte ihn unter öffentliche Verwaltung. Eine Warnung geht hierzulande auch von der Privatisierung der Stromversorger aus. Die entstandenen Giganten mißbrauchen ihre Preisfestsetzungsmacht zum Nachteil der Kunden. Das gleiche ist zum Beispiel bezogen auf die nach der Wende in den neuen Bundesländern privatisierten Abwasseranlagen zu beobachten. Noch immer gibt es in Deutschland keinen offiziellen Privatisierungsbericht, woraus ersichtlich wäre, was in den letzten Jahren alles zu welchen Konditionen und mit welchen Effekten privatisiert worden ist und in welchem Grade sich die Eigentumsstruktur im Lande verändert hat. Ebensowenig gibt es einen der Öffentlichkeit vorgestellten Privatisierungsplan oder ein Privatisierungskonzept mit weiteren derartigen Vorhaben. Das nährt den Eindruck, die Umwandlung öffentlichen Eigentums in privates erfolge nach Kassenlage.[145] Öffentliches Eigentum im Bereich der Infrastruktur oder am Wohnungsbestand ist aber nicht schlechthin Vermögen, das notfalls zur Haushaltssanierung mobilisiert werden kann. Es hat eine soziale Funktion. In den vergangenen fünf Jahren sind mehr als 600 000 Wohnungen aus öffentlichem Bestand verkauft worden. Trotz

großen Bedarfs an bezahlbarem Wohnraum ist die Zahl der Sozialwohnungen auf 1,6 Millionen geschrumpft. Die Renditeziele US-amerikanischer und anderer Investoren führen zu Mieterhöhungen und forcieren die Umwandlung von Miet- in Eigentumswohnungen. Für finanziell schwache Haushalte hat der Mietzins die Grenze der Belastbarkeit erreicht. Gewachsene Wohnstrukturen stehen auf dem Spiel, weil viele Mieter die Kostensteigerungen nicht mehr tragen können. Laut Deutschem Mieterbund befanden sich Anfang 2005 noch 2,74 Millionen Wohnungen in kommunalem Besitz. 390 000 Wohnungen wurden von öffentlichen Wohnungsgesellschaften verwaltet.[146] Finanzinvestoren sehen darin ein profitträchtiges Anlagepotential für die Zukunft. Eine Studie der Deutschen Bank visiert den Verkauf von einer Million öffentlicher Wohnungen bis 2010 an. Die Sicherung eines Zuhauses, das für alle Bürger menschenwürdig und bezahlbar ist, muß in linker Politik auf allen Ebenen oberste Priorität einnehmen.

7. Schutz und Förderung verdienen Genossenschaften als gemeinschaftliche Wirtschaftsform. Vornehmlich in Landwirtschaft, Handwerk und Handel sind sie zukunftsträchtig. Das Stimmrecht ist im Unterschied zur Aktiengesellschaft personen- und nicht kapitalgebunden. Das stimuliert die demokratische Mitwirkung. In den Agrargenossenschaften sind die Mitglieder Bodenbesitzer und in dieser Eigenschaft gleichzeitig Landverpächter, Kapitalgeber und Beschäftigte in einem. Dieses Dreiecksverhältnis wirkt stabilisierend auf die Betriebe. In den neuen Bundesländern bestehen trotz mancher Hürden, die sie nach der Wende zu nehmen hatten (z. B. Behinderung beim Bodenkauf, Belastung durch Altschulden) noch immer rund 1 100 solcher Genossenschaften. Sie bewirtschaften eineinhalb Millionen Hektar Nutzfläche, sind in vielen Dörfern

wieder produktive und soziale Zentren und erweisen sich ähnlich Agrar-GmbH und GmbH & Co KG gegenüber kleinen bäuerlichen Familienbetrieben als wettbewerbsfähiger. Genutzt werden kann die Genossenschaft auch als effiziente, bürgernahe Alternative zur Privatisierung kommunaler Aufgaben wie Wasser-, Abwasser- und Energieversorgung.

8. Steuergeld ist Gemeineigentum. Daraus an private Unternehmen ausgereichte Fördermittel gehören an Gegenleistungen für die Allgemeinheit (Erhalt und Ausbau von Arbeitsplätzen, Schaffung von Ausbildungsplätzen, Steuerehrlichkeit) gebunden, um »verlorene« Zuschüsse zu vermeiden. Geboten ist die Rückforderung von öffentlichem Fördergeld, wenn ein privates Unternehmen zwecks Profitsteigerung mit seiner Produktion ins Ausland zieht, obwohl es am bisherigen Sitz schwarze Zahlen schreibt. Es reicht nicht, Produktionsverlagerung in kostengünstigere Länder als mangelnden Patriotismus der Manager oder Eigentümer zu geißeln, also moralisch zu verurteilen. Es geht vielmehr darum, Gerechtigkeit gegenüber denen zu wahren, die den Fördertopf mit ihren Steuern füllen und sich nicht von den Pflichten gegenüber dem Staat freirechnen können.

Erhalten Konzerne zur Kapitalerhöhung Subventionen oder eine andere Förderung aus Steuergeldern, sollten sie Aktienpakete an die öffentliche Hand abtreten. Das machte gewählten Volksvertretungen eine Einflußnahme auf strategische Entscheidungen möglich, die Kleinaktionäre auf Grund der Bindung des Stimmrechts an das Kapital nicht erlangen. Die Aktienpakete könnten zurückgekauft werden, sobald der Konzern über entsprechende Mittel verfügt. Priorität bei der Vergabe von Fördermitteln gebührt der Beschäftigungseffekte wegen kleinen und mittleren Unternehmen. Sie sind auf eine

Wertschöpfungseinheit bezogen in der Regel deutlich personalintensiver als Großunternehmen und rationalisieren weniger als diese. Zum Vergleich: Zwischen März 1995 und Juni 2001 beispielsweise bauten die Großunternehmen ihr Personal um 11 Prozent ab, KMU stockten es im gleichen Zeitraum um zweieinhalb Prozent auf.[147]

9. Eine der vordringlichsten Aufgaben der Politik ist die Zügelung des Finanzkapitals. Dazu müßten die Finanzinvestoren unter Kontrolle der Aufsichtsämter in der Bundesrepublik und in der EU gestellt und die erst 2004 auf Wunsch der Banken sowie der von ihnen betriebenen Fondsgesellschaften durch die Schröder-Regierung am hiesigen Finanzplatz zugelassenen spekulativen Hedgefonds zumindest begrenzt und scharf kontrolliert werden. Antworten sind fällig auf die Frage nach der Verantwortung für wirtschaftliches Handeln, wenn anonyme Finanzinvestoren Unternehmensleitungen zwingen, in kürzesten Fristen möglichst viel Profit zu machen. Die Zerschlagung von Unternehmen durch Finanzbeteiligungsgesellschaften ist gesetzlich zu erschweren. Das könnte geschehen, indem letztere auf Hauptversammlungen nur noch dann das Stimmrecht ausüben dürfen, wenn sie eine Mindestzahl an Jahren am Unternehmen beteiligt sind. Die Steuerbefreiung für Gewinne aus der Veräußerung von Kapitalbeteiligungen gehört unverzüglich zurückgenommen. Die Macht privater Geldinstitute wäre durch Abschaffung des Depotstimmrechts der Banken, Erweiterung der Rechte von Minderheitenaktionären und Stärkung der Rechte der Verbraucher per Einführung von Verbandsklagerechten einzuschränken.

Zu untersagen sind Aktienoptionen für Manager. Fällig ist über die Offenlegungspflicht hinausgehend eine Initiative, Managergehälter statt ausschließlich an DAX-Werte oder Gewinnmargen zugleich an die Beschäftigungsentwicklung des Unternehmens zu koppeln. Vor allem darin widerspiegelt sich, ob das Führungspersonal erfolgreich war. Eine Firma, die Gewinne nur noch durch Personalabbau steigern kann, signalisiert nach außen, daß sie schrumpft und ihr strategisches Ziel verfehlt hat. Der genannte Maßstab würde die Anstrengungen der Manager auf markterschließende Innovationen, auf die Optimierung des Produktionsprozesses sowie des Energie- und Materialverbrauchs richten. Es flössen in die Vergütung der Manager gesamtwirtschaftliche Aspekte ein. Dafür müßten sich – flankiert von entsprechendem öffentlichen Druck – nachdrücklich die Gewerkschaftsvertreter in den Aufsichtsräten einsetzen, und der Bund hätte eine neue Aktienrechtsgesetzgebung auf den Weg zu bringen. Durch gesetzliche Haftungsbedingungen wäre schuldhaftes Verhalten von Managern zu ahnden bzw. ihm sanktionsandrohend vorzubeugen. Sie gehen immerhin auch mit dem häufig zur Altersvorsorge gedachten Geld vieler Kleinaktionäre um, das durch Mißmanagement im Handumdrehen verbrannt sein kann. Wem diese Vorschläge zu dirigistisch, zu wenig marktwirtschaftlich vorkommen, der möge sich in den USA, in Kanada und anderen Ländern umtun, wo manches davon bereits Praxis ist.

Gegen alle Widerstände der privaten Geldinstitute und gegen die Bestrebungen der EU-Kommission gilt es, um den Erhalt der kommunalen Sparkassen zu ringen. Sie sind zur Kreditversorgung in der Fläche, besonders für kleine und mittlere Unternehmen, unverzichtbar. Aus diesem Geschäftsfeld ziehen sich Privatbanken zunehmend zurück. Ihnen ist der Beratungsbedarf zu groß und das in Frage kommende Kreditvolumen zu gering.

Ohne mir Illusionen zu machen und den zu erwartenden

heftigen Einspruch orthodoxer »Vordenker« und Wirtschaftsbosse zu unterschätzen – es gibt Möglichkeiten, die gesellschaftliche Profitdominanz unter den gegenwärtigen kapitalistischen Bedingungen einzuschränken. Ich werbe dafür, sie politisch immer wieder ins Gespräch zu bringen und sie im Parlament wie außerparlamentarisch als Forderungen zu erheben. Schritte in vorgenannte Richtungen, plausible Alternativen zur gegenwärtigen neoliberalen Praxis können Mut machen, vor Lethargie und Depression schützen. Sie sind unspektakulär, sie sind sozusagen »irdisch«. Daher bieten sie die Chance, den Zuspruch von immer mehr Menschen in der gegenwärtigen kapitalistischen Gesellschaft zu finden und damit zugleich über deren Grenzen hinauszuwachsen. Ein Kernanliegen ist dabei, allen, die wollen und können, den Zugang zu existenzsichernder Arbeit zu ermöglichen.

Arbeit und Freizeit für alle

Geht der Gesellschaft tatsächlich die Arbeit aus? Wird es jemals wieder Vollbeschäftigung geben? Gilt nur der arbeitende Mensch als guter Mensch? Was ist mit einem Recht auf Faulheit? Ist der traditionelle Arbeitsbegriff noch zeitgemäß? Was bedeutet die Globalisierung für die Zukunft der Arbeit?

Das sind nur einige Fragen, die regelmäßig bei Veranstaltungen gestellt werden. Sie drängen sich angesichts der Massenarbeitslosigkeit und der fehlenden Aussicht auf, mit den überkommenen Praktiken Änderung herbeizuführen. Wollen wir das Leben ans Kreuz der Arbeit nageln, die Erwerbsarbeit heroisieren oder uns dem Ruf anschließen: »Arbeit ist Mist«, um nicht ein derberes Wort zu benutzen? Das ist etwa der Bogen, unter dem das Thema debattiert wird.

Arbeit – Fluch und Segen

Erinnern wir uns zunächst an das sich im geschichtlichen Verlauf wandelnde Verständnis von Arbeit und ihrer Rolle für den Sinn des menschlichen Lebens. In der Antike war Arbeit den Sklaven vorbehalten. Die freien Bürger widmeten sich »ehrenhaften« Tätigkeiten, so der Politik oder der Philosophie. Die griechische Mythologie deutet Arbeit als Strafe. Auch in der biblischen Schöpfungsgeschichte ist sie ein Fluch. »Im Schweiße deines Angesichts sollst du dein Brot essen«, heißt es. Im Mittelalter stand »arebeit« für Mühsal, Plage und Not. Die heute noch vorherrschende Bedeutung erhielt die Arbeit mit der Reformation. Luther prägte das Wort »Beruf«, in dem die göttliche Berufung mitschwingt. Die Arbeit erhielt eine nahezu religiöse Dimension. Friedrich Engels begründet in seiner Schrift »Der Anteil der Arbeit an der Menschwerdung des Affen« die hohe sinnstiftende Funktion der Arbeit.[148] Sie ist Ausdruck der vernünftigen, zielbewußten Handlungsfähigkeit des Menschen und schafft die Möglichkeit, für sich und andere langfristig zu sorgen. Die protestantische Ethik, wie Max Weber sie beschrieb, sah in der Arbeit eine Pflicht. Die Industrialisierung trägt das Bekenntnis zur Arbeit schon im Namen: »Industria« ist der lateinische Terminus für Fleiß. Nun arbeitete man nicht, um zu leben, sondern man lebte, um zu arbeiten.[149] Für viele Menschen bildete Arbeit fortan den Lebenssinn. Manche, die Workaholics, verfielen sogar einer Arbeitssucht. Solch einen Chef hatte ich Ende der 70er/Anfang der 80er Jahre am Internationalen Ökonomischen Forschungsinstitut beim Rat für Gegenseitige Wirtschaftshilfe in Moskau. Der Russe Juri Semjonowitsch Schirjajew, gegenüber seinen Landsleuten unnachgiebig, im Umgang mit seinen ausländischen Kollegen aus sieben »Bruderstaaten« fair, selbst rastlos, ja pathologisch arbeitsbesessen, lebte nach der Maxime: »Die Zeit, die wir haben, ist das Geld, das uns fehlt.« Er kannte keine Muße. Entspannung war für ihn vergeudete Zeit. Er starb – noch nicht sechzigjährig. Herzinfarkt.

Während die Befreiung von Arbeit in früheren Zeiten als Segen empfunden worden wäre, wurde Arbeitslosigkeit später zum Fluch. Das gilt bis heute. Verwunderlich ist das nicht. Arbeit wird allgemein mit abhängiger Beschäftigung, also Lohnarbeit gleichgesetzt, ist für die meisten Menschen Haupt- oder einzige Erwerbsquelle und Grundlage der Alterssicherung. Aus der Arbeit gedrängt werden, bedeutet Gefährdung des erreichten Lebensstandards, gesellschaftliche Isolierung, Verlust von Kommunikation und sozialer Anerkennung, psychisches Leid.

Im letzten Fünftel des vergangenen Jahrhunderts hat die Diskussion um die Zukunft der Arbeit nicht nur in Deutschland eine Intensivierung erfahren. Die Ursachen liegen in einer grundlegend veränderten Arbeitswelt. In allen kapitalistischen Industrieländern ist ein hohes Niveau von Erwerbslosigkeit – wenn auch mit Differenzierungen – zum Dauerphänomen geworden. Eine signifikante Zurückdrängung ist nirgendwo, eine geringfügige nur in Ausnahmefällen gelungen. Wie die Entwicklung in den OECD-Ländern seit Anfang der 90er Jahre aussieht, hat Tabelle 4 (S. 63) gezeigt.

Dem linken wie dem konservativen Lager zugehörige oder nahe stehende Wissenschaftler ziehen ungeachtet großer Unterschiede in den Auswegstrategien ein gemeinsames Fazit: Der Arbeitsgesellschaft (gemeint ist die der reichen Industrieländer) geht die Arbeit aus, weil der Produktivitätsfortschritt auf breiter Front »technologisch bedingte Arbeitslosigkeit« schafft und Sättigungstendenzen auf den Märkten zwangsläufig Konsumabschwächungen nach sich ziehen. Der bekannteste Prognostiker des Untergangs der Arbeitsgesellschaft ist Jeremy Rifkin, gesellschaftskritischer US-amerikanischer Wirtschaftswissenschaftler. Bis zu 75 Prozent der Arbeiten, die heute noch vom Menschen ausgeführt werden, könnten morgen von Erfindungen der dritten industriellen Revolution – also mit Informations- und Kommunikationstechnologien, sehenden Robotern und künstlicher Intelligenz, Bio- und Gentechnik – erledigt werden, lautete seine Voraussage Mitte der 90er Jahre.[150] Das virtuelle Büro mache die Sekretärinnen überflüssig, der elektronische Verkäufer die Einzelhändler, die vollautomatische Bank die Angestellten. Telefongesellschaften ersetzten menschliche Vermittler durch Spracherkennungstechnologien. Neue Computersoftware perfektioniere die Fähigkeit der Maschinen, Gespräche in Echtzeit von einer Sprache in die andere zu übersetzen. Vom Computer hergestelltes Design verdränge schrittweise Zeichner und Ingenieure. Immer mehr körperliche und geistige Tätigkeiten, von einfachsten Handreichungen bis zu anspruchsvollster konzeptioneller Arbeit, würden – so die Vision des Amerikaners – im 21. Jahrhundert von billigeren und leistungsfähigeren Maschinen übernommen. Er sieht nahezu menschenleere Bauernhöfe, Fabriken und Büros als künftige Norm.

Vielleicht, so mutmaßt er gut zehn Jahre nach seiner vorangegangenen Prognose, werden 2050 nur noch fünf Prozent der erwachsenen Bevölkerung nötig sein, die industrielle Welt zu managen und zu betreiben. Rifkin wirft die logische Frage auf, was dann aber tun mit den Millionen junger Leute, die in einer zunehmend automatisierten Welt aufwachsen und kaum oder gar nicht mehr gebraucht werden?[151]

Ein aus solcher Prophezeiung gezogenes Resümee lautet, die Zukunft sei jenseits der schrumpfenden oder zusammenbrechenden »Arbeitsgesellschaft« zu gestalten – durch Tauschringe und andere geldlos vermittelte kooperative Produktion oder durch Stärkung des »Dritten Sektors« zwischen Staat und Markt. Auch eine neue Subsistenzwirtschaft, also Produktion zur Selbstversorgung, die die Arbeit wieder »in direkte Interaktion mit der Natur bringt«, Produktion und Bedürfnisbefriedigung zusammenführt, wird ins Gespräch gebracht. Rudolf Bahro plädierte für »eine neue, haushälterische Lebensweise in Kommunen« und forderte »ein neues Benediktinertum«.[152] Der in Berlin lehrende Soziologe Wolfgang Engler kommt ausgehend von der Beschäftigungskatastrophe in Ostdeutschland in seinem Buch mit dem provokativen Titel »Die Ostdeutschen als Avantgarde« zu dem Schluß, daß wir uns nicht radikal genug fragen, wie ein Leben wäre, in dem Arbeit tröpfchenweise fließt, gewissermaßen als Episode. Er nennt die »Rückkehr zur Vollbeschäftigung .... unter allen zeitgenössischen Legenden die bei weitem populärste – postreligiöses Opium fürs Volk«[153]. Ein anderes Lebensmodell müsse sich nach seiner Auffassung an Geselligkeit, Kunst, sozialem Austausch und am Einsatz für das öffentliche Wohl orientieren. In seiner jüngsten Publikation »Bürger, ohne Arbeit« nimmt Engler den Faden wieder auf und findet, der

Osten Deutschlands blamiere die Vollbeschäftigungsphantasten jedweder Geistesrichtung.[154]

Die Toskana-Fraktion der SPD entwarf Ende der 80er Jahre Konzepte zur Transformation der Arbeitsgesellschaft in eine »Erlebnis- und Kulturgesellschaft«. Kirchliche Kreise und Sozialinitiativen sehen die Zukunft in einer »Tätigkeitsgesellschaft«.[155] Die »Kommission für Zukunftsfragen« der Freistaaten Bayern und Sachsen hingegen propagiert den Übergang von der »arbeitnehmerzentrierten, kolonnenhaft formierten Industriegesellschaft« zur »unternehmerischen Wissensgesellschaft«. Im Gegensatz zu den Linken geht es den Konservativen nicht um gemeinschaftliche »Alternativ- oder Subsistenzproduktion«, sondern um die beschleunigte Auflösung des Arbeitnehmerstatus durch Förderung einer »Renaissance der Selbständigkeit«. Propagiert wird ein neues Leitbild vom »Arbeitnehmer als Unternehmer seiner Arbeitskraft«. In mehr sozialer Ungleichheit wird der Motor für höheres Wachstum gesehen. Die rot-grüne »Agenda 2010« folgt bereits dem sogenannten Aktivierungs-Paradigma der Konservativen, wonach Leistungskürzungen und verschärfte Zumutbarkeitsregelungen »Bewegung in die Arbeitslosen« bringen sollen.

Schrumpfende und Wachstumsbranchen

Geht der Gesellschaft denn nun die Arbeit aus? Ist Vollbeschäftigung »postreligiöses Opium fürs Volk«, wie Wolfgang Engler befindet? Ist sie eine sozialromantische Utopie, wie Meinhard Miegel, Vorstand des Bonner Instituts für Wirtschaft und Gesellschaft, fragt und mit »Ja und nein« antwortet? »Eine Bevölkerung sollte das Ziel der Vollbeschäftigung aktiv verfolgen und sich ihm nach Kräften annähern. Sie sollte aber nicht versuchen, es ganz zu erreichen. Denn der Preis hierfür wäre zu hoch: Stagnation, weil die Bevölkerung ihren Blick nicht mehr hebt, oder Diktatur, die ihr das verwehrt.«[156] Oder ist Vollbeschäftigung nicht vielleicht eine Frage der Macht und damit eine politische Herausforderung, wie z. B. Karl-Georg Zinn urteilt? Der Aachener Volkswirtschaftler setzt für die Antwort den Punkt, um den es auch mir geht. Er stellt fest, daß es unserer angeblichen Arbeitsgesellschaft, die tatsächlich eine Kapitalgesellschaft ist, nicht an Arbeit, sondern an anständig bezahlter Beschäftigung fehlt. »Im Zentrum unserer Ökonomie steht die Kapitalverwertung. Deshalb bildet auch die Frage nach den Bedingungen des rentabelsten Kapitaleinsatzes das Mittelpunktproblem der herrschenden Wirtschaftslehre. Arbeit ist ›nur‹ Produktionsfaktor, an dem zufälligerweise Menschenleben hängen.«[157] Sie wird überflüssig in dem Sinne, daß die Kapitalverwertung das Ausbeutungsobjekt Mensch nicht mehr voll zu nutzen vermag.

Ich will meine Gedanken zur aufgeworfenen Frage skizzieren:

1. Das Wachstum der Produktivität führt objektiv dazu, daß mit gleichbleibendem Einsatz lebendiger Arbeit eine größere oder mit sinkendem Einsatz lebendiger Arbeit die bisherige Gütermenge hergestellt bzw. das bisherige Leistungsquantum erbracht werden kann. In vorindustriellen Gesellschaften beispielsweise lag die landwirtschaftliche Produktivität noch auf so niedrigem Niveau, daß etwa 90 Arbeitskräfte erforderlich waren, um jenes Nahrungsmittelquantum zu erzeugen, mit dem 100 Menschen ernährt werden konnten, die 90 im Agrarsektor selbst und noch 10 Menschen außerhalb der Landwirtschaft. Infolge des über

mehr als 200 Jahre verlaufenden Produktivitätsanstiegs genügen heute 5 bis 10 Arbeitskräfte in der Landwirtschaft und in der für diesen Sektor produzierenden Industrie (Chemie, Landmaschinen usw.), um 100 Leute zu ernähren.[158] Analoge Tendenzen finden wir in der Industrie, bei produktionsbezogenen Dienstleistungen, im Transportwesen und in der Telekommunikation, aber auch bei Finanz- und Unternehmensdienstleistungen. In der Fachsprache nennt man das »*Schrumpfungsproduktivität*«.

2. Daneben gibt es die sogenannte »*Expansionsproduktivität*.« Sie besagt: Auf hoch entwickelten Wissensfeldern entstehen mit gleichbleibender, mitunter auch wachsender Zahl von Beschäftigten mehr oder anspruchsvollere Güter und Leistungen. Es handelt sich in der Regel um Innovationen mit hoher Wertschöpfung, die umfangreiche Investitionen in Bildung, Forschung, Wissenschaft, Kultur und Logistik voraussetzen. Typisch ist das für Schlüsseltechnologien wie Informations- und Kommunikationstechnik, Multimedia, Medizin-, Laser-, Bio- und Gentechnik, Nano- und Optoelektronik, neue Werkstoffe, Solar-, Wasserstoff- und andere erneuerbare Energien, Brennstoffzellentechnologie, Luft- und Raumfahrt.
3. Die meisten menschlichen Bedürfnisse, insbesondere die lebenswichtigen, sind sättigungsfähig. Ökonomen sprechen sogar von einem *Sättigungsgesetz.* Den Güterproduzenten zeigt sich Sättigung daran, daß trotz vorhandener Kaufkraft kein Nachfragewachstum mehr zu erreichen ist. Folglich steigt die Zahl der Beschäftigten nicht mehr oder sie sinkt sogar. Auch hierfür steht z. B. die Landwirtschaft, aber auch die Haushaltsgeräte- oder Möbelproduktion. Das heißt nicht, daß es nicht auch in den reichen Industrieländern Bevölkerungsschichten gibt, die hierfür ungesättigten Be-

darf haben, aber ihnen fehlt die zahlungsfähige Nachfrage. Ganz abgesehen davon, daß laut UN-Angaben weltweit täglich 27000 Menschen an Hunger sterben. Keiner Sättigung hingegen unterliegen Prestige- und Machtbedürfnisse. Beispiele dafür finden sich in der Automobil- und Telekommunikationsbranche.

4. Von unmittelbarer Wirkung auf das Beschäftigungsniveau ist Kaufkraftmangel. Auf Grund ungleicher Einkommensverteilung ist die Massenkaufkraft zu niedrig, um dem vorhandenen Produktionspotential die zu seiner Vollauslastung erforderliche Nachfrage zu gewährleisten. Dem könnte allerdings durch eine antizyklische Ausgabenpolitik des Staates abgeholfen werden, wie sie John Meynard Keynes begründete. In Deutschland allerdings wird die Binnennachfrage schon seit geraumer Zeit vernachlässigt. Die Zuwachsraten des Massenkonsums fielen im Vergleich zu anderen Ländern in einem Zeitraum von dreißig Jahren deutlich schwächer aus (vgl. Tabelle 13).

Tabelle 13: Reale Veränderungsraten der Konsumausgaben im Mehrjahresdurchschnitt (in Prozent)

	1973–1983	1984–1990	1991–2000
Deutschland*	2,0	3,0	2,2
Frankreich	2,3	2,3	1,3
Großbritannien	1,3	4,1	2,5
EU Durchschnitt	2,1	3,1	2,0
USA	2,6	3,7	3,5
Japan	3,2	3,9	1,1
OECD-Durchschnitt	2,7	2,5	2,7

* bis 1990 Deutschland West

Quelle: OECD, 2001/1, S. 271–273, eigene Berechnungen

5. Neben schrumpfenden und stagnierenden gibt es Wachstumsbranchen. Dazu gehören:

a) *Umweltschutz, Umweltsanierung, ökologische Modernisierung der Gesellschaft*

Nach Ansicht des Bundes für Umwelt und Naturschutz (BUND) könnten in diesen Bereichen bis 2010 an die 500000 neue Arbeitsplätze entstehen. So bei Gewinnung erneuerbarer Energien, Wärmedämmung von Häusern, Reinhaltung der Luft, Gewässerschutz und Altlastensanierung. Während der vergangenen 200 Jahre historisch beispiellosen Wirtschaftswachstums wurden der Umwelt schmerzende Wunden geschlagen. Immense Heilungs- und Regenerationsaufgaben stehen an. Sie zu erfüllen böte für längere Zeit die Möglichkeit, eine sinnvolle Nachfragesteigerung und damit auch ein entsprechendes umweltverträgliches Wachstum mit starken Beschäftigungswirkungen in Gang zu setzen. Der Umweltsektor weist im Vergleich zur gesamtwirtschaftlichen Beschäftigungsentwicklung überdurchschnittliche Zuwachsraten aus. Zu Beginn dieses Jahrtausends waren dort in Deutschland rund 1,5 Millionen Menschen tätig.

Unerschlossene Potentiale für Erwerbsarbeit liegen in einer Politik der Langlebigkeit industrieller Gebrauchsgüter, ihrer reparaturfreundlichen Konstruktion mit erweitertem Angebot von Dienstleistungen zur Wartung und zum Austausch defekter Teile. Technische und technologische Innovationen sind bei Wassernutzung, Schadstoffbegrenzung, Verkehrslogistik, Aufbau von Stoffkreisläufen, Umsetzung der Wärmeschutzverordnung, Entwicklung einer zukunftsfähigen Energiewirtschaft (Gewinnung von Energie aus Meereswasser, Erdwärme oder gasifizierter Biomasse), modernem Recycling und in anderen Bereichen vonnöten. Mehr sinnvolle Arbeitsplätze kann die ökologische Landwirtschaft bieten. Eine arbeitsintensive Herausforderung ist die Bekämpfung von häufig umweltbedingten Zivilisationskrankheiten wie Allergien, Kreislaufbeschwerden und Krebs.

b) Dienstleistungswesen und öffentliche Daseinsvorsorge

Auffällig ist eine steigende Nachfrage nach neuen, immer komfortableren Serviceangeboten. Viele Zehntausende Arbeitsplätze sind in der Bundesrepublik in den letzten Jahren in der Freizeitbranche entstanden, im Fitness- und Gesundheitsbereich, durch Kultur- und Sportereignisse, Touristik und Beratung. Hier liegen die Investitionen pro Arbeitsplatz wesentlich niedriger als in der Industrie. Jedoch ist nicht der tertiäre Sektor schlechthin eine Wachstumsbranche, wie oft erklärt und vom Franzosen Jean Fourastié bereits 1954 in seinem Buch »Die große Hoffnung des zwanzigsten Jahrhunderts« als »Übergang zur Dienstleistungsgesellschaft« beschrieben. Der Rationalisierungsprozeß schreitet auch hier voran, so im Handelssektor, bei Banken, Versicherungen, öffentlichen Verwaltungen bis zu Informations- und Beratungsdiensten, die teilweise durch Datenbanken ersetzt werden. Dabei geht die Rationalisierung oft mit Leistungsverschlechterung für die Kundschaft einher.

Aber es gibt sehr wohl Dienstleistungen, die kaum rationalisierbar sind, sofern ihr Wesen nicht völlig verloren gehen soll: Zu denken ist vor allem an personen-, haushalts- bzw. verbraucherbezogene Dienste, die lokal konsumiert und lokal erbracht werden und nicht dem internationalen Wettbewerb ausgesetzt sind: Gesundheitswesen einschließlich Pflege- und Betreuungsdienste, Kinder- und Jugendsozialarbeit, Bildung und Weiterbildung, kulturelle Angebote, Schuldner- und Suchtberatung sowie andere Formen von Lebenshilfe, Begegnungszentren. Solche gesellschaftlich notwendigen und nützlichen, Selbständigkeit und Lebensmut von Individuen unterstützenden Tätigkeiten bleiben zuhauf unerledigt oder dem Ehrenamt überlassen. Mangels zahlungsfähiger Nachfrage sind sie für private Kapitalanleger unattraktiv und werden folglich nicht in Erwerbsarbeit transformiert. Hier wäre Zugewinn an bezahlter Arbeit möglich. Diese beschäftigungsintensiven und zugleich ressourcen- und umweltschonenden Dienste könnten mit hohen Wohlstandsgewinnen für die Allgemeinheit expandieren. Sie sind zivilgesellschaftlich wichtig, anspruchsvoll und nur auf Grundlage einer qualifizierten Ausbildung kompetent zu realisieren. Das Wachstum solcher Serviceleistungen ist auf staatliche Initiative und eine entsprechende Umverteilungspolitik angewiesen. In der Fachsprache stehen dafür die Termini »öffentlich geförderter Beschäftigungssektor« oder »gemeinwohlorientierte Arbeitsprojekte.«

Weitere lokal zu konsumierende, vor Ort zu erbringende und folglich in der Region Arbeitsplatzpotential bietende Dienste sind Instandhaltung sowie Instandsetzung von Haushaltsgeräten, landwirtschaftlichen Maschinen und kommunaler Infrastruktur oder Beherbergung, Beköstigung und Betreuung von Touristen. Die Länder, in denen die Beschäftigungsquoten wesentlich höher ausfallen als in Deutschland und im vergangenen Jahrzehnt sogar gestiegen sind, haben ihre Erfolge durchweg in solchen wie den vorgenannten, nicht dem internationalen Wettbewerb ausgesetzten Bereichen erzielt.

In kirchlichen, ökologischen und sozialpolitischen Kreisen wird seit längerem darüber diskutiert, ob »Arbeit« denn umstandslos mit »Erwerbsarbeit« gleichgesetzt werden könne. Schließlich gäbe es auch die überwiegend unbezahlte Versorgungs- und Gemeinwesenarbeit wie Haushalts- und Familienarbeit, Eigenarbeit, ehrenamtliche Freiwilligen- und Bürgerarbeit oder die nachbarschaftliche und verwandtschaftliche Hilfe. Diese Tätigkeiten seien gegenüber der Erwerbsarbeit aufzuwerten. Unbestreitbar trägt die »unsichtbare«, unbezahlte, nicht marktwirtschaftlich organisierte Hausarbeit maßgeblich zu Wohlstand und Reproduktion der Gesellschaft bei und ist eine unerläßliche Voraussetzung dafür, daß die erwerbsförmig organisierte Marktwirtschaft überhaupt funktionieren kann. Eine nur moralische Aufwertung und Anerkennung der unbezahlten Tätigkeiten wäre indes nicht ausreichend. Eine volle Bezahlung bislang unentgeltlich erbrachter Tätigkeiten wiederum würde jedes ökonomische System überfordern. Denkbar aber wäre beispielsweise die Anerkennung von Rentenzeiten für ehrenamtlich Tätige und die kostenlose Bereitstellung von Kindergartenplätzen für deren Sprößlinge oder die Berechtigung, soziale und kulturelle Dienstleistungen in der Gemeinde unentgeltlich in Anspruch nehmen zu können. Vorstellbar ist auch die Berücksichtigung von Qualifikationen aus erfolgreicher Versorgungs- oder ehrenamtlicher Tätigkeit als fördernd oder notwendig für berufliche Laufbahnen. Vor allem aber geht es um eine Umverteilung der Erwerbsarbeit und der Eigen- beziehungsweise Hausarbeit mit dem Ziel, die Benachteiligung von Frauen zu überwinden. Das stellt Anforderungen an eine verbesserte und bezahlbare Kinderbetreuung und an die Bereitschaft von Unternehmern, die Arbeitszeitregelung besonders den Bedingungen allein erziehender Mütter und Väter anzupassen. Veränderungen sind auch bei der innerfamiliären Arbeitsteilung und der Bewertung von Betreuungsarbeit notwendig.

Wir können bis hierher konstatieren: In allen entwickelten Volkswirtschaften überwiegen bei der Güterproduktion Stagnations- und Schrumpfungsbranchen die Wachstumsbereiche. Die Zahl der entfallenden Arbeitsplätze übersteigt die der neu entstehenden. Zwangsläufig nimmt die Massenarbeitslosigkeit weiter zu, wenn ihr nicht wirtschafts-, finanz- und gesellschaftspolitisch begegnet wird. Das kann auf mehreren Wegen geschehen. Die sind zwar nicht gleichrangig, müssen aber gleichzeitig beschritten werden.

Der quantitative Wachstumspfad tendiert im Großen und Ganzen dem Ende zu. Seine Nebenwirkungen – Ressourcenverbrauch, Umweltbelastung, Stützung durch öffentliche und private Verschuldung – stellen den gesamtwirtschaftlichen Nutzen zunehmend in Frage. Die politische Herausforderung vor allem in industriell entwickelten Ländern lautet, die Notwendigkeit des Übergangs vom expansiven Wachstum früherer Dekaden zum primär dauerhaften Bestandswachstum zu erkennen. Altes muß ständig durch Neues ausgetauscht werden. Wirtschaftswachstum wird den Freisetzungseffekt der Produktivitätssteigerung nicht mehr kompensieren, wie das in einer funktionierenden fordistischen Ökonomie der Fall war und zu tendenzieller Vollbeschäftigung führte.

Partiell, sektoral und regional aber wird es immer Bedarf an Wirtschaftswachstum geben, von der Notwendigkeit dazu in armen Ländern ganz abgesehen. In Deutschland und anderen EU-Staaten könnte das *Arbeitsvolumen* in absehbarer Zeit mittels von der Europäischen Investitionsbank finanzierter Investitionen in ein gemeinsames Energie-Versorgungsnetz sowie in ein einheitliches Kommunikations- und Gütertransportsystem im europäischen Markt *ausgeweitet* werden. Zusätzliche Beschäftigung ließe sich ebenfalls durch Modernisierung und Erweiterung der Bildungs-, Forschungs- und Wissenschaftsinfrastruktur erschließen. Der gleiche Effekt ginge von dringenden Investitionen in die vielerorts augenfällig vom Verfall bedrohte kommunale Infrastruktur (Schulen, Kindertagesstätten, Seniorenheime, Kultur- und Sporteinrichtungen) aus. In den neuen Bundesländern sind mit dem Ausbau entwicklungsfähiger Potentiale auf den Gebieten Gesundheitswirtschaft, Tourismus, Biotechnologie und erneuerbare Energien Felder für zukunftssichere und qualifizierte Beschäftigung erschließbar. Spezifische Arbeitsaufgaben ergeben sich aus dem Umgang mit älter werdenden Menschen, besonders in Regionen, die infolge der Abwanderung junger Leute bevölkerungsmäßig ausgedünnt sind und wo in den Kommunen Läden, Postfilialen, Arztpraxen und dergleichen geschlossen sowie Bus- und Bahnlinien eingestellt werden. Lösungen zur gesundheitlichen und kulturellen Betreuung älterer Bürger, zu deren Versorgung mit Alltagsgütern und zur Mobilitätssicherung wären gleichzeitig als Pilotprojekte für ähnlich betroffene Gebiete in den alten Bundesländern zu entwickeln. Der Einwand, dafür fehle das Geld, kann nicht das letzte Wort sein. Als eine sofort verfügbare Finanzierungsquelle kämen beispielsweise Währungsreserven der Bundesbank in Frage. Die waren zu Beginn des Jahres 2005 mit 73,8 Milliarden Euro ausgewiesen, davon 36,7 Milliarden in Gold. Berücksichtigt man, daß die Bundesbank mit 1,2 Milliarden Euro an der Europäischen Zentralbank beteiligt ist und 12,3 Milliarden Euro als Währungsreserve stellt (15 Prozent in Gold und 85 Prozent in Devisen), dann ist Gold im Werte von rund 33 Milliarden Euro verfügbar. Ein Fünf-Milliarden-Investitionsprogramm könnte unverzüglich aufgelegt werden. Ein solch behutsames Vorgehen bei der Teilauflösung der Reserven würde einen Preisverfall des Goldes vermeiden. Totes Kapital könnte für beschäftigungswirksame Zukunftsinvestitionen im Bereich der öffentlichen Infrastruktur und der Bildung mobilisiert werden.

Dennoch: So unverzichtbar solche Wege einer Ausweitung des Arbeitsvolumens sind, sie werden nur begrenzte Wirkung bei der Bekämpfung von Massenarbeitslosigkeit haben.

Primär ist eine Neuverteilung und Neubewertung der Arbeit. Diesem Ziel dienen

- Arbeitszeitverkürzung (6- oder 5-Stundentag bzw. 30-Stunden-Woche)
- Transformation gesellschaftlich notwendiger Tätigkeiten in Erwerbsarbeit
- Kombination von Phasen der Erwerbs- mit solchen der Nichterwerbsarbeit (z. B. Weiterbildung und Betreuungszeiten).

Diese Wege zu beschreiten ist eine Machtfrage, wie Zinn zu Recht feststellt. Arbeit wäre für alle da. Die kapitalistische Gesellschaft leidet unter der Unfähigkeit, das wachsende brachliegende Arbeitsvermögen mit dem gleichfalls wachsenden Vorrat an sinnvollen (!!) Tätigkeiten zusammenzubringen, die nicht geleistet werden, aber geleistet werden müßten. Die Ursachen hierfür sind weder technologischer noch ökologischer – sie sind sozial-ökonomischer Natur.

Die soeben vertretene These von der notwendigen Arbeitszeitverkürzung steht konträr zu den neoliberalen Plänen bzw. Praktiken der Arbeitszeitverlängerung ohne Lohnausgleich.

Die Protagonisten letztgenannter Strategien ignorieren erstens, daß in der Bundesrepublik die Zahl der gesamtgesellschaftlich geleisteten Arbeitsstunden von 1994 bis 2003 um 3,9 Prozent abgenommen hat. Die Ursache dafür war nicht verkürzte Arbeitszeit, sondern drastischer Beschäftigungsrückgang. Das Bruttoinlandsprodukt aber ist im gleichen Zeitraum um 11,7 Prozent gewachsen (vgl. Tabelle 14). Trotz erhöhten BIPs wurde und wird auch künftig weniger Arbeit gebraucht und nachgefragt, weil die Produktivität schneller steigt als das Wirtschaftswachstum. An Arbeitszeitverkürzung führt kein Weg vorbei. Zweitens berufen sie sich auf Erfordernisse der demographischen Entwicklung und lenken von solchen gesellschaftlichen Lösungen ab wie Gewährleistung der Vereinbarkeit von Familie und Beruf insbesondere für Frauen oder Annäherung des tatsächlichen an das gesetzliche Renteneintrittsalter durch Beschäftigungssicherung der über 50jährigen.

Die Hauptantwort der abhängig Beschäftigten in hochproduktiven Ökonomien auf die Versuche des Kapitals, das Letzte aus ihnen herauszupressen und möglichst viele von ihnen überflüssig zu machen, muß Arbeitszeitverkürzung sein. Denn jenseits der Produktion beginnt das wahre Reich der Freiheit. Bei Karl Marx heißt es: »Das Reich der Freiheit beginnt in der Tat erst da, wo das Arbeiten, das durch die Not und äußere Zweckmäßigkeit bestimmt ist, aufhört; es liegt also der Natur der Sache nach jenseits der Sphäre der eigentlichen materiellen Produktion. ... Jenseits ... beginnt die menschliche Kraftentwicklung, die sich als Selbstzweck gibt, das wahre Reich der Freiheit, das aber nur auf jenem Reich der Notwendigkeit als seiner Basis aufblühen kann. Die Verkürzung des Arbeitstages ist die Grundbedingung.«[159] Für Marx war »keineswegs mehr die Arbeitszeit, sondern disposable

Tabelle 14: Relation zwischen geleisteten Arbeitsstunden und Bruttoinlandsprodukt 1994–2003

	Geleistete Arbeitsstunden in Millionen Stunden	Veränderung in % zum Vorjahr	Entwicklung des BIP in % zum Vorjahr
1994	57370	1994=100	1994=100
1995	56761	- 1,1	1,7
1996	55994	- 1,4	0,8
1997	55656	- 0,6	1,4
1998	56010	0,6	2,0
1999	56315	0,5	2,0
2000	56700	0,7	2,9
2001	56409	- 0,5	0,8
2002	55791	- 1,1	0,2
2003	55285	- 1,0	- 0,1

Quelle: Statistisches Jahrbuch 2004, S. 732, eigene Berechnungen

time das Maß des Reichtums«.[160] Er wollte nicht, daß die einen zu »Überarbeit« und die anderen zu erzwungenem »Müßiggang« verdammt sind. Mit steigender Produktivität kann bei anderer Verteilung der Arbeitszeit mehr freie Zeit für alle entstehen, freie Zeit, die sich keinesfalls auf Nichtstun reduziert.

Laut Marx sollte disposable time Raum schaffen für kreative Muße, für Erholung, Entspannung, Bildung, Kultur und Kunstgenuß, anregendes Familienleben, Pflege von Freundschaften, nicht hingegen für profanes Faulenzen. Freizeit ist für den Lohnabhängigen gleichbedeutend mit einem Stück Freiheit, denn formell ist die Verwendung der disposable time dem Kommando des Kapitaleigentümers, also der Fremdbestimmung entzogen. Auch in Zeiten hoher Arbeitslosigkeit muß für Beschäftigte ein Anspruch auf Muße gelten wie für

Arbeitslose ein Recht auf Arbeit bzw. Arbeitsförderung einzufordern ist. »Angesichts der Tatsache, daß in modernen Gesellschaften soziale Anerkennung an Arbeitsleistung gebunden ist, wird Arbeit zu einem Menschenrecht, das niemandem vorenthalten werden darf.«[161] Dennoch bleibt die Einsparung von Arbeitszeit das eigentliche Ziel des Wirtschaftens. Mehr freie Zeit schafft erst die für immer bessere Bildung notwendige Zeit. Damit steigt die Produktivität, was wiederum Spielraum für weitergehende Senkung der Arbeitszeit schafft.

Arbeitszeitverkürzung – gesellschaftlich finanzierbar

In einer auf privatem Eigentum beruhenden Wirtschaft stoßen Vorhaben zur Neuverteilung der Arbeitszeit naturgemäß auf den erbitterten Widerstand der Kapitalinteressen. Und dennoch gab es in der jüngeren Zeit – wie bereits erwähnt – ein erfolgreiches Beispiel: Die unter der Jospin-Regierung in Frankreich 1997 per Gesetz auf 35 Stunden verkürzte Wochenarbeitszeit. Das Ergebnis hatte alle neoliberalen Weissagungen blamiert. Trotz der Aushöhlung dieses Gesetzes durch die Chirac-Regierung – entscheidend ist der Beweis, daß bei entsprechenden politischen Kräfteverhältnissen ein Durchbruch selbst im nationalen Alleingang gelingen kann. Zu den wichtigsten beschäftigungspolitischen Aufgaben der Gegenwart gehört nun aber eine EU-weit koordinierte Arbeitszeitpolitik.

Die Formen der Arbeitszeitverkürzung im Laufe eines Erwerbslebens können mannigfaltig sein und dabei sehr wohl spezifische Berufs- und Branchenerfordernisse wie auch familiäre Bedingungen der Beschäftigten berücksichtigen:

- gleitende Übergänge ins Rentenalter (Altersteilzeit),
- Einführung längerer Freizeitblöcke (sabbaticals),
- Freizeitkonten für längere Zeiträume, die nach individuellen Präferenzen und betrieblichen Notwendigkeiten flexibel abrufbar sind,
- Senkung der täglichen Arbeitszeit,
- Übergang zur 4-Tage-Woche,
- Absenkung des Renteneintrittsalters.

Die berechtigte Frage lautet: Ist das finanzierbar? Überfordert das nicht die Gesellschaft?

Ich greife für meine Antwort die Wochenarbeitszeitverkürzung, sagen wir auf 30 Stunden, heraus. Daß ein solcher Schritt, ohne Versorgungsengpässe befürchten zu müssen, auf Grund ständig steigender Produktivität möglich wäre, daran besteht kein Zweifel. Anders aber als in Frankreich kann dies hierzulande angesichts der grundgesetzlich verankerten Tarifautonomie nicht vom Gesetzgeber angeordnet werden. Es ist von den Tarifpartnern auszuhandeln. Dabei weisen die Arbeitgeber eine Arbeitszeitverkürzung bei vollem Lohnausgleich entschieden zurück. Sie führen Gewinnverluste sowie eingeschränkte internationale Wettbewerbsfähigkeit ins Feld und fordern sogar Arbeitszeitverlängerung ohne Lohnausgleich. Aber auch die Gewerkschaften sind zurückhaltend. Schließlich haben die von ihnen vertretenen Beschäftigten wenig davon, wenn sie zugunsten Arbeitsloser auf Arbeitszeit verzichten sollen und für sie selbst damit Einkommenseinbußen einhergehen.

Es bliebe also zu prüfen, wie dieser Interessenkonflikt auflösbar ist, ob die Arbeitszeitverkürzung für die eine Seite weitgehend kosten- und für die andere Seite weitgehend einkommensneutral verlaufen kann. Interessante Überlegungen dazu haben Heinz-J. Bontrup[162] und Konrad Stopp[163] angestellt. Für die Arbeitgeber wäre Kostenneutralität gegeben, wenn mit der Arbeitszeit auch der sogenannte »Produzentenlohn«, also das Bruttoeinkommen entsprechend reduziert würde. Arbeitnehmer wiederum haben den sogenannten »Konsumentenlohn«, also das Nettoeinkommen im Blick. Damit dieses nicht wesentlich fällt, so Bontrup, müßten die Arbeitnehmer bei der Lohnsteuer nachhaltig entlastet werden. Bei den höheren Arbeitseinkommen hält er angesichts des mit der kürzeren Arbeitszeit eintretenden Wohlfahrtsgewinns einen leichten Rückgang der Nettoeinkommen für vertretbar, zumal in diesem Einkommenssegment von relativ hohen Sparquoten auszugehen ist. Ich teile diese Ansicht, die bei vielen Gewerkschaftern allerdings nicht populär ist und auch in meiner Partei kontrovers diskutiert wird. Durch die Absenkung der Bruttoeinkommen sieht Bontrup zugunsten der Arbeitnehmer noch den Effekt, daß sie weniger lohnbezogene Sozialabgaben, darunter Rentenbeiträge, abführen müssen. Damit sinken allerdings auch spätere Ansprüche an die staatlichen Rentenversicherer. Diese Ausfälle müßten über Steuern ausgeglichen werden.

Lohnsteuermindereinnahmen und der Rückgang von Sozialabgaben würden durch den Abbau der Massenarbeitslosigkeit weitgehend kompensiert. Bisher Arbeitslose würden wieder beschäftigt, könnten mehr konsumieren, sie zahlten Steuern und Beiträge für die Sozialkassen. Zugleich entfielen die staatlichen Transferzahlungen für Arbeitslose. Die Aushöhlung der Kranken-, Renten- und Arbeitslosenversicherung wäre gestoppt. Die öffentlichen Haushalte würden von gesamtfiskalischen Kosten der Arbeitslosigkeit (vgl. Tabelle 8, S. 136) entlastet. Sofern dieses Entlastungsvolumen nicht zur Finanzierung der mit einer Arbeitszeitverkürzung verbundenen gesellschaftlichen Kosten reicht, wären hierfür Einnahmen aus der gebotenen stärkeren steuerlichen Belastung von Gewinnen und der Wiedererhebung der Vermögensteuer heranzuziehen. Auch eine reformierte, sich am internationalen Niveau orientierende Erbschaftssteuer ist überfällig.

Vollbeschäftigung neuer Art

Seit dem Gipfel von Lissabon im Jahre 2000 wurde in der EU nach langer Zeit plötzlich wieder von »Vollbeschäftigung« gesprochen. »Vollbeschäftigung« sollte nach dieser Diktion hergestellt sein, wenn die Beschäftigungsquote in der EU (Anteil der Beschäftigten an der Gesamtzahl der Personen im erwerbsfähigen Alter zwischen 16 und 64 Jahren) 70 Prozent und die Frauenerwerbsquote 60 Prozent beträgt. Das ursprüngliche Ziel, diesen Pegel bis 2010 zu erreichen, hat die Europäische Kommission Anfang 2005 zurückgeschraubt. Die angenommenen Wachstumsraten von jahresdurchschnittlich drei Prozent erwiesen sich als unrealistisch. Geplatzt ist auch das Vorhaben, die Europäische Union bis 2010 zur »dynamischsten und wettbewerbsfähigsten wissensbasierten Ökonomie der Welt« zu machen.

Dennoch: Während »Vollbeschäftigung« in den neunziger Jahren allgemein noch als »unerreichbar« und »utopisch« galt, vollzogen die EU und ihre Mitgliedstaaten einen Perspektivenwechsel. Die düsteren Szenarien vom »Ende der Arbeitsgesellschaft«[164] verschwanden aus den offiziellen Verlautbarungen. Den Hintergrund dafür bilden Langfristschätzungen über die demographische Entwicklung in Europa. So behauptet das Institute for Prospective Technological Studies (IPTS), daß die EU lediglich bis 2006 noch mit einem leichten Anstieg des Erwerbspersonenpotentials zu rechnen habe, was die Lage auf den Arbeitsmärkten bis dahin angespannt halten soll. Ab 2008 oder 2010 werde bis mindestens 2030 aufgrund des geringeren Nachstroms junger Erwerbspersonen und der zunehmenden Rentnerzahl mit einer Schrumpfung des Arbeitskräfteangebots zu rechnen sein.[165] Aus dieser Analyse folgert das IPTS, daß die EU und ihre Mitgliedstaaten bereits jetzt »aktivierende Politiken« einleiten müßten, um ab 2008 oder 2010 gravierende Engpässe auf den Arbeitsmärkten zu vermeiden. Wenn die EU allerdings »Vollbeschäftigung« nur an einer bestimmten Beschäftigungsquote festmacht, wäre das Ziel leicht durch weitere Auflösung von Vollzeitarbeitsverhältnissen und Zunahme von Niedriglohn- sowie anderen nicht existenzsichernden Jobs realisierbar.

Ich werbe nicht für eine »Vollbeschäftigung«, die auf dauerhaft hohe Wachstumsdynamik und einen Boom an geringfügiger Beschäftigung setzt. Auch ist nicht die Rückkehr zur männlichen Erwerbsbiographie des 19. oder der ersten Hälfte des 20. Jahrhunderts, also zum patriarchalischen Modell des Familienernährers mit arbeitslebenslanger Stellung gemeint: 48-Stundenwoche oder mehr, Malochen vom 14. bis zum 65. Lebensjahr, zumeist sogar in ein und demselben Betrieb und einem einmal erlernten Beruf als Grundlage der materiellen Existenz. Worum es mir geht, ist eine »Vollbeschäftigung neuer Art«:

1. Jede arbeitswillige und arbeitsfähige Person soll Zugang zu existenzsichernder Erwerbsarbeit haben, in der sie ihre produktiven Fähigkeiten entwickeln kann.
2. Die Vereinbarkeit von Erwerbsarbeit und persönlicher Lebensführung soll durch Kombination von Erwerbs- und Nichterwerbszeiten hergestellt werden.

3. In die Lebensarbeitszeiten sollen regelmäßige Abschnitte für Bildung und Weiterbildung integriert werden. Das ist eine elementare Voraussetzung für chancengleiche Teilhabe an Erwerbsarbeit. Arbeit und Bildung gehören mehr denn je zusammen.
4. Der Einzelne muß zu lebenslangem Lernen, zu Mobilität und Flexibilität bereit sein. Die Arbeit wird in Bezug auf Zeit, Raum, Gegenstand und Organisation wechselvoller, Berufsbilder sind weniger fest gefügt.
5. Arbeit ist nicht nur in der Kategorie der abhängigen Beschäftigung, also eines Angestelltenverhältnisses zu denken. Verschiedene Formen der Selbständigkeit werden tendenziell zunehmen.
6. Zwang zur Arbeit unter entwürdigenden Bedingungen soll ausgeschlossen sein. Das setzt ein das Existenzminimum absicherndes Grundeinkommen voraus.

Die Durchsetzung der »Vollbeschäftigung neuer Art« ist damit umfassende Gesellschaftspolitik. Die Arbeitsmarktpolitik allein wäre damit überfordert.

Aus dem Gesagten lassen sich Schlußfolgerungen ableiten.

Unabhängig davon, ob das gegenwärtige oder zukünftige Gemeinwesen als Arbeits-, Tätigkeits-, Dienstleistungs- oder Wissensgesellschaft bezeichnet wird, lebendige Arbeit ist – um mit Marx zu sprechen –, »als Bildnerin von Gebrauchswerten, als nützliche Arbeit ... eine von allen Gesellschaftsformen unabhängige Existenzbedingung des Menschen, ewige Naturnotwendigkeit, um den Stoffwechsel zwischen Mensch und Natur, also das menschliche Leben zu vermitteln.«[166] Arbeit bleibt das Fundament jeder Gesellschaft. Alle, die die »Abschaffung der Arbeit« fordern, sollten exakt formulieren, daß sie die Überwindung der Entfremdung meinen, die ein Merkmal der Lohnarbeit unter kapitalistischen Bedingungen ist.

Wenn das »Ende der Arbeitsgesellschaft« postuliert wird, müßte es präzise heißen, daß das für die Herstellung materieller Güter erforderliche Arbeitsvolumen infolge fortschreitender Produktivität eine stark abnehmende Tendenz aufweist. Das gilt mithin auch für den Umfang herkömmlicher Lohnarbeit. Ihm steht jedoch ein reiches Reservoir an gesellschaftlich notwendigen Tätigkeiten gegenüber, die in Erwerbsarbeit transformierbar wären und ebenso ein zunehmendes Quantum an aufzuwertender Eigen-, Familien-, Haus- und Bürgerarbeit. Wer Vollbeschäftigung für Illusion oder Phantasterei hält, sollte genauer sagen, daß die männliche Erwerbsbiographie des vergangenen Jahrhunderts ausgedient hat. Wenn ich für eine »Vollbeschäftigung neuer Art« plädiere, dann will ich die politisch Verantwortlichen nicht von der Pflicht entbinden, durch entsprechende Rahmensetzung und ohne Zwang allen, die es wollen und können, den Zugang zu existenzsichernder Beschäftigung zu ermöglichen. Arbeit wäre für alle da. Eine Gesellschaft, die den permanent steigenden Produktivitätszuwachs nicht in wirkliche Bereicherung menschlichen Lebens, sowohl durch Arbeitszeitverkürzung als auch durch Verbesserung der materiellen Lebensbedingungen aller ihrer Mitglieder umzusetzen vermag, ist krank.

Selbstversorgung, Selbstbeschränkung, Einfachheit, Subsistenzwirtschaft, Askese, Kommunitarismus, alternative Lebensformen, Nachahmung von Israels Kibbuz-Modell, Altruismus – alles sind edle Motive bzw. Verhaltensweisen. Sie werden von Einzelnen auch privat oder in der Gruppe praktiziert. Aber es sind keine massenmobilisierenden Vorstellungen von einem gesellschaftlichen Zusammenleben. Verzichtsstrategien haben für eine überschaubare Zukunft keine Perspektive, sind keine alternativen politischen Angebote. Sie führen ihre Protagonisten ins Sektendasein. Nötig sind sehr wohl neue Leitbilder für Lebens-, Produktions- und Konsumtionsweise. Sie können aber nicht durch einfache Negation bisheriger Entwicklung gewonnen werden. Liebe, Zuwendung, Entschleunigung, Kultur der Muße gehören zu den neuen Leitbildern. Dennoch: Ersatz oder Trost für entzogenes sinnvolles Tätigsein sind sie nicht.

Mindestlohn statt Armutstarif

Für Pro und Kontra im Gewerkschaftslager sowie in der Sozialdemokratie und für scharfe Ablehnung seitens der Unternehmerverbände, der christlich-sozialen und der freien Demokraten sorgt das Thema »Gesetzlicher Mindestlohn«. Die Befürworter wollen gerade in Zeiten stürmischer Globalisierung gesetzlich einen unteren Lohnsatz fixiert wissen, um Armut trotz Vollzeitarbeit zu vermeiden und Lohndumping zu stoppen. Die Gegner sehen darin einen Verstoß gegen die Prinzipien der Marktwirtschaft. Während in Deutschland noch erbitterte Debatten geführt werden, gibt es in 18 der 25 EU-Staaten längst eine solche Praxis (vgl. Tabelle 15, S. 244). Der untere Lohnsatz liegt in der Regel in der Spanne von 30 bis 54 Prozent der durchschnittlichen Bruttomonatsverdienste in Industrie und Dienstleistungsbranche.

Unter Berücksichtigung von Kaufkraftparitäten, Einkommensteuer und Sozialabgaben verschiebt sich die ausgewiesene Rangfolge der Länder. In den neuen EU-Mitgliedsstaaten aus

Tabelle 15: Gesetzliches Mindestentgelt (Euro) in ausgewählten europäischen Ländern (Januar 2004)

Luxemburg	1403	Niederlande	1265
Belgien	1186	Frankreich	1173
Großbritannien	1083	Irland	1073
Griechenland	605	Malta	543
Spanien	537	Portugal	498
Slowenien	471	Tschechien	207

Quelle: Eurostat, Statistik kurz gefasst 10/2004

Mittel-Ost-Europa liegen die monatlichen Mindestentgelte sehr niedrig und sind eine Bedrohung für den Arbeitsmarkt in der alten EU. Zwischen 122 und 212 Euro werden in Lettland, Litauen, Slowakei, Estland, Polen, Ungarn und Tschechien gezahlt.

Auch in der Bundesrepublik ist das Einziehen einer gesetzlichen Lohnuntergrenze überfällig, denn die Fakten sind alarmierend. Seit Jahren sinkt die Zahl der tarifgebundenen Betriebe und mit ihr die der tarifvertraglich geschützten Beschäftigten. Der Anteil letzterer an den Gesamtbeschäftigten ging zwischen 1997 und 2003 von 75 Prozent in den alten Bundesländern (davon acht Prozent durch Firmen-Tarifvertrag) und 63 Prozent in den neuen Ländern (davon 15 Prozent durch Firmentarifvertrag) auf 70 bzw. 54 Prozent zurück. Zwar wird der Flächentarifvertrag auch in zahlreichen Betrieben ohne Tarifbindung angewandt, so daß sich auf diese Weise 16 Prozent der westdeutschen und 24 Prozent der ostdeutschen abhängig Beschäftigten mittelbar darauf berufen können. Aber dieser Schutz ist schwach und in Zeiten wachsender Arbeitslosigkeit angreifbar, urteilt ein Insider, der ehemalige langjährige Vorsitzende der IG Medien Detlef Hensche.[167] Sich ausbreitende Niedriglohnbereiche dokumentieren das. Im privaten Wachdienst werden Arbeiten für 3,50 Euro die Stunde vergeben. Ähnliche Hungerlöhne gibt es für Tätigkeiten in der Gebäudereinigung, in Kurierdiensten und der Gastronomie, soweit sie außerhalb bestehender Tarifverträge erbracht werden.

Aber selbst Tarifentgelte bewegen sich in einzelnen Berufssparten auf einem Niveau, das die Kosten für den Lebensunterhalt nicht deckt. Der Stundenlohn für eine Friseuse liegt in Sachsen bei 5,59 Euro, und für eine Floristin in Sachsen-Anhalt bei 5,33 Euro. Ein Wachmann erhält in Thüringen 4,32 und in Schleswig-Holstein 5,60 Euro. In der Metall- und Elektroindustrie beträgt der tarifliche Stundenlohn für einfache Tätigkeiten im Osten 2,74 und im Westen 3,28 Euro. Mit der Hartz-IV-Reform erhöht sich der Druck auf die Arbeitseinkommen weiter, weil Langzeitarbeitslose jede Arbeit annehmen müssen, egal, wie gering sie bezahlt wird. Thüringen war seit Jahren das Bundesland mit den absolut niedrigsten Löhnen. Die Verheißung, dies würde für Unternehmensansiedlungen förderlich sein und somit zum Arbeitsplatzaufbau führen, ist dort und überhaupt im Osten widerlegt.

Während Befürworter eines gesetzlichen Mindestlohnes sich davon einen Schutz für abhängig Beschäftigte versprechen, sehen Kritiker darin eher ein Einstellungshemmnis. Vor allem Jugendliche und gering Qualifizierte hätten es schwer, Arbeit zu finden, weil ihr Leistungsvermögen eingeschränkt sei. So erwirtschafteten sie an ihrem Arbeitsplatz zu wenig, um zumindest ihren eigenen Lohn hereinzuholen. Daher würden solche Jobs von den Unternehmen immer seltener angeboten. Die Demagogie erreicht aber ihren Gipfel, wenn Arbeitgeberverbände wie z.B. Gesamtmetall ins Feld führen, Mindestlöhne würden die Tarifautonomie beschädigen. Keine

Skrupel hatten sie, als sie die Ausweitung der Ein-Euro-Arbeitsgelegenheiten auf die private Wirtschaft forderten.

Hungerlöhnen durch einen gesetzlichen Mindestlohn zu Leibe zu rücken – dieses Projekt hätte in Deutschland weiter gediehen sein können, gäbe es in den Gewerkschaften dazu eine einheitliche Position und ein entsprechend geschlossenes Engagement gegenüber dem Gesetzgeber. Die Meinungen sind aber gespalten. Während die Gewerkschaften ver.di sowie Nahrung, Genuß und Gaststätten (NGG) sich für einen gesetzlichen Mindestlohn engagieren, sehen die IG Metall und die IG Bergbau, Chemie, Energie die Tarifautonomie in Gefahr, wenn das Parlament eine Regelung beschließt. Auch führen sie ins Feld, daß eine Gesetzeslösung das niedrigste Niveau festschreiben und damit legitimieren würde. Die Abwärtsspirale bei den Löhnen insgesamt könnte sich rascher drehen.

Richtig ist an den Vorbehalten, daß die Tarifautonomie tangiert wird. Doch können Gewerkschaften nach wie vor in den Tarifverträgen überall dort höhere Löhne durchsetzen, wo es die Kräfteverhältnisse zulassen. Richtig ist aber auch, daß sozialer Schutz der abhängig Beschäftigten nicht nur zu den Aufgaben der Gewerkschaften, sondern auch des Staates gehört. Arbeitszeitgesetzgebung, Urlaubsgesetz, Arbeitsschutzvorschriften oder die Regelung der Entgeltfortzahlung im Krankheitsfall belegen das. Letztgenanntes Beispiel zeugt überdies davon, daß schon bisher »die von den Gewerkschaften akzeptierte, ja mitunter geforderte staatliche Verallgemeinerung auch vor dem Allerheiligsten der Tarifpolitik nicht Halt macht, dem Arbeitsentgelt«.[168] Gemeinsam ist nach Detlef Hensche allen genannten Fällen, daß der Staat immer dann auf den Plan tritt, wenn die Arme der Gewerkschaften zu kurz sind. Diese Lage sieht er angesichts schwindender Mitgliederzahlen und anhaltender Massenarbeitslosigkeit jetzt als gegeben. Es kann also nicht darum gehen, starr an Prinzipien festzuhalten, wenn zu Niedriglöhnen Arbeitende – überproportional Frauen –, trotz Vollzeittätigkeit in Armut fallen und auf demütigende Unterstützung durch Angehörige oder das Sozialamt angewiesen sind.

Die Gewerkschaft NGG fordert einen gesetzlichen Mindestlohn von monatlich 1 500 Euro, die Dienstleistungsgewerkschaft ver.di will 7,50 Euro Mindeststundenlohn, was auf rund 1 250 Euro brutto monatlich hinausläuft. Die PDS setzt sich für 1 400 Euro ein, und der Arbeitnehmerflügel der SPD-Bundestagsfraktion sieht 1 250 Euro brutto für Vollzeitkräfte als angemessen an. Ob die eine oder die andere Höhe – der Protest wird von vielen Seiten anhalten. Es hängt von der gesellschaftlichen Konfliktfähigkeit ab, wie ein gesetzliches Mindestentgelt schließlich bemessen sein wird.

Im Frühjahr 2005, ein Jahr nach der Osterweiterung der EU, reagierte die rot-grüne Regierung plötzlich. Anstelle eines vom Gesetzgeber festgelegten Mindestlohnes soll das bislang auf das Baugewerbe beschränkte Arbeitnehmer-Entsendegesetz auf andere Branchen ausgeweitet werden. Danach haben ausländische Firmen, die ihre Mitarbeiter in Deutschland arbeiten lassen, hier geltende Tarifverträge einzuhalten. Die Festlegung der untersten Lohngrenze ist also Angelegenheit der Tarifparteien. Ausschlaggebend für das überraschende politische Engagement war das bereits beschriebene Lohndumping durch Bürger aus Neumitgliedsländern, die sich im Rahmen der vereinbarten Dienstleistungsfreiheit als Selbständige in Deutschland niederlassen können und zu ihren heimischen Löhnen Arbeiten verrichten.

Das genannte Vorhaben ist zwar ein Schritt in die richtige Richtung, wenngleich auch erst ein Teilerfolg und beim derzeitigen Zustand der Tariflandschaft schwer zu verwirklichen. Tarifliche Mindestlöhne können nur in Branchen für allgemein verbindlich erklärt werden, in denen bundesweit geltende Flächentarifverträge bestehen. Die gibt es jedoch nur in sechs von 40 Branchen: Bei Banken und Versicherungen, im Bauhauptgewerbe, im Dachdecker- sowie im Maler- und Lackiererhandwerk, im Garten-, Landschafts- und Sportplatzbau. In 34 Branchen, in denen ein Großteil der in Deutschland Beschäftigten arbeitet, gibt es dagegen eine Vielzahl regionaler Lohn- und Gehaltstarifverträge. Das macht die bundesweite Vereinbarung von Mindestlöhnen sehr aufwendig. Überdies liegen in einigen Wirtschaftszweigen die unteren Tarif-Lohngruppen in Westdeutschland bei Beträgen zwischen vier und sieben Euro pro Stunde, in Ostdeutschland noch darunter, und somit unterhalb der Armutsschwelle. Die Tariflöhne müßten also deutlich steigen, was die Kooperation der Arbeitgeber unwahrscheinlich macht.

Festzuhalten ist in jedem Fall an dem Maßstab für ein Mindestentgelt, bei Vollzeitbeschäftigung den Lebensunterhalt ohne Armut selbst bestreiten und am sozialen und kulturellen Leben teilhaben zu können. Er leitet sich aus dem Grundgesetz ab, das die Würde des Menschen schützt und gehört zum Kern des Sozialstaatsprinzips.

Vor dem Hintergrund eines gemeinsamen europäischen Binnenmarktes und der zunehmend integrierten Wirtschaft ist eine Mindestlohnpolitik im EU-Rahmen dringend geboten. Zu dieser bedenkenswerten Schlußfolgerung kommen Wissenschaftler des Wirtschafts- und Sozialwissenschaftlichen Instituts der Hans-Böckler-Stiftung gemeinsam mit Kollegen des Schweizer Denknetzes und des französischen Forschungsinstituts Ires. Sie präsentierten ihre Thesen unter dem

Motto »Wer arbeitet, soll auch essen« im Rahmen einer internationalen Fachtagung »Mindestlohn in Europa« am 21./22. April 2005 in Zürich. Bei ihrem Konzept handelt es sich im Kern um die europaweite Festlegung bestimmter gemeinsamer Ziele und Kriterien, auf deren Grundlage die nationalen Mindestlohnpolitiken miteinander zu koordinieren wären. Dabei kann angesichts der nach wie vor gravierenden ökonomischen Entwicklungsunterschiede in Europa und dem damit zusammenhängenden enormen Lohngefälle das Ziel nicht darin bestehen, einen einheitlichen Lohnbetrag für ganz Europa festzusetzen. Es geht vielmehr darum, in jedem Land für die unteren Lohngruppen eine Mindestnorm zu fixieren, die in einem bestimmten Verhältnis zum nationalen Lohngefüge steht. Als Zielmarke sollten alle europäischen Länder dafür 60 Prozent des nationalen Durchschnittslohns anvisieren. Das kurzfristige Etappenziel könnten 50 Prozent sein. In Deutschland würde dies einem monatlichen Mindestsalär zwischen 1 450 und 1 500 Euro brutto entsprechen. Bei der Umsetzung eines solchen Konzeptes kommt den europäischen Gewerkschaften eine herausragende Rolle zu. Schließlich besteht ihre Aufgabe darin, ein grundlegendes Prinzip des europäischen Sozialmodells zu verteidigen, wonach der Lohn jedem abhängig Beschäftigten ein Leben in finanzieller Unabhängigkeit ermöglichen muß.

Grundeinkommen ohne Arbeitszwang

Wie wir gesehen haben, werden herkömmliche Erwerbsarbeitsplätze, insbesondere gut bezahlte, in hochproduktiven profitorientierten Gesellschaften ein knappes Gut. Dennoch: Es gibt durchaus unausgeschöpfte Möglichkeiten zur Zurückdrängung der Massenarbeitslosigkeit. Unterschiedliche Ergebnisse der europäischen Länder zeugen von erschließbaren Potentialen für ein Mehr an bezahlter Arbeit. Auch lassen sich – wie wir gesehen haben – Schranken für Hungerlöhne setzen. Aber die Ausmerzung von Arbeitslosigkeit, die Teilhabe aller, die wollen und können, an existenzsichernder Erwerbsarbeit bei einem gleichzeitigen Mehr an Freizeit ist in den Grenzen einer kapitalistischen Gesellschaft Illusion. Das jedoch reizt zu Fragestellungen: Was soll mit den »Überflüssigen« geschehen? Muß Ausschluß vom Arbeitsmarkt für die Betroffenen zwangsläufig Ausschluß von sozialen Bürgerrechten bedeuten? Macht sich moralisch verdächtig, wer nicht ein Mindestmaß an Erwerbsarbeit leistet, ist er per se ein Faulenzer? Wie kann die Teilhabe am steigenden Volkseinkommen aussehen, wenn man keiner bezahlten Arbeit nachgehen kann?

Diese Fragen spielen in der wissenschaftlichen Debatte bereits Jahrzehnte eine Rolle. Bürgergeld, negative Einkommensteuer, Sozialdividende, bedarfsabhängige Grundsicherung oder Grundeinkommen sind Stichworte. Auch das von Paul Lafargue bereits 1883 in seinem gleichnamigen Buch eingeforderte »Recht auf Faulheit« zielte auf diese Problematik.[169] In Deutschland erhielt die Diskussion neue Nahrung seit der Zusammenlegung von Arbeitslosen- und Sozialhilfe, den damit verbundenen verschärften Zumutbarkeitsregelungen und den auf Hilfeentzug hinauslaufenden Sanktionen im Falle einer abgelehnten »zumutbaren« Arbeit oder Eingliederungsmaßnahme. »Ohne Einkommen ist das Leben in einer Konsumgesellschaft unmöglich. Die Negation des Zugangs zu sozialstaatlichen Geldleistungen wirkt somit als Zwang zum Angebot der eigenen Arbeitskraft, das heißt als indirekte

Arbeitsverpflichtung.«[170] Das Problem besteht darin, wie eine Alternative zur erwerbsarbeitszentrierten sozialen Sicherung des vergangenen Jahrhunderts einerseits und der rot-grün-schwarz-gelben Politik der »Aktivierung« Arbeitsloser andererseits aussehen könnte. Hierzu sind verschiedene Varianten im Gespräch:[171]

Erstens ein Grundeinkommen, das allen Bürgern garantiert ist, aber erst dann ausgezahlt wird, wenn von ihnen erzielte Erwerbs- und Vermögenseinkommen sowie ihnen zustehende Unterhaltsansprüche nicht existenzsichernd sind. Bekannt ist hierfür der Terminus »Negative Einkommensteuer« oder auch »Bürgergeld«. De facto handelt es sich um die Subventionierung eines Niedriglohnsektors.

Zweitens ein bedingungsloses Grundeinkommen, das jedem Bürger als individueller Rechtsanspruch und Anteil am gesellschaftlichen Wohlstand vor allen sonstigen Einkommen zusteht. Letztere sind dann allerdings zu versteuern und werden mit Sozialabgaben belastet. Bezeichnet wird diese Variante auch als »Sozialdividende.«

Drittens eine steuerfinanzierte bedarfsorientierte Grundsicherung oberhalb des jetzt geltenden Sozialhilfeniveaus. Sie soll von individuell geleisteter Erwerbsarbeit entkoppelt sein, Ansprüche an verschiedene Sozialleistungen (Kinder-, Wohn-, Erziehungsgeld usw.) zusammenführen und existenzsichernd sockeln. Ein solches Modell will die PDS schrittweise eingeführt wissen.

Welche Variante man auch nimmt – es stellt sich nicht nur die Frage der Finanzierung. Vorgelagert ist die nach der Moral. Ist es gerecht, ein existenzsicherndes Einkommen zu gewährleisten, ohne eine Gegenleistung zu verlangen? Wird damit nicht Bequemlichkeit, ja Faulheit honoriert und löst das nicht Neidreflexe aus? Werden dadurch nicht diejenigen benachteiligt, die jeden Tag arbeiten gehen, ohne wesentlich mehr zu bekommen?

Einfach von der Hand zu weisen sind diese Vorbehalte und Einwände nicht. Aber Argumente, die für eine solche Strategie sprechen, gibt es sehr wohl. Für sie muß geworben und ein entsprechendes öffentliches Klima geschaffen werden: Eine Gesellschaft, die unfähig ist, allen, die es wollen, den Zugang zu angemessen bezahlter Arbeit und damit die eigenständige Lebensfinanzierung zu ermöglichen, muß bereit sein, für dieses Versagen einzustehen. Personen, die nicht erwerbstätig sind, erbringen oft sehr nützliche Tätigkeiten für die Gemeinschaft. Sie pflegen Angehörige, unterstützen Nachbarn, erziehen Kinder oder engagieren sich ehrenamtlich. Ein existenzsicherndes Grundeinkommen verhindert, daß der Mensch sich den Verwertungsinteressen des Kapitals um jeden Preis unterwerfen muß. Die Gewißheit, die Existenz sichern zu können, auch ohne seine Arbeitskraft am Markt feilbieten zu müssen, grenzt Lohn- und Sozialdumpingpraktiken ein. Davon haben auch diejenigen einen Vorteil, die beschäftigt sind. Und schließlich wird die fehlende Diskriminierung die kulturelle und psychische Situation all derer gravierend verbessern, die nicht aus dem Arbeitsprozeß aussteigen wollten, sondern ausgeschlossen wurden und oft verzweifelt, aber vergeblich einen Wiedereinstieg in das Erwerbsleben suchten. Sozialpolitisch spricht nach Meinung des Jenenser Professors für Sozialpolitik Michael Opielka alles für ein Grundeinkommen, das auf jede Form des staatlichen Arbeitszwangs verzichtet und vollständig auf Anreize setzt.[172]

Die wachsende Phalanx radikaler Sozialstaatskritiker ist sich einig: Die sozialen Sicherungssysteme platzen aus den Nähten und sind nicht mehr finanzierbar. Aus dem Sozialstaat sei ein hypertropher Versorgungsstaat geworden. An die Stelle der bislang noch dominanten sozialen Fürsorge und Sicherung müsse schrittweise die Privatisierung der zentralen Lebensrisiken treten. Solidarität gilt als peinliches Schlagwort, das an die Tugenden des Proletariats oder an die karitative Hilfe für die Schwachen erinnert. Der schwedische Ökonom Nils Karlson sieht sogar Freiheit und Würde des Menschen durch den Wohlfahrts- oder Sozialstaat bedroht, weil er angeblich entmündigt.[173] Arbeitgeberpräsident Hundt fordert Schritte, um die »wachstumsfeindliche Staats-, Sozial- und Abgabenquote« zu reduzieren. Der Beitrag zur Arbeitslosenversicherung müsse »mittelfristig« von heute 6,5 auf 4,5 Prozentpunkte zurückgeführt werden, noch 2005 sei ein Prozentpunkt weniger machbar. Beim Arbeitsrecht sei ein Einstieg in eine »grundlegende Vereinfachung« überfällig. Hundt verlangt, Betriebe mit bis zu 20 Beschäftigten zumindest für Neueinstellungen vom Kündigungsschutz auszunehmen. Derzeit liegt die Schwelle bei zehn. Überdies solle der Kündigungsschutz erst ab einer Betriebszugehörigkeit von mehr als drei Jahren wirksam werden.[174] Angesichts einer Zahl von 5,4 Millionen registrierten Arbeitslosen im März 2005 war es für die Wortführer der Wirtschaft leicht, die Politiker als Geiseln zu nehmen und die eigene Verantwortung außen vor zu lassen. Die politischen Eliten ihrerseits zeigen in der mißlichen Lage oft keine andere Reaktion als opportunistische Zugeständnisse.

Den Gegenpol zu solchen Auffassungen bilden jene, die den

Sozialstaat zu retten glauben, indem sie ihn verteidigen, wie er ist. Damit deckeln sie aber auch seine erkennbaren Defizite: »Er leistet nicht das, was man von ihm erwartet; er kann z. B. Armut nicht verhindern und ist für diese sogar mitverantwortlich. Er vermag nicht, einen hinreichend großen Anteil am verfügbaren Volkseinkommen für seine Zwecke zu mobilisieren, und er ist – gemessen an dem, was er leistet –, zu teuer. Mehr noch: Er ist in seinen Leistungen und seiner Finanzierung ungerecht – vor allem gegenüber Frauen, gegenüber Arbeitnehmern und gegenüber Haushalten mit Kindern.«[175] Die Bindung der deutschen Sozialversicherungen an die abhängige Beschäftigung bedingt die Finanzierungsprobleme des Sozialstaates. Bezogen auf die Volkswirtschaft insgesamt ist er keineswegs »zu teuer«. Angezeigt ist eine Neujustierung der sozialen Sicherung, nicht ihre Desavouierung und Aushöhlung.

Die größten Lebensrisiken – Krankheit und Arbeitslosigkeit – sind gerade bei fortschreitender Globalisierung mehr durch gesellschaftliche Umstände denn durch persönliches Fehlverhalten verursacht. Arbeitslosigkeit ist die Kehrseite einer rationalisierenden Wirtschaft. Warum müssen die Beschäftigten dafür aufkommen? Arbeitsbedingte Erkrankungen belasten die Krankenkassen und die gesamte Volkswirtschaft jährlich mit 27 Milliarden Euro.[176] Nicht nur durch gesundheitsbewußte private Lebensführung, auch durch echte Gesundheitsvorsorge in den Betrieben, durch gesündere Arbeitsbedingungen könnten diese Kosten reduziert werden. Warum soll es gerecht sein, die Unternehmen immer stärker aus der Finanzierung der Krankenversicherung zu entlassen? Wer ein Leben lang seine Arbeitskraft für Wachstum und Renditen einsetzte, hat auch Anspruch auf eine leistungsgerechte, mindestens aber existenzsichernde Altersversorgung erworben. Weshalb also soll das Ruhestandsrisiko immer stärker privatisiert werden?

Die Sicherungssysteme sind nicht sanierbar, indem man den Schwächsten der Gesellschaft weitere Opfer abverlangt. Die Alternative zu einseitigen Leistungskürzungen gemäß der von Rot-Grün beschlossenen und von Schwarz-Gelb goutierten Agenda 2010 ist eine gerechtere Lastenverteilung. Ungeachtet längerer Lebenserwartung ihrer Bürger und abnehmenden Arbeitsvolumens ist die Bundesrepublik wohlhabend genug, um die Krise der Sozialsysteme ohne deren Zerrüttung zu überwinden. Diese These ist durch den beliebten Verweis auf die öffentlichen Schulden nicht zu entkräften. Die sind zwar innerhalb weniger Jahre rasant angestiegen (vgl. Tabelle 16), zeitgleich aber schnellte das private Geldvermögen empor. Es beläuft sich auf das Dreifache der Schulden von Bund, Ländern und Gemeinden. Diese Korrelation muß zu denken geben!

Tabelle 16: Verschuldung öffentlicher Haushalte der Bundesrepublik Deutschland (in Mrd. Euro)

	1990	1995	2000	2004
Insgesamt	536	1 009	1 211	1 430
darunter Bund	277	386	716	812

Quelle: Statistisches Bundesamt, Deutsche Bundesbank, Monatsbericht Mai 2005, S. 55

Auch ethisch ist es nicht zu rechtfertigen, daß eine reiche Gesellschaft Millionen ihrer Mitglieder das vorenthält, was sie zu einem menschenwürdigen Leben benötigen. Die Wirtschaft wächst zwar langsamer als in den 1950er und 1960er Jahren, aber sie wächst noch (vgl. Tabelle 14, S. 235). Wenn angesichts dessen am Sozialaufwand »gespart« wird, gibt es notwendigerweise andere gesellschaftliche Bereiche bzw. Gruppen, die ein größeres Stück vom Kuchen des Volkseinkommens abbekommen.

Für die Neujustierung im Sinne einer die Lasten gerechter verteilenden Finanzierung der Renten- und Krankenversicherung setze ich drei Prämissen:

1. Heranziehung aller Berufsgruppen und aller Einkommensarten bei schrittweiser Anhebung der Beitragsbemessungsgrenze von gegenwärtig 3480 Euro bis zur höchsten Tarifgruppe des Öffentlichen Dienstes auf 5100 Euro und perspektivischer Aufhebung der Grenze. Neu gegenüber dem jetzigen System der Altersvorsorge wäre bei einem solchen Modell, daß auch Beamte und Selbständige sich pflichtversichern müßten und Minister sowie Abgeordnete erstmals in die solidarische Versicherung einbezogen würden. Die genannten Personengruppen hätten wie alle anderen einen bestimmten Prozentsatz ihrer monatlichen Bezüge (Lohn, Gehalt, Diäten usw.) sowie sonstiger Einkommen (Zinsen, Mieten, Pachten usw.) als Beitrag zu entrichten und zugleich Ansprüche erworben. Diese wären allerdings wie in der Schweiz für Bezieher höherer Einkommen degressiv abzusenken. Es würden also nicht linear zu den Einzahlungen Anwartschaften entstehen. Damit wäre die Rentenversicherung in eine Erwerbstätigenversicherung umgestaltet, ihr solidarischer Charakter bewahrt und die reine Lohnzentriertheit der Beiträge überwunden.

Mit einem solchen Umsteuern könnte man sofort beginnen, indem weniger Verbeamtungen erfolgen und neue Wahlbeamte, Abgeordnete sowie Selbständige, die noch nicht obligatorischen Vorsorgesystemen angehören, in die Gesetzliche Rentenversicherung einbezogen werden. Für die außerhalb der Gesetzlichen Rentenversicherung bestehenden Alterssicherungssysteme müßte es Vertrauensschutz und damit lange Übergangsfristen geben.

Für die Finanzierung des Gesundheitssystems würde das gleiche Prinzip bedeuten, den Kreis der Pflichtversicherten auf die gesamte Bevölkerung auszudehnen, die Beitragsbemessungsgrenze zunächst deutlich anzuheben und langfristig aufzuheben sowie in die Basis auch Kapitalerträge, Zinsen, Mieten, Pachten einzubeziehen. Mehr Bürger mit all ihren Einkommensarten wären an der Finanzierung einer solidarischen Bürgerversicherung jeweils entsprechend ihrer tatsächlichen finanziellen Leistungsfähigkeit beteiligt. Das käme der Stärkung der Solidargemeinschaft zu Lasten der privaten Krankenversicherungen zugute. Letztere müßten – bei Vertrauensschutz für die dort bereits Versicherten – ihr Kerngeschäft in den Bereich zusätzlicher Leistungen verlagern. Ein unfairer Wettbewerb zwischen gesetzlichen und privaten Krankenkassen, wie ihn SPD und Bündnisgrüne in ihrem Konzept einer Bürgerversicherung vorsehen, wäre ausgeschlossen.

Auch der Finanzierungsmodus für die Arbeitslosenversicherung und die Arbeitsförderung sollte gesamtgesellschaftlich ausgerichtet werden, das heißt, neben den Arbeitgebern und Arbeitnehmern alle anderen Erwerbspersonen mit Arbeitsmarktrisiken ebenfalls in ein gesetzliches Pflichtversicherungssystem einzubeziehen. Daraus wären dann im Falle der Arbeitslosigkeit Rechtsansprüche abzuleiten. Wie bei den vorgenannten Kassen müßten alle Einkommensarten als Beitragsbemessungsgrundlage dienen. Die Arbeitsgruppe Alternative Wirtschaftspolitik macht den bedenkenswerten Vorschlag, für die unselbständig Beschäftigten den Arbeitgeberanteil über die gegenwärtig geltenden 50 Prozent hinaus anzuheben. Dies sei beispielsweise in Frankreich, den Niederlanden und Kanada bereits Praxis und entspräche der Tatsache, daß die Arbeitgeber in weit höherem Maße als die Beschäftigten für Arbeitslosigkeit verantwortlich sind. Dabei sollte für die Arbeitgeberseite eine individuelle Differenzierung der Durchschnittsbeiträge entsprechend amerikanischem Muster eingeführt werden. Danach zahlen die Unternehmen einen höheren Beitrag, bei denen die Entwicklung der Beschäftigung hinter der der Wertschöpfung zurückbleibt. Im umgekehrten Fall findet eine Beitragsermäßigung statt. Auf diese Weise werden Entlassungen in gewissem Umfang sanktioniert und Einstellungen honoriert.[177] Bedenkenswert ist gleicherweise die Anregung, die Beitragsbemessungsgrenzen schrittweise zu verdoppeln. Die Versicherungspflicht soll ab 2400 Euro Jahresverdienst beginnen und bis 4800 Euro ausschließlich durch die Arbeitgeberseite entrichtet werden. Das würde die Umwandlung von Vollzeitstellen in Miniarbeitsverhältnisse bremsen helfen.[178]

2. Aufrechterhaltung der Beitragsparität zwischen Beschäftigten, den sogenannten »Arbeitnehmern« und den Unternehmen als den »Arbeitgebern«. Die Arbeitgeber sollen dabei nicht nach der Personalkostenhöhe, sondern nach der Wertschöpfung veranlagt werden. Personalintensive Firmen, also solche mit vielen Beschäftigten, zahlen bei lohnzentrierten Versicherungsbeiträgen unabhängig von ihren Erträgen absolut oft ein Mehrfaches der Beiträge, die renditestarke, kapitalintensive Arbeitskräfte durch hochmoderne Technik ersetzende Unternehmen aufbringen müssen. Das belastet ihre Kosten stark und drängt immer aufs Neue zu Personalabbau. Die Lasten zwischen den Unternehmen wären gerechter verteilt, wenn die Versicherungsbeiträge auf Basis der betrieblichen Wertschöpfung erhoben würden. Dazu muß der Pro-

duktionswert errechnet werden, der sich aus dem Jahresumsatz und dem Zugewinn des Unternehmens an Anlagen oder Lagerbeständen ergibt. Von dem so ermittelten Produktionswert werden alle Kosten abgezogen, die keinen Neuwert darstellen: zugekaufte Vorleistungen wie Güter oder Dienstleistungen, gezahlte Steuern und Abschreibungen. Die Differenz – das Plus an materiellen Gütern, finanzielle Rückstellungen, ausgeschüttete Gewinne und die Arbeitseinkommen – ist die Wertschöpfung. Würden die Versicherungsbeiträge auf dieser Basis erhoben, könnten vor allem in Klein- und Mittelbetrieben Anreize für mehr Beschäftigung ausgelöst, und kapitalintensive Unternehmen entsprechend ihrem tatsächlichen Leistungsvermögen stärker zur sozialen Sicherung herangezogen werden.

Die Umstellung der Arbeitgeberbeiträge auf die Wertschöpfung könnte erfolgen, indem man von deren prozentualem Anteil an der gesamtgesellschaftlichen Nettowertschöpfung ausgeht. Der betrug 2001 z. B. 12,7 Prozent. Würde das genannte Jahr der Ausgangspunkt einer Umstellung, hätten alle Unternehmen künftig diesen Satz zu zahlen. Das wäre für die lohnintensiven Betriebe eine Entlastung, während kapitalintensive Unternehmen mit überdurchschnittlicher Wertschöpfung pro Kopf entsprechend mehr beitragen müßten. Für dieses Vorgehen plädiert die PDS seit langem. Bisher leider vergeblich.[179] Eine solche Lösung findet im SPD-Modell der Bürgerversicherung keine Erwägung, ganz zu schweigen vom Kopfpauschalen-Modell der Union, das von der solidarischen Finanzierung völlig absieht.

3. Ausschöpfung von Kostensenkungsmöglichkeiten vor jedweder Leistungskürzung. Potential dafür bietet sich reichlich. Wozu sind 270 gesetzliche Krankenkassen notwendig, und

warum muß die Verwaltung für die Kassenärzte von 17 Kassenärztlichen Vereinigungen übernommen werden? Weshalb können hochmoderne und entsprechend kostspielige Apparate z. B. in der Strahlentherapie nicht auch an Sonn- und Feiertagen eingesetzt werden? Wann endlich wird die Zulassung teurer, medizinisch aber unwirksamer »Innovationen« bei Arzneimitteln gestoppt?

Alternativ zur hier beschriebenen veränderten Abgabenfinanzierung der sozialen Sicherungssysteme gäbe es den Weg der primären Steuerfinanzierung, wie er in skandinavischen Ländern vorherrscht. Sein Vorzug: Er befreit die lebendige Arbeit von der alleinigen Beitragslast. Aber eine Lösung für das Problem, daß hochproduktive Maschinen ständig Menschen ersetzen, die dann keine Steuern mehr zahlen, bietet auch er nicht. Die alte Frage ist immer noch virulent: Warum kann es nicht eine Steuer auf in Ausrüstungen vergegenständlichte Arbeit geben, so wie es eine Steuer auf lebendige Arbeit gibt? Die Wertschöpfungsabgabe zielt zumindest in diese Richtung. Den technischen Fortschritt würde ein solches Vorgehen nicht aufhalten, einer humanen Gesellschaft aber wäre das dienlich.

Fazit

Profitstreben bleibt die Hauptantriebkraft des Kapitalismus. Die Logik des Kapitals ist nicht aufhebbar, aber die Auswüchse seiner Herrschaft sind durch politischen Kampf begrenzbar. Gegen den »Terror der Ökonomie« sollten sich möglichst viele wehren, auch wenn ein grundlegender Wandel der Eigentums- und Machtverhältnisse kein realistisches Nahziel sein kann. Mein Anliegen war es, für praktikable Alternativen zum neoliberalen Regierungshandeln zu werben und Mut zu machen. Ich halte es mit dem chinesischen Sprichwort: Auch ein langer Marsch beginnt mit einem ersten Schritt.

Um dem Fatalismus entgegenzuwirken, macht es Sinn, auf die Reformierbarkeit des Kapitalismus hinzuweisen. Ein überzeugender historischer Beleg dafür ist die Herausbildung der sozialen Marktwirtschaft in Europa nach dem zweiten Weltkrieg. Freilich gab es dafür mit kämpferischen Gewerkschaften starke innere Triebkräfte. Und als äußeres Korrektiv erwies sich ein alternatives Gesellschaftssystem. Die Schlußfolgerung muß also lauten, Gegenöffentlichkeit zum orthodoxen Zeitgeist zu schaffen, Gegenkräfte zum neoliberal verhafteten Handeln der Regierungen und der sie tragenden Parteien zu mobilisieren und zusammenzuführen. Ein den Kapitalismus zügelndes äußeres Korrektiv ist noch nicht in Sicht. Was aus der Entwicklung in China wird, läßt sich endgültig schwer voraussagen. Das trifft auch auf die neuen sozialen Bewegungen in Lateinamerika zu. Daher helfen mittelfristig gegen die Allmacht des Kapitals nur Massenbewegungen, getragen von Betriebsbelegschaften und Gewerkschaften, von Attac, Jugend- und Frauenorganisationen, Greenpeace, Friedensgruppen und christlichen Kreisen. An Bedeutung gewinnt das Europäische Sozialforum, das einen wichtigen Beitrag leistet, eine politische Öffentlichkeit auf dem Kontinent zu schaffen. Zu den Gegenkräften gehören die europäischen Linksparteien sowie Minderheitsströmungen bei den Grünen und der Sozialdemokratie.

Die Bündelung des Widerstandes gegen den Sozialstaatsabbau und die Aushöhlung der Demokratie schafft Gemeinsamkeit und strahlt auf jene aus, die immer noch glauben, es gäbe keine Alternativen.

Das beliebte Argument von der Globalisierung als unabänderlichem Sachzwang ist wenig überzeugend. Die Regierung der Bundesrepublik Deutschland, des in Europa wirtschaftlich stärksten Staates, könnte in der EU ihr Gewicht in die Waagschale werfen, um bei Wiederaufnahme der EU-Verfassungsdiskussion auf eine europäische Erneuerung des Sozialstaates zu drängen. Regelungen zum Ausschalten von Lohn- und Steuerdumping sind dabei ebenso unerläßlich wie die Fixierung einheitlicher Mindeststandards für internationale Finanzinstitutionen und die Stärkung der Zivilmachtpositionen der EU anstelle von Aufrüstungspflichten, um nur einige Kriterien zu nennen. Politik muß das Primat vor der Ökonomie zurückgewinnen. Energisch zu widersprechen ist der Schutzbehauptung, die nationalen Regierungen befänden sich eingezwängt in den Vorgaben der EU-Kommission und könnten nicht handeln, wie sie wollten. Daher seien sie gegen tiefe Einschnitte in die Sozialsysteme machtlos. Nachdem die deutsche Regierung trotz mehrmaliger Verletzung der Kriterien des Maastricht-Vertrages Strafandrohungen der EU-Kommission zurückgewiesen und schließlich die bereits erwähnte Lockerung des Stabilitätspaktes durchgesetzt hat, darf man von ihr Widerstand auch gegen andere Vorhaben der EU-Kommission erwarten, wenn diese breite Bevölkerungsschichten belasten.

Wendesignale?

Meine Arbeit an diesem Buch war beendet, da verblüffte SPD-Chef Franz Müntefering die Öffentlichkeit mit einer harschen Kritik an den »Auswüchsen des Kapitalismus«.[180] Er warf Teilen der Wirtschaft demokratiegefährdende »internationale Profitmaximierungsstrategien« vor. Finanzinvestoren zerschlügen Unternehmen und entzögen sich jeder sozialen Verantwortung. Die »totale Ökonomisierung eines kurzatmigen Profit-Handelns« reduziere die Handlungsfähigkeit des Staates.

Vertreter des Arbeitgeberlagers und die Spitzen von Union und FDP reagierten erwartungsgemäß empört. In der Bevölkerungsmehrheit aber fiel Münteferings Kritik auf fruchtbaren Boden. Das spricht für verbreitete Sorgen und Ängste. Ich verfolge gespannt, zu welchen politischen Konsequenzen Münteferings neue Tonlage führen wird. Natürlich war sie ein parteipolitischer Schachzug vor den Landtagswahlen in Nordrhein-Westfalen. Ebenfalls konnte man sie als prophylaktische Einstimmung seiner Klientel auf die im Bund zu erwartende Oppositionsrolle der SPD werten. Es käme schließlich beim Wahlvolk schlecht an, würde man bis Ultimo an der Begünstigung weltweit agierender und spekulierender Unternehmen als vorrangiger Staatsaufgabe festhalten, um solche Praxis dann von der Oppositionsbank aus zu kritisieren. Ich habe die angestoßene Debatte so kommentiert: »Keine noch so berechtigte Kritik an den Auswüchsen des Kapitalismus kann davon ablenken, daß die jüngsten Wunden dem Sozialstaat nicht von gierigen Managern und anonymen Finanzinvestoren geschlagen wurden, sondern von Schröders Agenda 2010 und den Hartz-Reformen.« Und urplötzlich vom Himmel gefallen sind die gegeißelten Erscheinungen auch nicht.[181]

Dennoch: Eine Polemik, die sich auf kleinmütige Bewertung Münteferingscher Äußerungen reduziert, halte ich nicht für angebracht und schon gar nicht für konstruktiv. Für manche Linke setzt Kapitalismuskritik erst dort ein, wo »die bestehende Eigentumsstruktur in Frage gestellt« wird.[182] Alles andere gilt für sie als Kratzen an der Oberfläche. Es gibt auch

Stimmen im linken Lager, die in der »Hetze« des SPD-Chefs gegen die »Heuschreckenplage« des spekulativen Finanzkapitals »das antisemitisch aufgeladene NS-Vokabular vom guten ›schaffenden‹ und bösen ›raffenden‹ Kapital« erkennen.[183] Das habe nun Eingang in den sozialdemokratischen und gewerkschaftlichen Diskurs gefunden. Solches Urteil ist absurd. Es verkennt die wahnwitzigen Verwertungsmanöver des von der produktiven Sphäre gelösten Finanzkapitals.

Kein Zweifel: Münteferings »Kapitalismuskritik« ist moralisierend. Sie beschränkt sich auf die Spitze des Eisbergs und bezieht nicht etwa das System als solches ein, das immer wieder zu Auswüchsen neigen wird. Aber sie könnte zum Auslöser einer wirklichen Auseinandersetzung mit dem entfesselten Kapitalismus werden. Denn erstens galt »Kapitalismus« bei den meisten sozialdemokratischen Funktionären lange als Begriff aus der »Mottenkiste des Klassenkampfes« und ist plötzlich wieder ›salonfähig‹. Das muß die Linke als Chance zu einer Offensive begreifen und sich nicht im Herunterspielen der angefachten Debatte gefallen. Zweitens bin ich dafür, die weitere Politik der SPD – ob in Regierung oder Opposition – an den Worten ihres Oberen zu messen, das heißt, Taten einzufordern und selbst Ideen und Forderungen zu unterbreiten. Die Linke sollte sich in die Auseinandersetzungen im politischen Alltag und in den wissenschaftlichen Diskurs konstruktiv einbringen. In diesem Buch habe ich Vorschläge zum Rückschnitt der Auswüchse des Kapitalismus gemacht, mehr noch – nach Bruchstellen für das Zurückdrängen der gesellschaftlichen Profitdominanz gesucht. Diese markieren den möglichen Ausstieg aus der kapitalistischen Entwicklungslogik. Nur wenn es im allgemeinen Bewußtsein ein Jenseits des Kapitalismus gibt, wächst die Überzeugung von seiner Endlichkeit.

Und drittens: Die Sozialdemokratische Partei Deutschlands ist immer noch mitgliederstark. Kann sie durch die Öffentlichkeit dazu gedrängt werden, sich endlich auf ihre Herkunft und ihre Traditionen zu besinnen, wird sie die Interessen lebendiger Menschen wieder höher werten, als die des herz- und seelenlosen Kapitals. Zusammen mit dem Wirken von Gewerkschaften und anderen linken Kräften könnte eine kritische politische Masse entstehen, die dem profitorientierten System Grenzen zu setzen in der Lage wäre.

Auffassungen wie: »Man kann ja doch nichts verändern« oder »Die da oben machen sowieso mit uns, was sie wollen«, oder »Egal, wer regiert, es macht keinen Unterschied« sind Ausdruck von Resignation und Schicksalsergebenheit. Mit solchen Haltungen wird jedweder politische Widerspruch entwertet und ungewollt die Sachzwanglogik der herrschenden Politik unterstützt. Manche Linke sehen im Engagement für alternative Reformen eine bloße Reparatur am Kapitalismus und lehnen das entschieden ab. Ich halte auch diese Position für falsch, weil ein »Alles oder Nichts« im praktischen politischen Leben keine brauchbare Option ist und bedrängten Menschen nicht hilft.

Menschen sind nicht machtlos. Das hat der öffentliche Protest gegen die Dienstleistungsrichtlinie der EU gezeigt. Er war so unüberhörbar, daß auch Regierungen sich ihm nicht entziehen konnten und den Entwurf schließlich zur Überarbeitung an die Brüsseler Behörde zurückweisen mußten. Streikdrohungen der Beschäftigten in der Stahlbranche setzten die Arbeitgeber derart unter Druck, daß diese keine Möglichkeit sahen, sich den Forderungen nach spürbarer Einkommensverbesserung zu widersetzen. Auch in anderen Branchen konnten Lohnerhöhungen erkämpft werden, die wieder an die

Produktivitätsentwicklung anknüpfen. Anhaltende Demonstrationen und massenhafte Petitionen gegen die unseligen Hartz-IV-Regelungen erzwangen schließlich erste Korrekturen. Die Bankrotterklärung von Bundeskanzler Schröder nach den für die SPD verlorenen Landtagswahlen in Nordrhein-Westfalen und die vorgezogenen Bundestagswahlen gaben plötzlich bisher mehr gegen- statt miteinander agierenden linken Kräften einen Impuls zum Zusammenrücken. Das gemeinsame Antreten von Kandidaten der PDS und der WASG (Wahlalternative Arbeit & soziale Gerechtigkeit) im Falle vorgezogener Bundestagswahlen ist ermutigend. Die Chance auf ein deutliches Wählervotum zugunsten einer starken linken parlamentarischen Kraft, die »Arbeit in Würde«, Solidarität und Gerechtigkeit einfordert und gegen die weitere Erosion des Sozialstaates, die Aushöhlung der Demokratie sowie die Militarisierung der Außenpolitik opponiert, wächst. In einem wahrscheinlich konservativ dominierten Bundestag wird das Linksbündnis auch medial Kontrapunkte gegen die Übermacht des neoliberalen Zeitgeistes setzen und Menschen Zuversicht vermitteln können. Das französische »Nein« beim Referendum über die EU-Verfassung verdeutlichte eindrucksvoll, daß gegen neoliberale Politik selbst dann Erfolge möglich sind, wenn das Land von einer erdrückenden konservativen Mehrheit regiert wird.

Das alles sind Signale der Hoffnung. Ein Politikwechsel kann errungen werden.

Anmerkungen

1 Fukuyama, Francis: Das Ende der Geschichte. München 1992.
2 Luft, Christa: Die nächste Wende kommt bestimmt. Berlin 1994.
3 Klein, Dieter (Hrsg.): Leben statt gelebt zu werden. Zukunftsbericht der Rosa-Luxemburg-Stiftung. Berlin 2003, S. 46ff.
4 Dahrendorf, Ralf: Reiner und rheinischer Kapitalismus. Die Welt, Berlin, 16.8.2004.
5 Wüpper, Thomas: Die Angst vor Job-Verlust wächst. Frankfurter Rundschau, Frankfurt a.M., 28.4.2005.
6 Schumpeter, Joseph Alois: Kapitalismus, Sozialismus und Demokratie. München/Stuttgart u.a. 1987, S. 107.
7 Luft, Christa: Zwischen WEnde und Ende. Berlin 1991, S. 191ff; Dahn, Daniela: Wir bleiben hier oder Wem gehört der Osten? Reinbek bei Hamburg 1994, S. 55.
8 Mahner gegen überhastete Wiedervereinigung. Ost-Thüringer Zeitung, 2.12.2004.
9 Schäuble, Wolfgang: Der Vertrag. Wie ich über die deutsche Einheit verhandelte. Stuttgart 1991, S. 131.
10 Hecht, Arno: Die Wissenschaftselite Ostdeutschlands. Feindliche Übernahme oder Integration? Leipzig 2002.
11 Bollinger, Stefan/van der Heyden, Ulrich/Keßler, Mario: Ausgrenzung oder Integration? Berlin 2004.
12 Gauland, Alexander: Erfahrungen ohne Eigenwert. Die Woche, Nr. 40, 29.9.2000.
13 Luft, Christa: Wichtige Zeichen für die Menschen gesetzt. Neues Deutschland, Berlin, 12.3.1990.
14 Einmischen statt abwenden. Focus, 20/2004, 13.9.2004, S. 23.
15 Huber, Peter: Es geht nicht um gleiche Einkommen. Tagesspiegel, Berlin, 14.9.2004.
16 Das Milliardengeständnis – Warum der Aufbau Ost scheitern mußte. Der Spiegel, 15/2004, S. 24ff.; Der Aufbau Ost reißt den Westen in den Abgrund. Welt am Sonntag, Berlin, 6.3.2005.
17 Westen will raus aus dem Solidarpakt. In: Handelsblatt, Düsseldorf, 30.9.2004, S. 1.
18 Steingart, Gabor: Deutschland. Der Abstieg eines Superstars. München 2004, S. 234 und S. 241.

19 Vertrag über die Schaffung einer Währungs-, Wirschafts- und Sozialunion zwischen der Bundesrepublik Deutschland und der Deutschen Demokratischen Republik, BGBL II 1990, S. 518.
20 Römer, Peter: Geltung und Wirksamkeit verfassungsrechtlicher Normen. Zeitschrift Marxistische Erneuerung Z. Kassel, Nr. 58, Juni 2004, S. 26.
21 GBL DDR Teil I, Nr. 33 vom 17.6.1990.
22 Luft, Christa: Treuhandreport. Berlin 1992, S. 128ff. und S. 193ff.; Luft, Christa: Die Lust am Eigentum. Zürich 1996, S. 164ff.
23 Luft, Christa: Abbruch oder Aufbruch? Berlin 1998, S. 45ff.
24 »Ossi« Müller seit 24 Jahren Werftchef. Ostseezeitung, Wismar, 2./3.3.2002.
25 Buss, Klaus-Peter/Wittke, Volker: Die ostdeutsche Industrie auf neuen Wegen – aktuelle Entwicklungen. Soziologisches Forschungsinstitut Göttingen. Thesenpapier 25.6.2004.
26 Krebszellen den Tod verordnet. Norddeutsche Neueste Nachrichten, Rostock, 7./8.5.2005.
27 Scharfe Kritik an Birthler-Behörde. Neues Deutschland, 23.3.2005, S. 5.
28 Dahn, Daniela: Komm, lieber Mai. Neues Deutschland, 30.4.2005.
29 Er schloß den Pakt. Interview mit Theo Waigel. Die Zeit, Hamburg, 44/2002.
30 Hankel, Wilhelm: Von Keynes bis Hartz oder: Der Prophet muß seine Botschaft zu Ende denken. Neue Gesellschaft, Frankfurter Hefte, 1+2/2005, S. 55.
31 Piller, Tobias: Italiens Euro à la carte. Frankfurter Allgemeine Zeitung, Frankfurt a.M., 3.2.2005, S. 13.
32 Er schloß den Pakt. Die Zeit, 44/2002.
33 Deutschland leidet an Nachfragemangel. Berliner Zeitung, Berlin, 17.4.2002, S. 31.
34 O'Neill, Jim: Ein absurdes Verständnis von Wirtschaft. Die Zeit, 35/2004.
35 Bofinger, Peter: Wir leben **unter** unseren Verhältnissen. Wirtschaft & Markt Berlin, September 2004, S 14.
36 Helmedag, Fritz: Ist das starre Festhalten an den Maastricht-Kriterien sinnvoll? Wirtschaftsdienst, Zeitschrift für Wirtschaftspolitik. Hamburgisches Welt-Wirtschaftsarchiv, 9/2004.
37 Schröder, Gerhard: Die notwendige Reform des Stabilitätspaktes. Financial Times Deutschland, 16.1.2005.
38 Busch, Ulrich: Am Tropf. Die ostdeutsche Transfergesellschaft. Berlin 2002.
39 Beyerle, Hubert/Rumpf, Matthias: Tschechien läßt sich mit dem Euro Zeit. Financial Times Deutschland, Hamburg, 19.3.2004.
40 Die Volkswirtschaften der beitretenden Staaten an der Schwelle zur Mitgliedschaft in der Europäischen Union. Europäische Zentralbank, Monatsbericht Februar 2004, S. 56.
41 Schmidt, Helmut: Ich habe noch nie etwas von Visionen gehalten. Wirtschaft & Markt, Berlin, Juli 2004, S. 17.
42 Flassbeck, Heiner: Ein steiniger Weg. Wirtschaft & Markt, März 2004, S. 49.
43 Lauterbach, Jörn: Das Billiglohnland. Die Welt, 22.2.2005; Deggerich, Markus: Hier geht die Angst um. Der Spiegel, 8/2005, S. 85ff.

44 Neues Deutschland, 10./11.4.2004.
45 Das muß aufhören. Finanzminister Eichel über Steuerdumping in der EU. Der Spiegel, 18/2004.
46 Bahr, Egon: Schicksalsfrage der EU. Blätter für deutsche und internationale Politik, 12/2004, S. 1458.
47 Faude, Eugen: Die Finanzierung der EU-Osterweiterung. Zeitschrift Marxistische Erneuerung Z. Nr. 58, Juni 2004, S. 139ff.
48 Algieri, Franco:/Emmanonilidis, Janis A./Maruhn, Roman: Europas Zukunft – 5 EU-Szenarien. Centrum für angewandte Politikforschung, München 2004.
49 Faude, Eugen: Die Finanzierung der EU-Osterweiterung. Zeitschrift Marxistische Erneuerung Z. Nr. 58, Juni 2004, S. 148.
50 Kartte, Wolfgang: Die soziale Marktwirtschaft als Reformmodell für Osteuropa? In: Ludwig Erhard 1897–1997. Soziale Marktwirtschaft als historische Weichenstellung. Eine Festschrift zum hundertsten Geburtstag von Ludwig Erhard. Herausgeber: Ludwig-Erhard-Stiftung.
51 Schüsselbauer, Gerhard: Privatisierungsmethoden in den ehemals sozialistischen Ländern Mitteleuropas (Soziologische Forschungen, Band 41). Bern/Stuttgart/Wien 1998; Franzen, Wolfgang: 10 Jahre Transformationsprozeß: Empirische Ergebnisse zur unterschiedlichen Entwicklung in Tschechien und Ungarn. In: Osteuropa-Wirtschaft, 2/2000, S. 121ff.; Schaft, Franziska/Schläger-Zirlik, Patricia/Schnitzer, Monika: Privatisierung in Osteuropa: Strategien, Entwicklungswege, Auswirkungen und Ergebnisse. In: forost Forschungsverband Ost- und Südosteuropa, Nr. 13, März 2003.
52 Luft: Treuhandreport, S. 233ff.
53 Tenbrock, Christian: Real existierender Kapitalismus. Die Zeit, 38/2004.
54 Kartte: Die soziale Marktwirtschaft als Reformmodell für Osteuropa? In: Ludwig Erhard 1897–1997.
55 Ebenda.
56 Schwarz, Karl-Peter: Die Revolution der Steuersysteme in Osteuropa. Frankfurter Allgemeine Zeitung, 26.1.2005.
57 forost Forschungsverband Ost- und Südosteuropa, Nr. 13, März 2003, S. 7f.
58 Schäuble, Wolfgang: Scheitert der Westen? München 2003, S. 46.
59 Laitko, Hubert: Rußland – wohin? Antworten aus der Insiderperspektive. In: Sitzungsberichte der Leibniz-Sozietät e.V. Berlin, Bd. 41 (6), 2000.
60 Steiner, Helmut: Die Herausbildung neuer Sozialstrukturen im gegenwärtigen Rußland. In: Sitzungsberichte der Leibniz-Sozietät e.V. Berlin, Bd. 41, Jg. 2000, Heft 6.
61 Kryschtanowskaja, Olga: Anatomie der russischen Elite. Köln 2005.
62 Stiglitz, Joseph: Whither Reform? Ten Years of the Transition. World Bank. Annual Bank Conference on Development Economics. Keynote Address. Washington D.C. 1999.
63 Stiglitz, Joseph: Die Schatten der Globalisierung. Berlin 2002.
64 Saslawskaja, Tatjana: Die Gorbatschow-Stategie. Wien 1989.
65 Götz, Roland: Rußland und seine Unternehmer. Der Fall Chodorchowskij. Stiftung Wissenschaft und Politik. SWP-Aktuell 45, November 2003.

66 Steffen, Olaf: Die Einführung des Kapitalismus in Rußland. Ursachen, Programme und Krise der Transformationspolitik. Hamburg 1997, S. 517ff.

67 Clement, Karin: Lohnarbeiterinnen als interne Peripherie. In: Ost-West-Gegen-Information, Nr. 3, Graz 2003, S. 40.

68 Gräfe, Karl-Heinz: Die Wiedergeburt des Kapitalismus in Rußland. Utopie kreativ, Heft 161, 3/2004, S. 257.

69 Lossau, Norbert: Aids breitet sich in Rußland aus. Berliner Morgenpost, Nr. 144, 29.5.2005

70 Zitiert nach: Wolkow, Wladimir: Die Lage der Jugend im kapitalistischen Rußland. World Socialist Web Site, 22.8.2001.

71 Putin hält Wirtschaft in eisernem Griff. Financial Times Deutschland, 10.8.2004.

72 Präsident verschafft sich Kontrolle in strategischen Industrien. Financial Times Deutschland, 15.9.2004.

73 Vertrauen in russische Aktien kehrt zurück. Frankfurter Allgemeine Zeitung, 6.4.2005.

74 Jüngst, Peter: Raubtierkapitalismus? Globalisierung, psychosoziale Destabilisierung und territoriale Konflikte. Gießen 2004.

75 Stiglitz, Joseph: The Roaring Nineties. Der entzauberte Boom. Berlin 2004.

76 Dahrendorf: Reiner und rheinischer Kapitalismus. Die Welt, 16.8.2004.

77 Reuter, Norbert: Die Fixierung auf den Export verurteilt zum Sozialabbau. Die Zeit, 8.11.1996, S. 30; Afheldt, Horst: Wirtschaft, die arm macht. München 2003, S. 130ff. ; Arbeitsgruppe Alternative Wirtschaftspolitik, MEMORANDUM 2005, Köln 2005, S. 15f.

78 Samuelson, Paul: Where Ricardo and Mill Rebut and Confirm Arguments of Mainstream Economists Supporting Globalization. Journal of Economic Perspectives, 3/2004 S. 135–146; vgl dazu auch: Paul Samuelson gießt Wasser auf die Mühlen der Globalisierungsgegner. Frankfurter Allgemeine Zeitung, 21.9.2004; Samuelsons falsche Freunde. Financial Times Deutschland, 24.9.2004; Ein Dogma wackelt. Berliner Zeitung, 25./26.9.2004.

79 Ricardo, David: Über die Grundsätze der Politischen Ökonomie und der Besteuerung. Hrsg. von Gerhard Bondi. Berlin 1979.

80 Vgl. dazu auch: Sakar, Saral: Warum der Keynesianismus scheiterte – Kann er wiederbelebt werden? Vortragsmanuskript, Köln April 2002.

81 Afheldt: Wirtschaft, die arm macht, S. 189f.

82 Hengsbach, Friedhelm: Vortrag auf der Jahrestagung der Otto Brenner Stiftung zum Thema. Globalisierung oder Gerechtigkeit? Politische Herausforderungen der Gegenwart. Berlin, 30./31.10.2002.

83 Soros, George: Der Globalisierungsreport. Reinbek bei Hamburg 2003, S. 76.

84 Spahn, Paul Bernd: Zur Durchführbarkeit einer Devisentransaktionssteuer. Frankfurt a.M. Januar 2002.

85 Schlußbericht der Enquete-Kommission Globalisierung der Weltwirtschaft – Herausforderungen und Antworten. Deutscher Bundestag. 14. Wahlperiode. Drucksache 14 / 9200 vom 12.6.2002.

86 Paris fordert andere Koalition gegen Armut. Neues Deutschland, 31.12.2004.

87 Zinn, Karl Georg: Wie Reichtum Armut schafft. Köln 2003, S. 18f.

88 Angaben nach OECD, 2001/1, S. 288.

89 Das 35-Stunden-Symbol der Franzosen. Berliner Zeitung, 5./6.2.2005; Raffarin verteidigt Lockerung der 35-Stundenwoche in Frankreich. Die Welt, 9.2.2005.

90 Willgerodt, Hans: Müller-Armacks »Soziale Marktwirtschaft als Abrechnung mit der Zwangswirtschaft«. ZfW 50/3 (2001), S. 254ff.

91 Blüm, Norbert: Manche Arbeitgeber glauben, sie könnten Hausputz halten. Berliner Zeitung, 10.8.2004.

92 Trübsal in der Zwischenwelt. Der Spiegel, 39/2004, S. 48.

93 Deutschlands Sozialsystem. Koloß in Not. In: Blickpunkt Bundestag, Oktober 2004. S. 28.

94 Gillen, Gabriele: Hartz IV. Eine Abrechnung. Reinbek bei Hamburg 2004.

95 Arbeitgeber fordern radikalen Sozialabbau. Frankfurter Rundschau, Frankfurt a.M., 15.3.2005.

96 Aus Verantwortung für unser Land: Deutschlands Kräfte stärken. Regierungserklärung von Bundeskanzler Gerhard Schröder vor dem Deutschen Bundestag am 17.3.2005. Presse- und Informationsamt der Bundesregierung, 17.3.2005.

97 Blum, Ulrich: Die Statistik trügt. Die Welt, 22.2.2005.

98 Bundesagentur für Arbeit, Presse-Information Nr. 1, Nürnberg 2005, S. 4.

99 Beveridge, William: Full Employment in a Free Society. A Report, London 1944, S. 248.

100 Aus Verantwortung für unser Land: Deutschlands Kräfte stärken. Regierungserklärung von Bundeskanzler Gerhard Schröder vor dem Deutschen Bundestag am 17.3.2005. Presse- und Informationsamt der Bundesregierung, 17.3.2005.

101 Deutsche Bundesbank Monatsberichte. Laufende Nummern, Statistischer Teil IX/6.

102 Bunzenthal, Roland/Sievers, Markus: Jobkrise trifft Junge besonders hart. Frankfurter Rundschau, 29.4.2005.

103 Lebenslagen in Deutschland. Der 2. Armuts- und Reichtumsbericht der Bundesregierung. Bundestagsdrucksache 15/5015, Berlin 2005, S. 16.

104 Großer Druck auf amerikanische Arbeitslose. Frankfurter Allgemeine Zeitung, 3.2.2004.

105 Hensche, Detlef: Hunger-, Niedrig-, Mindestlohn. Blätter für deutsche und internationale Politik, 10/2004, S. 1163.

106 Ministerin: Familien müssen das Sparen lernen. Bild am Sonntag, Hamburg, 6.2.2005.

107 Immer weniger Menschen gehen zum Facharzt. Berliner Zeitung, 29./30.1.2005.

108 Ein Jahr Praxisgebühr: Arme gehen nicht mehr zum Arzt. Berliner Zeitung, 23.12.2004.

109 Teure Rente. Der Tagesspiegel, 24.12.2004.

110 Ritter, Henning: Die alte soziale Frage. Frankfurter Allgemeine Zeitung, 4.1.2005.
111 Günter Grass warnt vor Ohnmacht der Politik. Süddeutsche Zeitung, München, 6.5.2005.
112 Ebenda.
113 Reuter, Norbert: Demografische Entwicklung contra Sozialstaat? Eine ökonomische Potentialanalyse. In: Intervention, Zeitschrift für Ökonomie, 2/2004, S. 25f.
114 Handelsblatt, 22.3.2005.
115 Extraprofit durch niedrigen Krankenstand. Neues Deutschland, 30.12.2004.
116 Spitzley, Helmut: Arbeitszeitverlängerung ist beschäftigungs- und familienpolitisch kontraproduktiv. www. iaw.uni-bremen. de FeA, 2004.
117 Statistisches Bundesamt: Volkswirtschaftliche Gesamtrechnungen, Input-Output-Rechnung: Importabhängigkeit der deutschen Exporte (Manuskript), Wiesbaden 2004.
118 Bofinger, Peter: Bizarr, nicht Basar. Financial Times Deutschland, 17.5.2005.
119 Im Osten Flagge zeigen. Wirtschaft & Markt, Berlin, Januar/Februar 2005, S. 34.
120 Bofinger, Peter: Der Staat ist keine Familie. Freitag, 10.12.2004.
121 Nach Deutschland fließt mehr ausländisches Kapital, als das Land verläßt. Handelsblatt, 29.6.2004.
122 Fricke, Thomas: Alles andere ist billig. Financial Times Deutschland, 18.2.2005.
123 Der Kanzler ermahnt die Industrie. Berliner Zeitung, 29.3.2005.
124 Maaß, Erich, MdB: Deutscher Bundestag, 6.4.2001, http://www.landesgruppe.cdu-niedersachsen.de.
125 Ehrenberg, Herbert: Die große Standortlüge. Bonn 1997, S. 24ff.; Ehrenberg, Herbert: Anstoß zum Wachstum. Blätter für deutsche und internationale Politik, 1/2005, S. 19.
126 Hickel, Rudolf: Es gibt Alternativen zur neoliberalen Schrumpfpolitik. Wider die klassische Blindheit auf dem Auge der gesamtwirtschaftlichen Nachfrage. taz, Berlin, 15.5.2004.
127 Bofinger: Der Staat ist keine Familie. Freitag, 10.12.2004.
128 Tunnelblick der Ökonomen. Neues Deutschland, 5.8.2004.
129 Keynes, John Maynard: Allgemeine Theorie der Beschäftigung, des Zinses und des Geldes. Berlin 2002.
130 Müller, Albrecht: Die Reformlüge. 40 Denkfehler, Mythen und Legenden, mit denen Politik und Wirtschaft Deutschland ruinieren. München 2004, S. 395.
131 Hickel, Rudolf: Rückwärts nimmer. Freitag, Nr. 29/30, 9.7.2004.
132 Ulrich, Peter: Die Menschen fühlen sich argumentativ ausgeliefert. tagesschau.de.
133 Ackermann verteidigt Stellenabbau. Berliner Morgenpost, 27.2.2005, S. 7.

134 Polleit, Thorsten: Falsches Spiel mit der Moral. Die Welt, 15.2.2005, S. 12.

135 Ebenda.

136 Friedman, Milton: Capitalism and Freedom. Chicago, The University of Chicago Press, 1962, S. 133; zitiert nach Galbraith, Kenneth: Die moderne Industriegesellschaft, S. 133.

137 Ulrich: Die Menschen fühlen sich argumentativ ausgeliefert. tagesschau.de.

138 Schäuble: Scheitert der Westen? S. 38.

139 Marx, Karl: Das Kapital. Bd. I, Marx/Engels: Werke. Bd. 23, Berlin 1969, S. 792.

140 Programm der Partei des Demokratischen Sozialismus. Beschluß der 2. Tagung des 8. Parteitages der PDS am 25./26. Oktober 2003 in Chemnitz. PDS-Pressedienst Sonderheft Nr. 44 vom 31.10.2003, Gemeinschaftsausgabe mit »Disput«, S. 3.

141 Plener, Ulla: Wirtschaften für's Allgemeinwohl – Wege zur sozialen Gerechtigkeit. Berlin 2001, S. 127.

142 Busch, Ulrich: Warum öffentliches Eigentum? Versuch einer theoretischen Begründung. In: Das Eigentum im Widerstreit alternativer Wirtschaftskonzepte (II). Diskurs Streitschriften zu Geschichte und Politik des Sozialismus. Heft 16. Rosa-Luxemburg-Stiftung Sachsen e.V., 2004, S. 66; Nick, Harry: Wem gehört was? Neues Deutschland, 14./15.5.2005

143 Dümde, Claus: Streit FDP-PDS um Vergesellschaftung. Neues Deutschland, 21.8.2001

144 Leibinger Jürgen: Neue Dimensionen der Eigentumsfrage in der politischen Praxis der Gegenwart. In: Diskurs-Streitschriften zu Geschichte und Politik des Sozialismus. Heft 16: Das Eigentum im Widerstreit alternativer Wirtschaftskonzepte (II), Rosa-Luxemburg-Stiftung Sachsen e.V., Leipzig 2004, S. 9.

145 Busch: Warum öffentliches Eigentum? In: Das Eigentum im Widerstreit alternativer Wirtschaftskonzepte (II), ebenda, S. 68.

146 Investoren-Profit verdrängt Mieter. Neues Deutschland, 18.5.2005.

147 Angaben nach der Statistik der Bundesanstalt für Arbeit.

148 Engels, Friedrich: Der Anteil der Arbeit an der Menschwerdung des Affen. In: Marx/Engels: Werke. Bd. 20, Berlin 1962, S. 444ff.

149 Geisel, Sieglinde: Die Moral der Arbeit. DeutschlandRadio Berlin – Politisches Feuilleton, 28.9.2004.

150 Rifkin, Jeremy: Das Ende der Arbeit und ihre Zukunft. Frankfurt a.M./New York 1995.

151 Rifkin, Jeremy: Die Arbeit ist tot – es lebe die Arbeit. Hamburger Abendblatt, 12.3.2005.

152 Bahro, Rudolf: Kommune wagen! Zehn Thesen über die Richtung der sozialen Alternative. In: Opielka, Michael (Hrsg.): Die ökosoziale Frage. Frankfurt a.M. 1985, S. 100f.

153 Engler, Wolfgang: Die Ostdeutschen als Avantgarde. Berlin 2002, S. 165.

154 Engler, Wolfgang: Bürger, ohne Arbeit. Für eine radikale Neugestaltung der Gesellschaft. Berlin 2005, S. 334.

155 Brie, André: Zukunft der Arbeit. Eine alternative Agenda für Vollbeschäftigung. In: Utopie kreativ, Heft 137, März 2002, S. 206.

156 Miegel, Meinhard: Vollbeschäftigung – eine sozialromantische Utopie? In: Arbeit der Zukunft – Zukunft der Arbeit. Stuttgart 1994, S. 49.

157 Zinn, Karl-Georg: Wie Reichtum Armut schafft. Köln 2003, S. 53.

158 Ebenda, S. 41f.

159 Marx, Karl: Das Kapital, Dritter Band. Marx/Engels: Werke. Bd. 25, Berlin 1970, S. 828.

160 Marx, Karl: Grundrisse der Kritik der Politischen Ökonomie. Berlin 1974, S. 594ff.

161 Fetscher, Iring: Arbeit und das »Gute Leben«. In: Freytag, Tatjana/Hawel, Marcus (Hrsg.): Arbeit und Utopie. Oskar Negt zum 70. Geburtstag. Frankfurt a.M. 2004, S. 70.

162 Bontrup, Heinz-J.: Alternative Arbeitszeitverkürzung. Blätter für deutsche und internationale Politik, 3/2005, S. 352ff; ders.: Trotz Wirtschaftswachstum wird auch künftig weniger Arbeit nachgefragt. VDI-Nachrichten, Düsseldorf, 22.4.2005.

163 Stopp, Konrad: Die 30-Stunden-Woche als Regelarbeitszeit im »atmenden« Arbeitsmarkt. In: Gewerkschaftliche Monatshefte, 10/2004, S. 630ff.

164 Brie, André: Zukunft der Arbeit. Eine alternative Agenda für Vollbeschäftigung. In: Utopie kreativ, Heft 137, März 2002, S. 211.

165 Vgl. IPTS: Employment Map: Jobs, Skills and Working Life on the Road to 2010, December 1999.

166 Marx, Karl: Grundrisse der Kritik der Politischen Ökonomie. Berlin 1974, S. 594.

167 Hensche, Detlef: Hunger-, Niedrig-, Mindestlohn. In: Blätter für deutsche und internationale Politik, 10/2004, S. 1163.

168 Ebenda, S. 1165.

169 Lafargue, Paul: Das Recht auf Faulheit. Grafenau 1998.

170 Opielka, Michael: Grundeinkommen statt Hartz IV. Blätter für deutsche und internationale Politik, 9/2004, S. 1081.

171 Siehe dazu auch Engler: Bürger, ohne Arbeit, S. 122–143.

172 Ebenda, S. 1088.

173 Der Wohlfahrtsstaat entmündigt. Die Welt, 28.2.2005.

174 Arbeitgeber fordern radikalen Sozialabbau. Frankfurter Rundschau, 15.3.2005.

175 Lessenich, Stephan/Möhring-Hesse, Matthias: Ein demokratischer Sozialstaat ist sein Geld wert. Frankfurter Rundschau, 3.11.2004.

176 Der Sozialstaat darf nicht so bleiben, wie er ist. Der Tagesspiegel, 21.2.2005, S. 16.

177 Arbeitsgruppe Alternative Wirtschaftspolitik: MEMORANDUM 2005. Neue kleine Bibliothek 106. Köln 2005, S. 110ff.

178 Ebenda.

179 Agenda 2010 – Kritik der sozialen Unvernunft. Herausgegeben vom Vorstand der PDS, Berlin 2004, S. 30.

180 Müntefering attackiert die Wirtschaft. Die Welt, 14.4.2005.
181 Luft, Christa: Münteferings Reißleine. Neues Deutschland, 29.4.2005.
182 Troost, Axel: Das ist doch keine Kapitalismuskritik. Berliner Zeitung, 14./15./16.5.2005.
183 Kurz, Robert: Die Heuschreckenplage. Neues Deutschland, 20.5.2005.

Gret Haller
Die Grenzen der Solidarität
Europa und die USA im Umgang
mit Staat, Nation und Religion
288 Seiten. Gebunden
ISBN 3-351-02537-8

Eine wichtige Stimme in der europäischen Debatte

Als Ombudsfrau begleitete Gret Haller von 1996 bis 2000 vier Jahre die Aufbauarbeit in Bosnien Herzegowina. Dabei wurde für sie ein unterschiedliches Rechts-, Staats- und Politikverständnis von Westeuropäern und US-Amerikanern offensichtlich. Haller schildert die Probleme, die aus dem Spannungsverhältnis zwischen West- und Mittelosteuropa sowie den USA resultieren. Das Buch versucht keine Schuldfrage zu klären, sondern Lösungsmöglichkeiten für künftige Situationen aufzuzeigen. Vielmehr ist es ein Appell an die Europäer, nicht vor der Weltmacht USA zu kapitulieren.

»...geschichtlich fundiert, gedanklich brilliant und ohne eurozentristische Tendenz...«
NEUE WESTFÄLISCHE

Weitere Titel von Gret Haller:
Politik der Götter. ISBN 3-351-02608-0
Die Grenzen der Solidarität. AtV 8108-1

aufbau
VERLAG

Weitere Informationen über Gret Haller erhalten Sie unter www.aufbau-verlag.de oder in Ihrer Buchhandlung